悦读丛书

·国学篇·

修身

《悦读丛书》编委会　编

本卷主编　王恒展

山东友谊出版社

目录

《论语》

[1] 巧言令色，鲜矣仁！

——《论语·学而第一》

【译文】花言巧语，又装出一副善良的面孔，这种人很少有仁德啊！

[2] 唯仁者能好人，能恶人。

——《论语·里仁第四》

【译文】只有有仁德的人，才能真正地喜爱人，真正地厌恶人。

[3] 富与贵，是人之所欲也；不以其道得之，不处也。

——《论语·里仁第四》

【译文】富与贵，是人人想拥有的；但是如果用不正当的手段得到，有仁德的君子便不接受。

[4] 君子去仁，恶乎成名？君子无终食

之间违仁，造次必于是，颠沛必于是。

——《论语·里仁第四》

【译文】君子如果连仁德都抛弃了，那又怎样成就他的声名呢？君子应该连吃一顿饭这么短短的时间也不违背仁德，匆忙急切的时候要保持仁德，颠沛流离的时候也要保持仁德。

［5］人之过也，各于其党。观过，斯知仁矣。

——《论语·里仁第四》

【译文】什么样的人犯什么样的错误。看他犯的过失，就可以知道他仁德的水平如何了。

［6］不仁者不可以久处约，不可以长处乐。仁者安仁，知者利仁。

——《论语·里仁第四》

【译文】没有仁德的人不可以长久地处在穷困之中，也不可以长久地处在安乐之中。有仁德的人能心安理得地实行仁德，有智慧的人能认识到仁德的价值，从中得到利益。

［7］苟志于仁矣，无恶也。

——《论语·里仁第四》

【译文】如果立志实行仁义，就不会做坏事了。

[8] 有能一日用其力于仁矣乎？我未见力不足者。盖有之矣，我未之见也。

——《论语·里仁第四》

【译文】有谁整天在行仁德方面使用自己的力量呢？我没有见过力量不够的人。大概这种人还是有的，我不曾见过罢了。

[9] 里仁为美。择不处仁，焉得知？

——《论语·里仁第四》

【译文】居住的地方要有仁厚的风俗才算美好。选择住处，不找有仁厚风俗的地方，怎么能算聪明呢？

[10] 我未见好仁者，恶不仁者。好仁者，无以尚之；恶不仁者，其为仁矣，不使不仁者加乎其身。

——《论语·里仁第四》

【译文】我没有见过爱好仁义的人和厌恶不仁义的人。爱好仁义的人，没有谁能超过他，那是最高尚无比的；厌恶不仁义的人，实行仁德，是为了使不仁义的东西不加到自己的身上。

[11] 仁者先难而后获，可谓仁矣。

——《论语·雍也第六》

【译文】仁德的人艰苦努力在前，收获在后，就可以叫做仁了。

[12] 君子可逝也，不可陷也；可欺也，不可罔也。

——《论语·雍也第六》

【译文】对待君子，可以让他远远走开，不可以陷害他；可以欺骗他，不可以愚弄他。

[13] 知者乐水，仁者乐山。

——《论语·雍也第六》

【译文】智慧的人喜欢水，仁德的人喜欢山。

[14] 齐一变，至于鲁；鲁一变，至于道。

——《论语·雍也第六》

【译文】齐国一改革，便达到鲁国的样子；鲁国一改革，便进而合乎道义。

[15] 回也，其心三月不违仁，其余则日月至焉而已矣。

——《论语·雍也第六》

【译文】颜回呀，他的心长时间不离开仁义，而别的学生只是短时间偶然想起一下罢了。

[16] 知者动，仁者静。

——《论语·雍也第六》

【译文】智慧的人活跃，仁德的人沉静。

[17] 知者乐，仁者寿。

——《论语·雍也第六》

【译文】智慧的人快乐，仁德的人长寿。

[18] 贤哉，回也！一箪食，一瓢饮，在陋巷，人不堪其忧，回也不改其乐。贤哉，回也！

——《论语·雍也第六》

【译文】颜回多么有贤德呀！一小盒饭，一瓢水，住在偏僻的巷子里，别人都受不了那穷苦的忧愁，颜回却不改变他天生的快乐。颜回多么有贤德呀！

[19] 仁远乎哉？我欲仁，斯仁至矣。

——《论语·述而第七》

【译文】仁德离我们很远吗？我要达到仁，仁就会到来。

[20] 泰伯，其可谓至德也已矣。三以天下让，民无得而称焉。

——《论语·泰伯第八》

【译文】泰伯，那可以说是品德高到极点了。几次把天下让给季历，老百姓简直找不到恰当的语言来称颂他了。

[21] 好勇疾贫，乱也。人而不仁，疾之已甚，乱也。

——《论语·泰伯第八》

【译文】爱好勇武，厌恶贫困，会招来祸乱。对于不仁义的人憎恨太深，也会招来祸乱。

[22] 知者不惑，仁者不忧，勇者不惧。

——《论语·子罕第九》

【译文】智慧的人没有困惑，仁德的人没有忧虑，勇敢的人无所畏惧。

[23] 克己复礼为仁。一日克己复礼，天下归仁焉。为仁由己，而由人乎哉？

——《论语·颜渊第十二》

【译文】抑制自己，使自己的言语行动都合乎礼制，这就是仁。一旦这样做到了，天下的人都会称你为仁人。实践仁德，全凭自己，还能依靠别人吗？

[24] 樊迟问仁。子曰："爱人。"问知。子曰："知人。"

——《论语·颜渊第十二》

【译文】樊迟请教仁德。孔子说："爱别人。"他接着又请教什么是智慧。孔子说："善于了解和鉴别别人。"

[25] 举直错诸枉，能使枉者直。

——《论语·颜渊第十二》

【译文】提拔正直的人，安置在不正直的人上面，就能够使不正直的人变得正直。

[26] 非礼勿视，非礼勿听，非礼勿言，非礼勿动。

——《论语·颜渊第十二》

【译文】不合乎礼制的事情不看，不合乎礼制的事情不听，不合乎礼制的事情不说，不合乎礼制的事情不做。

[27] 出门如见大宾，使民如承大祭。

己所不欲，勿施于人。在邦无怨，在家无怨。

——《论语·颜渊第十二》

【译文】出门的时候，好像是要接见重要宾客一样。役使百姓的时候，好像是要参加重大的祭祀一样。凡是自己不愿做的事情，不要强加到别人身上；在工作岗位上没有怨言，在家里也没有怨言。

[28] 仁者，其言也讱。

——《论语·颜渊第十二》

【译文】仁德之人，他的言语是谨慎的。

[29] 为之难，言之得无讱乎？

——《论语·颜渊第十二》

【译文】做起来不容易，说起来能不迟钝吗？

[30] 吾党之直者异于是：父为子隐，子为父隐，直在其中矣。

——《论语·子路第十三》

【译文】我们那里正直的人和你们不同：父亲替儿子隐瞒，儿子替父亲隐瞒，正直就在这里面了。

[31] 居处恭，执事敬，与人忠。虽之夷狄，不可弃也。

——《论语·子路第十三》

【译文】在家的时候态度要端正庄重，办理事务要严肃认真，待人接物要忠厚诚实。即使到了夷狄部落，也不能背弃这三种品德。

[32] 刚、毅、木、讷近仁。

——《论语·子路第十三》

【译文】刚强、果断、朴实、言语谨慎，有这四种品德的人接近于仁德。

[33] 邦有道，谷；邦无道，谷，耻也。

——《论语·宪问第十四》

【译文】国家政治清明，可以做官领取俸禄；国家政治黑暗，做官领俸禄，就是耻辱。

[34] 仁者必有勇；勇者不必有仁。

——《论语·宪问第十四》

【译文】有仁德的人一定勇敢，但勇敢的人不一定有仁德。

[35] 有德者必有言，有言者不必有德。

——《论语·宪问第十四》

【译文】有道德的人一定有名言，但有名言的人不一定有道德。

[36] 骥不称其力，称其德也。

——《论语·宪问第十四》

【译文】千里马不以它的气力著称，而以它的品德著称。

[37] 当仁，不让于师。

——《论语·卫灵公第十五》

【译文】在仁德面前，即使是老师，也不谦让。

[38] 君子固穷，小人穷斯滥矣。

——《论语·卫灵公第十五》

【译文】君子能安守穷困，小人穷困了就会胡作非为。

[39] 齐景公有马千驷，死之日，民无德而称焉。伯夷、叔齐饿于首阳之下，民到于今称之。

——《论语·季氏第十六》

【译文】齐景公拥有骏马四千匹，可是他死的时候，老百姓并不认为他有什么德行可以称赞。伯夷、叔齐饿死在首阳山下，可是老百姓直到如今还在称赞他们。

[40] 恭，宽，信，敏，惠。恭则不侮，宽则得众，信则人任焉，敏则有功，惠则足以使人。

——《论语·阳货第十七》

【译文】恭敬、宽厚、诚信、勤敏、慈惠。对人恭敬便不会遭受别人的侮辱，对人宽厚就能得到大家的拥护，办事诚信就能得到别人的任用，办事勤敏就能使工作效率提高、贡献大，对人慈惠亲切就能够管理人。

[41] 有朋自远方来，不亦乐乎？

——《论语·学而第一》

【译文】有朋友从远方来，不是很快乐吗？

[42] 人不知而不愠，不亦君子乎？

——《论语·学而第一》

【译文】人家不了解自己，自己却不怨恨，这难道不是君子的风范吗？

[43] 不患人之不己知，患不知人也。

——《论语·学而第一》

【译文】不怕别人不了解自己，就怕自己不了解别人。

[44] 君子不重，则不威，学则不固。主忠信。无友不如己者。过则勿惮改。

——《论语·学而第一》

【译文】君子不庄重，就没有威严，就是学习了也不能巩固。做人要以忠信为主。不要去和不如自己的人交朋友。有了过错，就不能害怕改正。

[45] 人而无信，不知其可也。大车无輗，小车无軏，其何以行之哉？

——《论语·为政第二》

【译文】一个人如果不讲信用，不知道他怎么立身处世。这就好比大车、小车缺乏关键部件套不住牲口一样，那怎么能驾车走路呢？

[46] 先行其言而后从之。

——《论语·为政第二》

【译文】对于你要说的话，自己先实行了然后再说出来。

[47] 君子周而不比，小人比而不周。

——《论语·为政第二》

【译文】君子团结人而不拉帮结派，小人拉帮结派而不团结人。

[48] 视其所以，观其所由，察其所安，人焉廋哉？人焉廋哉？

——《论语·为政第二》

【译文】看他的所作所为，观察他做事的出发点，了解他安于什么。那么，这个人能隐藏什么呢？这个人能隐藏什么呢？

[49] 君子无所争。必也射乎！揖让而升，下而饮。其争也君子。

——《论语·八佾第三》

【译文】君子没有什么可争的事情。如果有所争，那一定是射箭比赛的时候吧！即使比赛射箭，也一定相互作揖行礼而后登堂比赛；比赛完毕走下堂来，饮酒相贺。这是一种君子之争。

[50] 君子欲讷于言而敏于行。

——《论语·里仁第四》

【译文】君子说话一定要谨慎，做事一定要敏捷勤奋。

[51] 德不孤，必有邻。

——《论语·里仁第四》

【译文】有道德的人不会孤立，一定有志同道合的人来同他做同伴。

[52] 君子喻于义，小人喻于利。

——《论语·里仁第四》

【译文】君子晓之以义，小人晓之以利。

[53] 君子怀德，小人怀土。

——《论语·里仁第四》

【译文】君子常想道德修养，小人只想得到安乐的处所。

[54] 君子怀刑，小人怀惠。

——《论语·里仁第四》

【译文】君子做事本分，常常考虑不要触犯法律；小人追求享乐，一味想得到实惠。

[55] 士志于道，而耻恶衣恶食者，未足与议也。

——《论语·里仁第四》

【译文】读书人有志于追求真理，但又以穿得破旧，吃得粗糙为羞耻，这样的人不值得与他讨论真理。

[56] 见贤思齐焉，见不贤而内自省也。

——《论语·里仁第四》

【译文】见到贤人，就想向他看齐；见到不贤的人，就应该自我反省有没有他那样的毛病。

[57] 放于利而行，多怨。

——《论语·里仁第四》

【译文】依据私利行事，会带来很多的怨恨。

[58] 古者言之不出，耻躬之不逮也。

——《论语·里仁第四》

【译文】古时候，人们说话不轻易说出口，是以自己的行为达不到为耻辱。

[59] 吾未见能见其过而内自讼者也。

——《论语·公冶长第五》

【译文】我没有看见过能够看到自己的错误便自我责备的人。

[60] 巧言、令色、足恭，左丘明耻之，丘亦耻之。匿怨而友其人，左丘明耻之，丘亦耻之。

——《论语·公冶长第五》

【译文】花言巧语，装出伪善的面孔，十足地恭顺，左丘明觉得可耻，我也觉得可耻。把怨恨之心藏在肚里，表面上还和他做朋友，左丘明觉得可耻，我也觉得可耻。

[61] 质胜文则野，文胜质则史。文质彬彬，然后君子。

——《论语·雍也第六》

【译文】一个人的质朴超过他的文采，就未免有些粗野；文采超过他的质朴，又未免有些浮华。只有文采和质朴结合得匀称均衡，才称得上大雅君子。

[62] 夫仁者，己欲立而立人，己欲达而达人。能近取譬，可谓仁之方也已。

——《论语·雍也第六》

【译文】仁义之人，自己要有建树，同时也使别人有建树；自己要事事通达，同时也使别人事事通达。能够就眼下的情况选择例子一步步去做，可以说是实践仁义的方法了。

[63] 人之生也直，罔之生也幸而免。

——《论语·雍也第六》

【译文】人生活在世上本应该正直，不正直的人也可以生活，那是他侥幸免于祸害。

[64] 女为君子儒，无为小人儒。

——《论语·雍也第六》

【译文】你要做君子式的儒者，不要做小人式的儒者。

[65] 中庸之为德也，其至矣乎！民鲜久矣。

——《论语·雍也第六》

【译文】中庸作为道德，该是极好的了！人们缺乏这种道德已经很久了。

[66] 奢则不孙，俭则固。与其不孙也，宁固。

——《论语·述而第七》

【译文】奢侈豪华就显得骄傲，艰苦朴素就显得寒碜。与其骄傲，宁可寒碜。

[67] 富而可求也，虽执鞭之士，吾亦

为之。如不可求，从吾所好。

——《论语·述而第七》

【译文】富贵如果是可以求得的话，即使贱役我也愿意干。如果求不到，我还是干我喜好的事情。

[68] 饭疏食饮水，曲肱而枕之，乐亦在其中矣。不义而富且贵，于我如浮云。

——《论语·述而第七》

【译文】吃粗粮，喝凉水，睡觉时弯着胳膊当枕头，这里面也有乐趣呀。用不正当的手段获取的富贵，在我看来像天上的浮云一样。

[69] 君子坦荡荡，小人长戚戚。

——《论语·述而第七》

【译文】君子心胸坦荡，小人经常忧愁。

[70] 如有周公之才之美，使骄且吝，其余不足观也已。

——《论语·泰伯第八》

【译文】一个人即使有周公那样的智能技艺，假使骄傲而且吝啬，别的方面也就不值得一看了。

[71] 吾未见好德如好色者也。

——《论语·子罕第九》

【译文】我没有看见过喜爱道德像喜爱美色那样的人。

[72] 法语之言，能无从乎？改之为贵。巽与之言，能无说乎？绎之为贵。说而不绎，从而不改，吾末如之何也已矣。

——《论语·子罕第九》

【译文】严肃而合乎原则的话，能够不接受吗？可贵的是能够改正错误。恭维赞美的话，听了能不高兴吗？可贵的是能够探究其真实意图。盲目高兴，不加分析；表面接受，实际不改，这种人我是没有办法对付他了。

[73] 三军可夺帅也，匹夫不可夺志也！

——《论语·子罕第九》

【译文】军队可以夺其主帅，一个人的志向却不可被强迫改变。

[74] 君子成人之美，不成人之恶。小人反是。

——《论语·颜渊第十二》

【译文】君子总是促成别人的好事，不促成别人的坏事。小人与此相反。

［75］司马牛问君子。子曰："君子不忧不惧。"

——《论语·颜渊第十二》

【译文】司马牛问怎样做君子。孔子说："君子不忧愁，不恐惧。"

［76］内省不疚，夫何忧何惧？

——《论语·颜渊第十二》

【译文】自己问心无愧，那有什么可以忧愁和恐惧的呢？

［77］子贡问友。子曰："忠告而善道之，不可则止，毋自辱焉。"

——《论语·颜渊第十二》

【译文】子贡问对待朋友的方法。孔子说："忠心地劝告他，好好地引导他。他不听从，也就罢了，不要自找侮辱。"

［78］切切偲偲，怡怡如也，可谓士矣。

朋友切切偲偲，兄弟怡怡。

——《论语·子路第十三》

【译文】互相勉励，和睦共处，可以叫做士了。朋友之间，互相勉励；兄弟之间，和睦共处。

[79] 君子和而不同，小人同而不和。

——《论语·子路第十三》

【译文】君子恰到好处地协调不同意见而不盲从附和，小人盲从附和而不表示不同意见。

[80] 君子泰而不骄，小人骄而不泰。

——《论语·子路第十三》

【译文】君子心怀坦荡而不骄傲凌人；小人骄傲凌人而不心怀坦荡。

[81] 君子上达，小人下达。

——《论语·宪问第十四》

【译文】君子通达于仁义，小人通达于财利。

[82] 君子耻其言而过其行。

——《论语·宪问第十四》

【译文】君子认为言过其行是可耻的。

[83] 邦有道，危言危行；邦无道，危行言孙。

——《论语·宪问第十四》

【译文】国家政治清明，那么说话和行动都要正直；国家政治黑暗，那么行为要正直，而说话要谨慎随和。

[84] 修己以敬。

——《论语·宪问第十四》

【译文】修养自己并严肃认真地工作。

[85] 修己以安人。

——《论语·宪问第十四》

【译文】修养自己并使别人安定。

[86] 修己以安百姓。修己以安百姓，尧、舜其犹病诸。

——《论语·宪问第十四》

【译文】修养自己并使老百姓安定。能够修养自己并使老百姓安定，尧舜大概都难做到呢。

[87] 不逆诈，不亿不信，抑亦先觉者，

是贤乎！

——《论语·宪问第十四》

【译文】 不预先怀疑别人的欺诈，也不无根据地猜测别人不老实，却能及早发觉，这样的人是一位贤者吧！

[88] 躬自厚而薄责于人，则远怨矣。

——《论语·卫灵公第十五》

【译文】 严格要求自己，少责备别人，怨恨自然不会来了。

[89] 己所不欲，勿施于人。

——《论语·卫灵公第十五》

【译文】 自己不想做的事情，不要强加给别人。

[90] 工欲善其事，必先利其器。

——《论语·卫灵公第十五》

【译文】 工匠要干好活，一定先要磨快他所使用的工具。

[91] 言忠信，行笃敬，虽蛮貊之邦，行矣。言不忠信，行不笃敬，虽州里，行乎哉？

——《论语·卫灵公第十五》

【译文】说话忠诚老实，行为忠厚谨慎，即使到了蛮夷国家，也行得通。言语欺诈无信，行为刻薄轻浮，即使在本乡本土，能行得通吗？

［92］君子义以为质，礼以行之，孙以出之，信以成之。君子哉！

——《论语·卫灵公第十五》

【译文】君子以义理为原则，行为合乎礼仪，谦逊地说出来，诚实地完成它。这就是君子呀！

［93］主忠信，徙义，崇德也。爱之欲其生，恶之欲其死。既欲其生，又欲其死，是惑也。

——《论语·颜渊第十二》

【译文】以忠、信作为标准，追求道义，这就可以提高品德。爱一个人希望他长寿，恨一个人希望他死去；既想他长寿，又想他短命，这便是迷惑。

［94］过而不改，是谓过矣。

——《论语·卫灵公第十五》

【译文】有错误却不改正，这便真是错误了。

［95］君子矜而不争，群而不党。

——《论语·卫灵公第十五》

【译文】君子庄重而不争斗，团结人而不拉帮结派。

［96］士而怀居，不足以为士矣。

——《论语·宪问第十四》

【译文】读书人如果留恋安逸，就不配做读书人了。

［97］志士仁人，无求生以害仁，有杀身以成仁。

——《论语·卫灵公第十五》

【译文】志士仁人，不因为贪求生存而损害仁德，只有勇于献身成全仁德。

［98］居是邦也，事其大夫之贤者，友其士之仁者。

——《论语·卫灵公第十五》

【译文】居住在一个国家里，侍奉大夫里面有贤德的人，结交士人里面有仁德的人。

［99］群居终日，言不及义，好行小慧，难矣哉！

——《论语·卫灵公第十五》

【译文】整天和别人在一起闲聊，不说有道义的话，又喜欢卖弄小聪明，这种人最难教导啊！

[100] 巧言乱德。小不忍，则乱大谋。

——《论语·卫灵公第十五》

【译文】花言巧语就会败坏道德。遇小事不能忍耐，就会扰乱了大事。

[101] 人无远虑，必有近忧。

——《论语·卫灵公第十五》

【译文】一个人如果没有长远的考虑，一定会有眼前的忧患。

[102] 君子不以言举人，不以人废言。

——《论语·卫灵公第十五》

【译文】君子不因为别人话说得好便提拔他，也不因为别人品行低下便废弃他说的好话。

[103] 可与言而不与之言，失人；不可与言而与之言，失言。知者不失人，亦不失言。

——《论语·卫灵公第十五》

【译文】可以深谈，却不与他深谈，这是错过人才；不可以深谈，却与他深谈，这是言语失误。智慧的人既不错过人才，也没有言语失误。

[104] 君子求诸己，小人求诸人。

——《论语·卫灵公第十五》

【译文】君子做事求之于自己，小人做事求之于别人。

[105] 君子贞而不谅。

——《论语·卫灵公第十五》

【译文】君子注重大信而不拘泥于小信。

[106] 见善如不及，见不善如探汤。吾见其人矣，吾闻其语矣。

——《论语·季氏第十六》

【译文】一个人见了善良，努力追求，好像来不及似的；见了邪恶，好像把手伸进开水里一样，赶快避开。我见过这样的人，听过他说的话。

[107] 君子有三戒：少之时，血气未定，戒之在色；及其壮也，血气方刚，戒之在斗；及其老也，血气既衰，戒之

在得。

——《论语·季氏第十六》

【译文】君子有三件事情应该警惕戒备：青少年的时候，血气还未固定，要警惕不要迷恋女色；到了壮年，血气方刚，要警惕不要好胜喜斗；等到年纪大了，血气已经衰竭，便要警惕不要贪得无厌。

[108] 言未及之而言谓之躁，言及之而不言谓之隐，未见颜色而言谓之瞽。

——《论语·季氏第十六》

【译文】没有轮到他说话，他却抢着先说，叫做急躁；该说话了，却不说话，叫做隐瞒；不察言观色便贸然开口，叫做盲目。

[109] 君子有三畏：畏天命，畏大人，畏圣人之言。小人不知天命而不畏也，狎大人，侮圣人之言。

——《论语·季氏第十六》

【译文】君子敬畏三件事情：敬畏上天的意旨，敬畏王侯，敬畏圣人的话。小人不懂天命，因而也不敬畏；不尊重地位高的人，轻侮圣人的话。

[110] 益者三友，损者三友。友直，友谅，

友多闻，益矣。友便辟，友善柔，友便佞，损矣。

——《论语·季氏第十六》

【译文】有益的朋友有三种，有害的朋友也有三种。同正直的人交友，同诚实的人交友，同见闻广博的人交友，便有好处。同耍弄手腕的人交友，同阴柔而爱诽谤的人交友，同阿谀奉承的人交友，便有害。

[111] 益者三乐，损者三乐。乐节礼乐，乐道人之善，乐多贤友，益矣。乐骄乐，乐佚游，乐宴乐，损矣。

——《论语·季氏第十六》

【译文】有益的快乐有三种，有害的快乐也有三种。以礼乐得到调节为快乐，以宣扬别人的好处为快乐，以贤惠的朋友多为快乐，便有益处。以骄纵为快乐，以游荡为快乐，以大吃大喝为快乐，便有害。

[112] 隐居以求其志，行义以达其道。吾闻其语矣，未见其人也。

——《论语·季氏第十六》

【译文】隐居避世以保全自己的志向，依义而行以贯彻自己的主张。我听到过这样的话，却没有见过这样的人。

[113] 道听而涂说，德之弃也。

——《论语·阳货第十七》

【译文】在道路上听到传言就到处散布，是背弃道德的行为。

[114] 君子义以为上，君子有勇而无义为乱，小人有勇而无义为盗。

——《论语·阳货第十七》

【译文】君子把义看做是最珍贵的。大人物只有勇敢而不讲道义就会作乱，小人物只有勇敢而不讲道义就会做强盗。

[115] 不患人之不己知，患其不能也。

——《论语·宪问第十四》

【译文】不怕别人不了解我，只怕自己没有能力。

[116] 贤者辟世，其次辟地，其次辟色，其次辟言。

——《论语·宪问第十四》

【译文】有贤德的人逃避恶浊的社会而隐居，次一等的人择地而处，再次一等的人避免看别人不好的脸色，再次一等的人回避恶言。

[117] 君子病无能焉，不病人之不己知也。

——《论语·卫灵公第十五》

【译文】君子只惭愧自己没有能力，不怨恨别人不了解自己。

[118] 吾犹及史之阙文也。有马者借人乘之，今亡矣夫！

——《论语·卫灵公第十五》

【译文】我还能够看到史书存疑的地方。有马的人（自己不会训练）先给别人使用，这种精神今天也没有了吧。

[119] 父在观其志，父没观其行。

——《论语·学而第一》

【译文】父亲活着的时候，要观察做儿子的志向；父亲去世后，要观察他的行为。

[120] 弟子入则孝，出则悌，谨而信，泛爱众而亲仁。行有余力，则以学文。

——《论语·学而第一》

【译文】年轻人在家要孝顺父母，外出要尊敬兄长，行为要谨慎，说话要诚实，要博爱大众，亲近仁德之人。躬行实践之后还有剩余的精力，就再学习古代的文献。

[121] 父母唯其疾之忧。

——《论语·为政第二》

【译文】做父母的一心为儿女的疾病担忧。

[122] 色难。有事，弟子服其劳；有酒食，先生馔，曾是以为孝乎？

——《论语·为政第二》

【译文】儿子在父亲面前经常和颜悦色是件困难的事情。有事情，做弟弟做儿子的去劳动；有好酒好菜，父兄先吃先喝，难道这可以认为是孝顺吗？

[123] 今之孝者，是谓能养。至于犬马，皆能有养；不敬，何以别乎？

——《论语·为政第二》

【译文】现在的所谓孝道，多指能奉养父母。连狗和马都能够得到饲养；如果对父母不尊敬，那又和饲养狗马有什么区别呢？

[124]《书》云："孝乎惟孝，友于兄弟，

施于有政。”是亦为政，奚其为为政？

——《论语·为政第二》

【译文】《尚书》中说：“孝啊！只有孝顺父母，友爱兄弟，并且把这种孝推广到政治方面。”这也就是参与政治，为什么一定要做官才算参与政治呢？

[125] 临之以庄，则敬；孝慈，则忠；举善而教不能，则劝。

——《论语·为政第二》

【译文】接近百姓的时候要庄重，百姓自然对你恭敬；对父母孝顺，对属下慈爱，百姓自然能够效忠；对善的提拔起来，对不善的进行教育，百姓就会相劝为善。

[126] 生事之以礼，死葬之以礼，祭之以礼。

——《论语·为政第二》

【译文】父母活着的时候，依照规定的礼节去侍奉他们；死了，依照规定的礼节埋葬他们，祭祀他们。

[127] 孟懿子问孝。子曰：“无违。”

——《论语·为政第二》

【译文】孟懿子问孔子什么是孝道。孔子说："不要违背礼节。"

[128] 事君尽礼，人以为谄也。

——《论语·八佾第三》

【译文】侍奉君主，一切都要依照礼节，别人却以为这是谄媚。

[129] 君使臣以礼，臣事君以忠。

——《论语·八佾第三》

【译文】君主应该依照礼节使用臣子，臣子应该忠心侍奉君主。

[130] 居上不宽，为礼不敬，临丧不哀，吾何以观之哉？

——《论语·八佾第三》

【译文】处在上位不宽宏大量，行礼节时不庄重，参加丧事时不悲哀，这种人我怎么看得下去呢？

[131] 周监于二代，郁郁乎文哉！吾从周。

——《论语·八佾第三》

【译文】周朝的礼仪制度是以夏商两代为根据制定的，

多么丰富多彩呀！我顺从周朝制度。

[132]射不主皮，为力不同科，古之道也。

——《论语·八佾第三》

【译文】比射箭不一定要射穿箭靶子，因为各人的气力大小不一样，这是古代的规矩。

[133]夏礼，吾能言之，杞不足征也；殷礼，吾能言之，宋不足征也。文献不足故也。足，则吾能征之矣。

——《论语·八佾第三》

【译文】夏代的礼仪，我能说出来，它的后代杞国不足以作证；殷代的礼仪，我能说出来，它的后代宋国不足以作证。这是他们的历史文献和贤人不充足的缘故。若有足够的文献和贤人，我就可以引来作证了。

[134]禘自既灌而往者，吾不欲观之矣。

——《论语·八佾第三》

【译文】禘祭的礼仪，从第一次献酒以后，我就不想看了。（注：禘是古代一种极为隆重的大祭之礼，只有天子才能举行。）

[135] 吾不与祭，如不祭。

——《论语·八佾第三》

【译文】我不能亲自参加祭祀，请别人代替时，自己内心仍然觉得欠缺。

[136] 获罪于天，无所祷也。

——《论语·八佾第三》

【译文】若是得罪了上天，祈祷也没有用。

[137] 成事不说，遂事不谏，既往不咎。

——《论语·八佾第三》

【译文】已经做了的事情不便再解释，已经完成的事情没法再挽救，已经过去的事情不再追究。

[138] 八佾舞于庭，是可忍也，孰不可忍也？

——《论语·八佾第三》

【译文】（季氏）竟然在庭院里使用天子的八佾舞，这都能忍心做出来，还有什么事情不能忍心做出来呢？

[139]礼，与其奢也，宁俭；丧，与其易也，

宁戚。

——《论语·八佾第三》

【译文】实行礼仪，与其铺张浪费，不如朴素节俭；办丧事，与其讲究仪式，不如内心悲哀。

[140] 邦君树塞门，管氏亦树塞门。邦君为两君之好，有反坫，管氏亦有反坫。管氏而知礼，孰不知礼？

——《论语·八佾第三》

【译文】国君宫殿门前树立照壁，管仲府上也立了照壁。国君招待外国君主，在大堂上有放置酒具的土墩，管仲也有这样的土墩。说他懂得礼节，那谁不懂得礼节呢？

[141] 尔爱其羊，我爱其礼。

——《论语·八佾第三》

【译文】你可惜那只羊，我可惜那种礼仪。

[142] 人而不仁，如礼何？人而不仁，如乐何？

——《论语·八佾第三》

【译文】做人而不仁德，怎样对待礼乐制度呢？做人而不仁德，怎么对待音乐呢？

[143]事父母几谏，见志不从，又敬不违，劳而不怨。

——《论语·里仁第四》

【译文】侍奉父母的时候，遇到他们不对的地方要婉言劝阻，看到自己的心意没有达到，仍然要恭敬地服从他们。虽然忧劳，但不怨恨。

[144]父母在，不远游，游必有方。

——《论语·里仁第四》

【译文】父母在世的时候，不出外远游；如果要出远门，也要有一定的去处。

[145]三年无改于父之道，可谓孝矣。

——《论语·里仁第四》

【译文】（父亲去世以后）三年不改变父亲的教诲，可以说是孝了。

[146]父母之年，不可不知也。一则以喜，一则以惧。

——《论语·里仁第四》

【译文】父母的年纪，不能不时时记在心里。一则因其年高而欢喜，一则因其年高而害怕。

[147]邦有道，不废；邦无道，免于刑戮。

——《论语·公冶长第五》

【译文】国家政治清明，不被废弃；国家政治黑暗，也不致受刑罚。

[148]君子博学于文，约之以礼，亦可以弗畔矣夫！

——《论语·雍也第六》

【译文】君子广泛地学习文献，用礼仪加以约束，也就可以不离经叛道了。

[149]觚不觚，觚哉！觚哉！

——《论语·雍也第六》

【译文】酒器不像个酒器，这是酒器吗？这是酒器吗？（这是感叹传统失落的话语。）

[150]恭而无礼则劳，慎而无礼则葸，勇而无礼则乱，直而无礼则绞。

——《论语·泰伯第八》

【译文】谦虚恭敬却不知礼节，就会疲倦不堪；谨慎却不知礼节，就会胆小懦弱；敢作敢为却不知道礼节，就会盲动而出乱子；心直口快却不知道礼节，说话就会尖刻。

[151] 君子笃于亲，则民兴于仁；故旧不遗，则民不偷。

——《论语·泰伯第八》

【译文】在上位的人能用深厚的感情对待亲族，老百姓就会趋向仁德；在上位的人不遗弃旧同事、老朋友，老百姓就不会对人冷漠。

[152] 麻冕，礼也；今也纯，俭，吾从众。拜下，礼也；今拜乎上，泰也。虽违众，吾从下。

——《论语·子罕第九》

【译文】礼帽用麻料来织，这是符合古代礼仪的。今天都用丝料，这样会节俭一些，我同意大家的做法。臣子见君主在堂下要拱手参拜，这是符合古代礼仪的。今天升堂后拱手参拜，这是居功自傲的表现。虽然违背了大家的规矩，我仍然主张在堂下拱手参拜。

[153]朋友死，无所归，曰："于我殡。"

——《论语·乡党第十》

【译文】朋友死了，没有人负责，孔子说："丧事由我来料理吧。"

[154]先进于礼乐，野人也；后进于礼乐，君子也。如用之，则吾从先进。

——《论语·先进第十一》

【译文】先学习并实行礼乐而后做官的人，是没有官位的乡村人；先做官而后学习并实行礼乐的人，是有地位的人。如果我选用人才，主张选用先学习并实行礼乐的人。

[155]幼而不孙弟，长而无述焉，老而不死，是为贼。

——《论语·宪问第十四》

【译文】小的时候不知道谦恭，长大了毫无贡献，老了还白吃粮食不死，这便是害人贼。

[156]礼云礼云，玉帛云乎哉？乐云乐云，钟鼓云乎哉？

——《论语·阳货第十七》

【译文】礼呀，礼呀，难道仅仅是陈列玉帛吗？乐呀，乐呀，难道只是撞钟敲鼓吗？

［157］食夫稻，衣夫锦，于女安乎？

——《论语·阳货第十七》

【译文】（父母去世后）吃白米饭，穿花绸缎，你的心里安宁吗？

［158］予之不仁也！子生三年，然后免于父母之怀。夫三年之丧，天下之通丧也，予也有三年之爱于其父母乎！

——《论语·阳货第十七》

【译文】宰予真是不仁义呀！儿女生下来，三年以后才能离开父母的怀抱。替父母守丧三年，天下都是这样，宰予从他的父母那里不也曾得到三年的抚爱吗？

《老子》

[1] 上善若水。水善利万物而不争，处众人之所恶，故几于道。

——《老子·第八章》

【译文】具有崇高美德的人像流水。水善于滋养万物而不与万物相争，甘居于众人厌恶的低洼地方，所以最接近自然之道。

[2] 居善地，心善渊，与善仁，言善信，政善治，事善能，动善时。

——《老子·第八章》

【译文】具有崇高美德的人立身处世，善于像水一样适应地势；心胸像水一样渊深幽静；交往善于像水一样仁厚友爱；说话善于像水一样真纯诚信；为政善于像水一样涤荡污秽，善于治理；办事善于像水一样圆通自然；行动善于像水一样顺应时运。

[3] 夫唯不争，故无尤。

——《老子·第八章》

【译文】只有不争，所以才没有过失。

[4] 载营魄抱一，能无离乎？

——《老子·第十章》

【译文】精神与身体合一，能不分离吗？

[5] 专气致柔，能如婴儿乎？

——《老子·第十章》

【译文】凝聚精气以致柔顺，能像无欲的婴儿吗？

[6] 涤除玄览，能无疵乎？

——《老子·第十章》

【译文】清除杂念，深入静观，能没有瑕疵吗？

[7] 天门开阖，能为雌乎？

——《老子·第十章》

【译文】感官和外界接触，能守静吗？

[8] 明白四达，能无知乎？

——《老子·第十章》

【译文】明白事理，通达天下，能不用心机吗？

[9] 圣人为腹不为目，故去彼取此。

——《老子·第十二章》

【译文】圣人只求填饱肚子，不求声色享乐。所以他摈弃耳目所见的声色物欲而采取饱腹无欲的生活。

[10] 五色令人目盲；五音令人耳聋；五味令人口爽；驰骋畋猎，令人心发狂；难得之货，令人行妨。

——《老子·第十二章》

【译文】五彩缤纷使人眼花缭乱；五音嘈杂的乐曲使人听觉失灵；五味丰美的饮食使人口味败坏；纵马奔驰打猎，使人心性狂野放荡；宝贵的财物使人行为不轨。

[11] 爱以身为天下，若可托天下。

——《老子·第十三章》

【译文】爱天下像爱自己身体一样的人，才可以把天下托付给他们。

[12] 宠辱若惊，贵大患若身。

——《老子·第十三章》

【译文】得到恩宠和耻辱都惊惶失措，重视大患难好像重视自己的身体。

[13] 何谓贵大患若身？吾所以有大患者，为吾有身，及吾无身，吾有何患？

——《老子·第十三章》

【译文】什么叫做重视大患难像重视自己的身体一样呢？我之所以怕患难，是因为我有身体的存在，如果没有这个身体，我会害怕什么呢？

[14] 致虚极，守静笃。

——《老子·第十六章》

【译文】使内心达到极端的虚无，切实保持清静。

[15] 夫物芸芸，各复归其根。归根曰静，静曰复命。复命曰常，知常曰明。不知常，妄作凶。

——《老子·第十六章》

【译文】万物蓬蓬生息，最后各自都回到自身的根源。回复到自身的根源就叫清静，清静就叫恢复本性。恢复本性就叫自然，认识自然就叫高明。不认识自然，就会轻举妄动，一轻举妄动，就会招致灾祸。

[16] 知常容，容乃公，公乃全，全乃天，天乃道，道乃久，没身不殆。

——《老子·第十六章》

【译文】认识了自然，就能包容一切，包容一切，才能大公无私，大公无私才能天下归从，天下归从才能合于自然，合于自然才能符合规律，符合规律才能持久，一辈子才不会遭遇危险。

[17] 智慧出，有大伪。

——《老子·第十八章》

【译文】智慧出现以后，才有严重的狡诈虚伪。

[18] 大道废，有仁义。

——《老子·第十八章》

【译文】大道被废除了，才会有所谓的仁义。

[19] 六亲不和，有孝慈。

——《老子·第十八章》

【译文】父子、兄弟、夫妇之间不和，才会提倡所谓的孝慈。

[20] 重为轻根，静为躁君。

——《老子·第二十六章》

【译文】厚重是轻率的根本，清静是躁动的主帅。

[21] 虽有荣观，燕处超然。

——《老子·第二十六章》

【译文】虽有荣华富贵的生活，也要超然地享受它而不沉溺于它。

[22] 轻则失根，躁则失君。

——《老子·第二十六章》

【译文】轻举就会失去制衡的根本，妄动就会丧失主宰的地位。

[23] 知人者智，自知者明。

——《老子·第三十三章》

【译文】能认识别人的人是智慧，能了解自己的人才算高明。

[24] 胜人者有力，自胜者强。

——《老子·第三十三章》

【译文】战胜别人的人是有力量的，克服自身缺点的人才是刚强的。

[25] 知足者富，强行者有志。

——《老子·第三十三章》

【译文】知道满足的是富有，坚持不懈的是有志气。

[26] 不失其所者久。死而不亡者寿。

——《老子·第三十三章》

【译文】不迷失本性的就能持久。身死而不被遗忘的是真正的长寿。

[27] 圣人之能成大也，以其终不为大也，故能成其大。

——《老子·第三十四章》

【译文】圣人之所以能达到伟大的境界，是由于它并不自以为大，所以能达到伟大的境界。

[28] 上德无为而无以为；下德为之而有以为。

——《老子·第三十八章》

【译文】品德高尚的人顺应自然而无心作为；品德低下的人顺应自然而有心作为。

[29] 上德不德，是以有德。

——《老子·第三十八章》

【译文】品德高尚的人，不在乎形式上的“德”，因此有德。

[30] 下德不失德，是以无德。

——《老子·第三十八章》

【译文】品德低下的人，死守着形式上的“德”，因此没有德。

[31] 上仁为之而无以为。

——《老子·第三十八章》

【译文】最仁爱的人有所作为，但不是想为着什么去作为。

[32] 上义为之而有以为。

——《老子·第三十八章》

【译文】最正义的人有所作为，而且是想为着什么去作为。

[33] 上礼为之而莫之应，则攘臂而扔之。

——《老子·第三十八章》

【译文】最有礼节的人有所作为，可是人家都不理睬他，他就扬起胳膊，仍然指引人们遵守礼节。

[34] 失道而后德，失德而后仁，失仁而后义，失义而后礼。

——《老子·第三十八章》

【译文】道丧失了然后才有德，失去了德，然后才有仁，失去了仁，然后才有义，失去了义然后才有礼。

[35] 夫礼者，忠信之薄，而乱之首。

——《老子·第三十八章》

【译文】所谓礼节这个东西，标志着忠信衰薄，意味着祸乱开始。

[36] 前识者，道之华，而愚之始。

——《老子·第三十八章》

【译文】所谓先见之明，不过是道的浮华，愚昧的开始。

[37] 大丈夫处其厚，不居其薄；处其实，不居其华。故去彼取此。

——《老子·第三十八章》

【译文】大丈夫为人处事忠厚诚实，不居心浇薄；内心朴实，不居心浮华。所以要舍弃浮华虚荣，择取忠厚诚实。

[38] 天下之至柔，驰骋天下之至坚。

——《老子·第四十三章》

【译文】天下最柔弱的东西，能够战胜天下最刚强的东西。

[39]无有入无间，吾是以知无为之有益。

——《老子·第四十三章》

【译文】没有形体的东西，能够渗透进没有间隙的地方。我因此认识到无所作为的好处。

[40]不言之教，无为之益，天下希及之。

——《老子·第四十三章》

【译文】不用言辞的教导，无所作为的好处，普天下很少能赶上它的。

[41]名与身孰亲？身与货孰多？得与亡孰病？

——《老子·第四十四章》

【译文】名誉与生命，哪个更亲切呢？生命与财富，哪个更珍贵呢？获得与丧失，哪个更有害呢？

[42]甚爱必大费；多藏必厚亡。

——《老子·第四十四章》

【译文】过分的吝啬，必定会造成更大的破费；丰富的藏货，必定会遭受惨重的损失。

[43]知足不辱，知止不殆，可以长久。

——《老子·第四十四章》

【译文】知道满足，便不会遭到侮辱；知道适可而止，便不会遭到危险；这样才能长久。

[44] 善建者不拔，善抱者不脱，子孙以祭祀不辍。

——《老子·第五十四章》

【译文】善于建树道德的人，他的道德不会被人去除；善于抱持道德的人，他的道德不会被人剥夺；这样就可以世世代代享受子孙的祭祀，永不断绝。

[45] 修之于身，其德乃真。

——《老子·第五十四章》

【译文】用道来修身，他的德行就会纯真。

[46] 修之于家，其德乃余。

——《老子·第五十四章》

【译文】用道来治家，他的德行就会富足。

[47] 修之于乡，其德乃长。

——《老子·第五十四章》

【译文】用道来治乡，他的德行就会长久。

[48] 修之于邦，其德乃丰。

——《老子·第五十四章》

【译文】用道来治国，他的德行就会昌盛。

[49] 修之于天下，其德乃普。

——《老子·第五十四章》

【译文】用道来治天下，他的德行就会广博。

[50] 以身观身，以家观家，以乡观乡，以邦观邦，以天下观天下。吾何以知天下然哉？以此。

——《老子·第五十四章》

【译文】用修身的观点来观察一身，用治家的观点来观察一家，用治乡的观点来观察一乡，用治国的观点来观察一国，用治天下的观点来观察天下。我凭什么来了解天下的情形呢？就是依据这个方法。

[51] 含德之厚，比于赤子。毒虫不螫，猛兽不据，攫鸟不搏。骨弱筋柔而握固。未知牝牡之合而全作，精之至也。终日号而不嗄，和之至也。

——《老子·第五十五章》

【译文】蕴含道德深厚的人，好比初生的婴儿无知无欲。毒虫不会刺伤他，凶鸟猛兽不会来抓他。他的骨骼筋脉柔弱而小拳头却攥得紧紧的。还不懂得男女交合，而小生殖器却常常勃起，是由于他的精气非常旺盛的缘故。他整天哭号而嗓子不哑，是由于他的元气非常淳厚的缘故。

[52]知和曰常，知常曰明。益生曰祥。心使气曰强。物壮则老，谓之不道，不道早已。

——《老子·第五十五章》

【译文】认识淳和叫做常，掌握了常叫做明智。一味贪图生活的享受，就是灾祸。意志受感情的驱使，就会变得麻木。万物壮大就要走向衰老，这就叫做不合乎道，不合乎道必然提前死亡。

[53]知者不言，言者不知。

——《老子·第五十六章》

【译文】体悟大道的智者不会夸夸其谈，夸夸其谈的人没有智慧。

[54]塞其兑，闭其门；挫其锐，解其纷；和其光，同其尘。是谓玄同。故不可

得而亲，不可得而疏；不可得而利，不可得而害；不可得而贵，不可得而贱。故为天下贵。

——《老子·第五十六章》

【译文】堵塞沟通知识的渠道，关闭传递知识的门窗；不露锋芒，解脱世俗的纷扰；蕴藏自己的光彩，将自己混同于尘垢之中。这就叫做高深微妙的玄同。所以不能跟他亲近，也不能跟他疏远；不能使他得利，也不能使他受害；不能使他尊贵，也不能使他卑贱。所以被天下人所重视。

[55] 圣人方而不割，廉而不刿，直而不肆，光而不耀。

——《老子·第五十八章》

【译文】圣人方正而不显得倔犟，有棱角而不至于伤害别人的尊严，正直而不至于肆无忌惮，明亮而不耀人刺眼。

[56] 我有三宝，持而保之：一曰慈，二曰俭，三曰不敢为天下先。

——《老子·第六十七章》

【译文】我有三件法宝，我掌握并且珍惜它们：一是宽容，二是节俭，三是不敢走在天下人的前面。

[57] 圣人自知不自见，自爱不自贵。故去彼取此。

——《老子·第七十二章》

【译文】 圣人要求自知而谦虚，不要求自信而夸耀；要求自爱而少欲，不要求自负而多欲。所以，应舍弃后者而保持前者。

[58] 使我介然有知，行于大道，唯施是畏。

——《老子·第五十三章》

【译文】 假使我确实有了自己的看法，行走在大道上，唯一害怕的是走邪路。

《庄子》

[1] 至人无己，神人无功，圣人无名。

——《庄子·逍遥游》

【译文】道德修养高尚的“至人”能够达到忘我的境界，精神超脱物外的“神人”心目中没有功名利禄，思想修养完美的“圣人”从不追求名誉和地位。

[2] 无为为之之谓天，无为言之之谓德，爱人利物之谓仁，不同同之之谓大，行不崖异之谓宽，有万不同之谓富。

——《庄子·天地》

【译文】用无为的态度去处世就是道，用无为的态度去表达就是德，给人以爱、给物以利就是仁，能包容不同就是大，行为不标新立异就是宽容，能包罗万象就是富有。

[3] 彼至正者，不失其性命之情。

——《庄子·骈拇》

【译文】那所谓的至理正道，就是不违背自然所赋予的事物的本性。

[4] 今世之仁人，蒿目而忧世之患；不仁之人，决性命之情而饕贵富。

——《庄子・骈拇》

【译文】如今世上的仁人，放目远望而忧虑人间的祸患；那些不仁的人，摒弃人的本真和自然而贪求富贵。

[5] 天下莫不以物易其性矣。小人则以身殉利，士则以身殉名，大夫则以身殉家，圣人则以身殉天下。

——《庄子・骈拇》

【译文】天下没有谁不因为外物而改变自身的本性。平民百姓为了私利而牺牲自己，士人为了名声而牺牲自己，大夫为了家族而牺牲自己，圣人则为了天下而牺牲自己。

[6] 吾所谓臧者，非所谓仁义之谓也，任其性命之情而已矣。

——《庄子・骈拇》

【译文】我所说的完善，绝不是所谓的仁义，只是放任天性、保持真情罢了。

[7] 虽以天下誉之，得其所谓，謷然不顾；以天下非之，失其所谓，傥然不受。天下之非誉，无益损焉，是谓全德之人哉！

——《庄子·天地》

【译文】即使天下的人都称誉他，称誉的言词合乎他的德行。他也傲然不顾；即使让天下人都非议他，使他丧失了名声，他也无动于衷，不予理睬。天下人的非议和赞誉，对于他没有任何的影响，这就是德行完备的人啊！

[8] 知穷之有命，知通之有时，临大难而不惧者，圣人之勇也。

——《庄子·秋水》

【译文】知道困顿是因为命运，知道通达是由于时势，面临大难而不畏惧，这就是圣人之勇。

[9] 不以心捐道，不以人助天，是之谓真人。

——《庄子·大宗师》

【译文】不用心智去损害大道，也不用人为的因素去辅助自然，这就叫“真人”。

［10］圣人法天贵真，不拘于俗。

——《庄子·渔父》

【译文】圣人总是效法自然看重本真，不受世俗的拘束。

［11］今世俗之君子，多危身弃生以殉物，岂不悲哉。

——《庄子·让王》

【译文】现在世俗所谓的君子，大多危害身体、弃置生命而一味地追逐身外之物，这难道不可悲吗？

［12］自事其心者，哀乐不易施乎前，知其不可奈何而安之若命，德之至也。

——《庄子·人间世》

【译文】注重自我修养的人，悲哀和欢乐都不容易使他受到影响，知道世事艰难、无可奈何却又能安于命运、顺应自然，这就是道德修养的最高境界。

［13］达生之情者，不务生之所无以为；

达命之情者，不务知之所无奈何。

——《庄子·达生》

【译文】通晓生命真正意义的人，不会去追求生命所不必要的东西；洞悉命运之理的人，不会去追求命运无可奈何的事情。

[14] 同则无好也，化则无常也，而果其贤乎！

——《庄子·大宗师》

【译文】与万物同一就没有偏私，顺应变化就不固执，你果真成了贤人啊！

[15] 夫欲免为形者，莫如弃世。弃世则无累，无累则正平，正平则与彼更生，更生则几矣。

——《庄子·达生》

【译文】想要免于为形体劳累的人，不如舍弃俗世。舍弃俗世就没有劳苦，没有劳苦就心平气和，心平气和就能和自然一起变化更新，跟自然一起变化更新也就接近于大道了。

[16]是以圣人和之以是非而休乎天钧，

是之谓两行。

——《庄子·齐物论》

【译文】古代圣人不执著于是非的争论，保持事物的自然均衡，这就叫“两行”。

[17]夫大道不称，大辩不言，大仁不仁，大廉不嗛，大勇不忮。

——《庄子·齐物论》

【译文】真正的道是无法说明的，最了不起的辩说是不用言说的，真正的仁爱是不必向人表示仁爱的，真正的廉洁是不必表示谦让的，真正的勇敢是从不伤害他人的。

[18]夫道不欲杂，杂则多，多则扰，扰则忧，忧而不救。

——《庄子·人间世》

【译文】推行大道不宜繁杂，繁杂了就多事，多事就会受到烦扰，烦扰就引起忧患，忧患到来时就不可挽救了。

[19]德荡乎名，知出乎争。名也者，相轧也；知也者，争之器也。

——《庄子·人间世》

【译文】道德的失真在于追求名声，智慧的外露在于争强好胜。名声是人们互相倾轧的根源，智慧是人们互相争斗的工具。

[20] 夫事其亲者，不择地而安之，孝之至也；夫事其君者，不择事而安之，忠之盛也。

——《庄子·人间世》

【译文】侍奉双亲的人，无论何时何地都要使父母安适，这是孝心的最高表现；侍奉国君的人，无论办什么事都要让国君放心，这是最大的尽忠。

[21] 死生亦大矣，而无变乎己，况爵禄乎！

——《庄子·田子方》

【译文】死与生也算得上是大事了，却不能使圣人有什么改变，更何况爵位与俸禄呢？

[22] 贵富显严名利六者，勃志也。容动色理气意六者，谬心也。

——《庄子·庚桑楚》

【译文】高贵、富有、尊显、威严、声名、利禄六项，是扰乱意志的因素。容貌、举止、美色、情理、辞气、意志六项，是束缚心灵的因素。

[23] 恶欲喜怒哀乐六者，累德也。去就取与知能六者，塞道也。

——《庄子·庚桑楚》

【译文】憎恶、欲念、欣喜、愤怒、悲哀、欢乐六项，是牵累道德的因素。去舍、依从、贪取、施与、智虑、技能六项，是堵塞大道的因素。

[24] 礼者，世俗之所为也；真者，所以受于天也，自然不可易也。

——《庄子·渔父》

【译文】礼仪，是世俗人的行为；纯真，却是禀受于自然，出自自然因而也就不可改变。

[25] 以德分人谓之圣，以财分人谓之贤。

——《庄子·徐无鬼》

【译文】能用道德去感化他人的人称作圣人，能用财物去周济他人的人称作贤人。

[26] 古之真人，以天待人，不以人入天。

——《庄子·徐无鬼》

【译文】古时候的真人，用顺其自然的态度对待人事，不会用人事干扰自然。

[27]至礼有不人，至义不物，至知不谋，至仁无亲，至信辟金。

——《庄子·庚桑楚》

【译文】最好的礼仪是没有人我之分，最好的道义是没有物我之分，最高的智慧是不用谋略，最大的仁爱是不分亲疏，最大的诚信是不用金钱作凭证。

[28]此皆就其利，辞其害，而天下称贤焉。

——《庄子·盗跖》

【译文】（尧、舜、善卷、许由）这些人都能选取对他们有利的东西，舍弃对他们有害的东西，因而普天下的人们称赞他们是贤明的人。

[29]天下大器也，而不以易生，此有道者之所以异乎俗者也。

——《庄子·让王》

【译文】天下是最为贵重的了，可是却不用它来换取生命，这就是有道之人对待天下跟世俗人大不一样的地方。

[30] 孝子不谀其亲，忠臣不谄其君，臣子之盛也。

——《庄子·天地》

【译文】孝子不奉承他的父母，忠臣不谄媚他的国君，这是忠臣、孝子尽忠尽孝的极点。

[31] 通于天下者，德也；行于万物者，道也；上治人者，事也；能有所艺者，技也。

——《庄子·天地》

【译文】贯穿于天地的是顺应自然的“德”；通行于万物的是听任自然的“道”；善于治理天下的是各尽其能各任其事；能够让能力和才干充分发挥的是各种技巧。

[32] 天下有道，则与物皆昌；天下无道，则修德就闲；千岁厌世，去而上仙；乘彼白云，至于帝乡。

——《庄子·天地》

【译文】天下太平，圣人就跟万物一同昌盛；天下纷乱，圣人就修身闲居；活了千岁而厌恶活在世上，便离开人世上天成仙；乘着他的白云，去到天帝居住的地方。

［33］古之真人，不知说生，不知恶死；其出不䜣，其入不距；翛然而往，翛然而来而已矣。

——《庄子·大宗师》

【译文】古时候的“真人”，不懂得喜欢生存，也不懂得厌恶死亡；出生不欣喜，入死不推辞；无拘无束地走开，自由自在地归来罢了。

［34］其生若浮，其死若休。

——《庄子·刻意》

【译文】圣人活着犹如在水面漂浮，死亡犹如疲劳后的休息。

［35］圣人之生也天行，其死也物化。

——《庄子·刻意》

【译文】圣人活着是顺应自然而行，死后与万物化为一体。

［36］古之真人，得之也生，失之也死；得之也死，失之也生。

——《庄子·徐无鬼》

【译文】古时候的真人，得失听其自然，以得为生，以失为死，以得为死，以失为生。

[37]古之至人，先存诸己而后存诸人。所存于己者未定，何暇至于暴人之所行！

——《庄子·人间世》

【译文】古时候道德修养高尚的至人，总是先保全自己才去扶助他人。如果不能保全自己，哪里还有时间阻止暴君的暴行呢！

[38]忘其肝胆，遗其耳目，芒然彷徨乎尘垢之外，逍遥乎无事之业，是谓为而不恃，长而不宰。

——《庄子·达生》

【译文】圣人忘却了自己的肝胆，遗忘了自己的耳目，无心地徘徊于世俗之外，自由地生活在不求功业的环境中，这就叫做有所作为而不自恃其功，有所建树而不主宰。

[39]德人者，居无思，行无虑，不藏是非美恶。四海之内共利之之谓悦，共给之之谓安。

——《庄子·天地》

【译文】有德行的人安居时不思索，行动时不谋划，不计较是非美丑。与天下人共同分享利益就感到喜悦，共同施予就感到安乐。

[40] 众人役役，圣人愚芚，参万岁而一成纯。

——《庄子·齐物论》

【译文】人们都忙忙碌碌，圣人却好像十分愚昧无所觉察，他糅合古往今来的许多变化，自身却浑然一体，不为外界的纷乱所困扰。

[41] 圣人并包天地，泽及天下，而不知其谁氏。是故生无爵，死无谥，实不聚，名不立，此之谓大人。

——《庄子·徐无鬼》

【译文】圣人包容天地，恩泽施及天下，而百姓却不知道他是谁。因此他生前没有爵禄，死后没有谥号，财物不曾汇聚，名声不曾树立，这才是伟大的人。

[42] 圣人不从事于务，不就利，不违害，不喜求，不缘道；无谓有谓，有谓无谓，而游乎尘垢之外。

——《庄子·齐物论》

【译文】圣人不从事那些世俗的事务，不追逐私利，不回避灾害，不喜好贪求，不仅仅凭藉于道；没说话又好像说了，说了话又好像没有说，而心神遨游于尘俗世界之外。

[43] 夫至德之世，同与禽兽居，族与万物并。恶乎知君子小人哉！同乎无知，其德不离；同乎无欲，是谓素朴。素朴而民性得矣。

——《庄子·马蹄》

【译文】 在人性最完善的时代，人与鸟兽共同生存，与万物共同生长，不分君子小人。大家都不用智巧，因而人的本性不会丧失；大家都没有私欲，所以都纯真质朴。纯真质朴才能使人民保存天性。

[44] 屈折礼乐，呴俞仁义，以慰天下之心者，此失其常然也。

——《庄子·骈拇》

【译文】 用礼乐去规范和纠正人民的言行，用仁义去抚慰感化天下的人民，这样做便使人民失去人的常态。

[45] 不忘其所始，不求其所终。受而喜之，忘而复之，是之谓不以心捐道，

不以人助天。

——《庄子・大宗师》

【译文】圣人不忘记自己的本原，也不寻求自己的归宿，事情来了就欣然接受，忘掉生死让其复归自然，这就叫做不用心智去损害大道，也不用人为的因素去辅助自然。

[46] 故执德之谓纪，德成之谓立，循于道之谓备，不以物挫志之谓完。

——《庄子・天地》

【译文】所以保持德行就是有纲纪，德行的实践就是有建树，遵循大道就是完备，不因外物而损害心志就是完人。

[47] 若夫不刻意而高，无仁义而修，无功名而治，无江海而闲，不道引而寿，无不忘也，无不有也，澹然无极，而众美从之。此天地之道，圣人之德也。

——《庄子・刻意》

【译文】如果不刻意追求而品德高尚，不讲仁义而能修身，不求功名而能治世，不隐居江湖而能悠闲自得，不加保养而能长寿，无所不忘，无所不有，恬淡宁静而将所有的美集于一身，这才是天地的大道，圣人的德行。

[48] 夫恬淡寂寞虚无无为，此天地之本而道德之质也。

——《庄子·刻意》

【译文】恬淡、寂寞、虚无、无为，这便是天地的本原和道德的本质。

[49] 夫遇长不敬，失礼也；见贤不尊，不仁也。

——《庄子·渔父》

【译文】遇到年长者不尊敬是失礼，见到贤能者不尊敬是不仁。

[50] 故德有所长，而形有所忘。

——《庄子·德充符》

【译文】所以只要有过人的德行，形体上的残疾就会被人们遗忘。

[51] 不利货财，不近贵富；不乐寿，不哀夭；不荣通，不丑穷。

——《庄子·天地》

【译文】不谋财货，不求富贵，不把长寿看做快乐，不把夭折看做悲哀，不把通达看做荣耀，不把穷困看做羞耻。

[52] 无为名尸，无为谋府；无为事任，无为知主。

——《庄子·应帝王》

【译文】绝弃求名的心思，绝弃智谋的策划，绝弃任事的行为，绝弃智巧的思虑。

[53] 至人之用心若镜，不将不迎，应而不藏，故能胜物而不伤。

——《庄子·应帝王》

【译文】“至人”的心思就像一面镜子，对于外物的来去不迎不送，如实反映事物本身而无所隐藏，所以能够反映外物而不为外物所损伤。

[54] 吾所谓聪者，非谓其闻彼也，自闻而已矣。

——《庄子·骈拇》

【译文】我所说的聪敏，不是说能听到别人说什么，而是指有自知之明罢了。

[55] 吾所谓明者，非谓其见彼也，自见而已矣。

——《庄子·骈拇》

【译文】我所说的视觉敏锐，不是说能看见别人做什么，而是指能够看清自己罢了。

[56] 古之人，外化而内不化。

——《庄子·知北游》

【译文】古时的人，外表变化而内心宁静。

[57] 唯至人乃能游于世而不僻，顺人而不失已。

——《庄子·外物》

【译文】唯有道德修养极高的至人才能够混迹于世俗而不乖僻，顺随人情却不丧失自我。

[58] 知忘是非，心之适也；不内变，不外从，事会之适也。

——《庄子·达生》

【译文】不计较是非，是内心的安适；不改变内心的操守，不顺从外物的影响，遇事就可以顺心应手。

[59] 善养生者，若牧羊然，视其后者而鞭之。

——《庄子·达生》

【译文】 善于养生的人，就像是放羊一样，看到落后的便用鞭子赶一赶。

[60] 人之所取畏者，衽席之上，饮食之间，而不知为之戒者，过也。

——《庄子·达生》

【译文】 人所应该畏惧的，是枕席上的恣意和饮食间的失度，若是不知道有所警戒，实在是过错啊。

[61] 形劳而不休则弊，精用而不已则劳，劳则竭。

——《庄子·刻意》

【译文】 形体劳累而不休息就会疲乏不堪，精力使用过度而不休息就会元气劳损，劳损就会精力衰竭。

[62] 君将盈耆欲，长好恶，则性命之情病矣。

——《庄子·徐无鬼》

【译文】 你要是满足嗜好和欲望，增多喜好和憎恶，那么性命的本质就要受损害了。

[63] 为善无近名，为恶无近刑。缘督以为经，可以保身，可以全生，可以养亲，可以尽年。

——《庄子·养生主》

【译文】做世俗的人所认为的善事，但不要有求名之心，做世俗的人所认为的恶事，但不要受到刑律的惩罚。遵从自然的规律并把它作为养生的准则，就可以保护身体，保全天性，养护精神，就可以终享天年。

[64] 不以好恶内伤其身，常因自然而不益生也。

——《庄子·德充符》

【译文】不能以好恶损害自身的本性，经常顺应自然而不人为地给身体、生命增添什么。

[65] 吾以其来不可却也，其去不可止也。吾以为得失之非我也，而无忧色而已矣。

——《庄子·田子方》

【译文】我认为爵禄的到来不能推却，失去也不能阻止。我认为得与失不在于我自身，所以就没有什么可忧愁的了。

[66] 乐全之谓得志。

——《庄子·缮性》

【译文】保持自然的天性就叫做得志。

[67] 名实者，圣人之所不能胜也，而况若乎！

——《庄子·人间世》

【译文】名利之心，圣人都很难克服，何况是你呢？

[68] 古之所谓得志者，非轩冕之谓也，谓其无以益其乐而已矣。

——《庄子·缮性》

【译文】古时候所说的得志，并不是指拥有荣华富贵，而是指内心有无以复加的快乐而已。

[69] 故不为轩冕肆志，不为穷约趋俗，其乐彼与此同，故无忧而已矣。

——《庄子·缮性》

【译文】所以不要为了富贵荣华而恣意放纵，也不要因为穷困潦倒而趋附流俗，富贵与穷困一样快乐，所以没有忧虑。

[70] 丧己于物，失性于俗者，谓之倒

置之民。

——《庄子·缮性》

【译文】由于外物而丧失自我，迷失本性于世俗中的人，就叫做本末倒置的人。

[71]形莫若缘，情莫若率。缘则不离，率则不劳；不离不劳，则不求文以待形，不求文以待形，固不待物。

——《庄子·山木》

【译文】形体不如顺应自然，情感不如保持率真。顺应就不会背离，率真就不会劳苦；不背离不劳苦，就不需要用纹饰来装饰形体，无须纹饰来装饰形体，也就不必求于外物了。

[72]行贤而去自贤之行，安往而不爱哉！

——《庄子·山木》

【译文】行为良善而除去自我炫耀之心，到哪里不受到爱戴呢？

[73]今世之人居高官尊爵者，皆重失之，见利轻亡其身，岂不惑者！

——《庄子·让王》

【译文】现在居于高官显位的人，时时担忧失去它们，见到利益就不顾自己的性命，岂不是很糊涂吗？

[74] 能尊生者，虽贵富不以养伤身，虽贫贱不以利累形。

——《庄子·让王》

【译文】能够珍视生命的人，即使富贵也不会贪恋俸禄而伤害身体，即使贫贱也不会因利益而劳累身体。

[75] 知足者不以利自累也，审自得者失之而不惧，行修于内者无位而不怍。

——《庄子·让王》

【译文】知足的人不因利禄劳累自己，安闲自得的人遇到损失也不害怕，修养身心的人没有官职也不惭愧。

[76] 行乎无名者，唯庸有光。

——《庄子·庚桑楚》

【译文】行事不显露名声的人，即使平庸也有光彩。

[77] 正则静，静则明，明则虚，虚则无为而无不为也。

——《庄子·庚桑楚》

【译文】内心平正就会宁静，宁静就会明澈，明澈就会空明，空明就能顺任自然而没有什么做不成的。

［78］知大一，知大阴，知大目，知大均，知大方，知大信，知大定，至矣。

——《庄子·徐无鬼》

【译文】一个人知道什么是开始，什么是阴柔，什么是光明，什么是造化，什么是无限，什么是信仰，什么是宁静，那么这个人的造诣就达到极点了。

［79］古之得道者，穷亦乐，通亦乐。所乐非穷通也，道德于此，则穷通为寒暑风雨之序矣。

——《庄子·让王》

【译文】古时候得道的人，穷困也快乐，通达也快乐。快乐的原因不在困厄与通达，内心得到了道，人生的穷困和通达就像风雨、寒暑的循序变化了。

［80］养志者忘形，养形者忘利，致道者忘心矣。

——《庄子·让王》

【译文】修养心志的人能够忘却形骸，调养形骸的人能够忘却利禄，得道的人能够忘却心机与才智。

[81] 乘物以游心，托不得已以养中，至矣。

——《庄子·人间世》

【译文】顺从自然而内心悠游自在，寄托于不得已而蓄养心中的精气，这就是人生的最高境界。

[82] 极物之真，能守其本，故外天地，遗万物，而神未尝有所困也。

——《庄子·天道》

【译文】能深究事物的本原，持守事物的根本，所以忘却天地，忘怀万物，而精神世界不曾有任何困扰。

[83] 宇泰定者，发乎天光。

——《庄子·庚桑楚》

【译文】心境安泰镇定的人，就会发出自然的光辉。

[84] 知道者必达于理，达于理者必明于权，明于权者不以物害己。

——《庄子·秋水》

【译文】懂得大道的人必定通达事理，通达事理的人必定能随机应变，明白应变的人定然不会因为外物而损伤自己。

[85] 巧者劳而知者忧，无能者无所求，饱食而敖游，汎若不系之舟，虚而敖游者也。

——《庄子·列御寇》

【译文】机巧的人多劳累，智慧的人多忧虑，不用智巧的人却无所追求，填饱肚子就自由自在地遨游，像没有缆绳的船只一样漂浮在水中，这才是心境空虚而自由遨游的人。

[86] 圣人安其所安，不安其所不安；众人安其所不安，不安其所安。

——《庄子·列御寇》

【译文】圣人安于自然，却不适应人为的摆布；普通人习惯于人为的摆布，却不安于自然。

[87] 达生之情者傀，达于知者肖，达大命者随，达小命者遭。

——《庄子·列御寇》

【译文】通晓生命实情的人就心胸开阔，精通智巧的人就心境狭小，通达大命的人就顺应自然，精通小命的人就处境不顺。

[88] 真悲无声而哀，真怒未发而威，真亲未笑而和。

——《庄子·渔父》

【译文】真正的悲痛没有哭声也哀伤，真正的愤怒没有发作也威严，真正的亲热不笑也和悦。

[89] 以目视目，以耳听耳，以心复心。

——《庄子·徐无鬼》

【译文】用眼睛看眼睛所能看见的东西，用耳朵听耳朵所能听到的声音，用心灵来关照心灵所能领会的心情。

[90] 不能说其志意，养其寿命者，皆非通道者也。

——《庄子·盗跖》

【译文】凡是不能够使自己心境愉快，保养自己寿命的人，都不能算是通晓道的人。

[91] 重生，重生则利轻。

——《庄子·让王》

【译文】要看重生命。重视生命就会看轻名利。

[92] 至贵，国爵并焉；至富，国财并焉；至愿，名誉并焉。

——《庄子·天运》

【译文】最为高贵的，国君的爵位都可以弃之不顾；最为富有的，全国的资财都可以弃之不顾；最为显赫的，任何荣誉都可以弃之不顾。

[93] 逍遥，无为也；苟简，易养也；不贷，无出也。

——《庄子·天运》

【译文】自由自在、无拘无束，便是无为；简单朴素就容易养活自己；不支出就不耗费。

[94] 乘夫莽眇之鸟，以出六极之外，而游无何有之乡，以处圹埌之野。

——《庄子·应帝王》

【译文】神人乘渺茫之鸟飞出天地之外，遨游于虚无之境，徜徉于广阔无垠的旷野。这就是精神的自由。

[95] 明则尘垢不止，止则不明也。久

与贤人处则无过。

——《庄子·德充符》

【译文】镜子明亮就不沾染灰尘，落上了灰尘也就不会明亮。常和有道德的人相处就会没有过错。

[96] 人有修者，乃今有恒；有恒者，人舍之，天助之。

——《庄子·庚桑楚》

【译文】人能注重修身，才能培养品德。而品德始终如一的人，就会众望所归，也会得到自然的佑护。

[97] 若能入游其樊而无感其名，入则鸣，不入则止。

——《庄子·人间世》

【译文】能悠游于世俗的樊篱之内而不为名利所诱惑，别人能接受你的意见你就说，不能接受你的意见你就不要说。

[98] 纯粹而不杂，静一而不变，惔而无为，动而以天行，此养神之道也。

——《庄子·刻意》

【译文】单纯精粹而不混杂，虚静专一而不变动，恬淡无为，行动顺应自然，这就是养神的道理和方法。

[99] 饰小说以干县令，其于大达亦远矣。

——《庄子·外物》

【译文】修饰浅薄的言辞以求得高名显位，那和通晓大道的距离就很远了。

[100] 行不知所之，居不知所为，与物委蛇而同其波，是卫生之经已。

——《庄子·庚桑楚》

【译文】行动时自由自在，安居时无牵无挂，顺应自然，随波同流，这就是养护生命的道理了。

[101] 故目之于明也殆，耳之于聪也殆，心之于殉也殆。

——《庄子·徐无鬼》

【译文】眼睛一味地追求过人的视力就危险，耳朵一味地追求过人的听力就危险，心思一味地追求外物也就危险了。

[102] 缘循、偃佒、困畏不若人，三者

俱通达。

——《庄子·列御寇》

【译文】顺应自然、顺从人意、懦弱谦下，这三种情况都能遇事通达。

［103］汝为知在毫毛，而不知大宁。

——《庄子·列御寇》

【译文】（世俗人）把心思用在赐赠酬答等琐碎的小事上，却一点也不懂得宁静、自然和无为。

［104］道与之貌，天与之形，无以好恶内伤其身。

——《庄子·德充符》

【译文】道给了人容貌，天给了人形体，不要用好恶来伤害自己的木性。

《管子》

[1] 必得之事，不足赖也；必诺之言，不足信也。

——《管子·形势》

【译文】自以为一定能做到的事，是靠不住的；口头上坚定承诺的话，是信不得的。

[2] 万物之于人也，无私近也，无私远也。巧者有余，而拙者不足。

——《管子·形势》

【译文】万物对于人，是没有远近亲疏之分的。灵巧的人用起来就有余，笨拙的人用起来就不足。

[3] 一年之计，莫如树谷；十年之计，莫如树木；终身之计，莫如树人。

——《管子·权修》

【译文】作一年的打算，最好是种植谷物；作十年的打算，最好是种植树木；作终身的打算，最好是培育人才。

[4] 宁过于君子，而毋失于小人。过于君子，其为怨浅；失于小人，其为祸深。

——《管子·立政》

【译文】 宁可任用君子失当，也不可以错误地使用小人。任用君子失当，招来的怨恨浅；错误地使用小人，造成的祸患深。

[5] 贤人之处乱世也，知道之不可行，则沉抑以辟罚，静默以侔免。

——《管子·宙合》

【译文】 贤人处于乱世，知道自己的治国之道是行不通的，于是就隐逸自抑以躲避刑罚，静默无言以求免祸。

[6] 毒而无怒，此言止忿速济没法也；怨而无言，言不可不慎也。言不周密，反伤其身。

——《管子·宙合》

【译文】 “毒而无怒”，是说止息忿怒就能速成其事。“怨而无言”，是指说话不可以不谨慎。说话不周密，反而会伤害自身。

［7］道也者，通乎无上，详乎无穷，运乎诸生。

——《管子·宙合》

【译文】所谓道，就是能通达无上之高，概括无穷之多，运用于万物之上。

［8］贤者死忠以振疑，百姓寓焉；智者究理而长虑，身得免焉。

——《管子·大匡》

【译文】贤明的人死于忠诚以消除人们的疑惑，使百姓的精神有所寄寓；聪敏的人推究事理而有长远的考虑，使自己能够免除祸患。

［9］圣人畏微，而愚人畏明。圣人之憎恶也内，愚人之憎恶也外。

——《管子·霸言》

【译文】圣人畏惧细微的萌芽，而愚人畏惧显明的表象。圣人憎恶内心的邪恶，愚人憎恶外表的丑陋。

［10］任之重者莫如身，途之畏者莫如口，期而远者莫如年。以重任行畏途至远期，唯君子乃能矣。

——《管子·戒》

【译文】负担再重也比不上身体，路途再险也比不上口舌，时间再长也比不上年代。负担重任、行走险途、长期坚持，只有君子能够做到。

[11]寡交多亲，谓之知人；寡事成功，谓之知用；闻一言以贯万物，谓之知道。

——《管子·戒》

【译文】交游少而亲密的人多，叫做认识人；办事少而成效多，叫做会运用；听一句话就能贯通万物，叫做知规律。

[12]多言而不当，不如其寡也；博学而不自反，必有邪。

——《管子·戒》

【译文】说话多而不得当，不如少说；博学而不自省，必生邪辟。

[13]心道进退，而刑道滔赶。进退者主制，滔赶者主劳。主劳者方，主制者圆。

——《管子·君臣下》

【译文】心灵的功能是考虑举止动作，形体的功能是实现仰俯屈伸。考虑举止动作的主管号令，实现仰俯屈伸的付出劳力。付出劳力的要求方正，主管号令的要求圆通。

[14] 教之始也，身必备之，辟之若秋云之始见，贤者不肖者化焉。

——《管子·侈靡》

【译文】教化的初始，君主必须以身教为先。就像秋云刚刚开始在空中出现，无论贤人还是不肖之人，无不受到感化。

[15] 敬而待之，爱而使之，若樊神山祭之。贤者少，不肖者多，使其贤，不肖者恶得不化？

——《管子·侈靡》

【译文】敬重地对待受教化的对象，充满爱心地使用他们，就像祭祀时在神山周围筑起篱笆般地保护他们。虽然世上总是贤人少而不肖的人多，但任用贤人，不肖的人怎会不被感化？

[16] 道不远而难极也，与人并处而难得也。虚其欲，神将入舍；扫除不洁，神乃留处。

——《管子·心术上》

【译文】道离人不远却难以达到，与人在一起却难以把握。排除自己的欲望，道就会进入人的心中；扫除心中不洁净的杂念，道就能留下来安居。

[17]人之可杀，以其恶死也；其可不利，以其好利也。

——《管子·心术上》

【译文】人之所以能用死亡作警戒，是因为人害怕死亡；之所以能用不利之事作惩罚，是因为人贪图利益。

[18]君子不怵乎好，不迫乎恶，恬愉无为，去智与故。其应也，非所设也；其动也，非所取也。

——《管子·心术上》

【译文】君子不被爱好的事所诱惑，不被厌恶的事所胁迫，恬淡愉悦，无所作为，不用智谋和欺诈。他的处事，不是出于自己的主观筹划；他的行动，也不是出于自己的主观择取。

[19]人迫于恶，则失其所好；怵于好，则忘其所恶，非道也。

——《管子·心术上》

【译文】一般人往往迫于他厌恶的东西，而失去了自己喜好的东西；或者被喜好的东西所诱惑，因而忘记了厌恶的东西。这都是不符合道的。

［20］不怵乎好，不迫乎恶，恶不失其理，欲不过其情，故曰君子。

——《管子·心术上》

【译文】不为利诱，不为恶迫。厌恶不要失去常理，喜好不要超越常情，这样的人才能称为君子。

［21］凡民之生也，必以正平；所以失之者，必以喜乐哀怒。

——《管子·心术下》

【译文】凡人的生命，一定要依靠中正平和；之所以失去中正平和，必然是由于喜怒哀乐。

［22］原始计实，本其所生。知其象，则索其形；缘其理，则知其情；索其端，则知其名。

——《管子·白心

【译文】考察原始，根据事实来寻求事物生成的根
了解表象，就能探究事物的形体；考究道理，

掌握事物的实情；探索端倪，就能知道事物的名称。

[23] 强而骄者损其强，弱而骄者亟死亡。强而卑义，信其强。弱而卑义，免于罪。

【译文】强大而骄傲就会损害自己的强大，弱小而骄傲就会迅速死亡。强大而谦卑就能使自己更强大，弱小而谦卑就能避免遭到祸患。

[24] 人言善，亦毋听；人言恶，亦毋听。持而待之，空然勿两之，淑然自清。

——《管子·白心》

【译文】人们说好，不要轻易听信；说不好，也不要轻易听信。保持平静加以等待，虚心地听其自然发展，善恶终究会寂然自明的。

[25] 无以旁言为事成，察而徵止；无听辩，万物归之，美恶乃自见。

——《管子·白心》

【译文】不要把旁人的评论当做事实，要进行观察与考证；不要听信任何巧辩，把万事万物归纳到一起，美与恶就自然显现了。

[26] 名满于天下，不若其已也；名进而身退，天之道也。

——《管子·白心》

【译文】名声满天下，不如赶快住手；急流勇退，才符合天道。

[27] 满盛之国，不可以仕任；满盛之家，不可以嫁子；骄倨傲暴之人，不可与交。

——《管子·白心》

【译文】全盛的国家，不可以到那里去做官；全盛的家族，不可以与之通婚；骄傲暴躁的人，不可以与之交朋友。

[28] 德成而智出，万物果得。凡心之刑，自充自盈，自生自成。

——《管子·内业》

【译文】道德成就了智慧就能产生，万事万物都会为我所得。心的形体，就能自然地精气充满，自然地生成。

[29] 其所以失之，必以忧乐喜怒欲利。能去忧乐喜怒欲利，心乃反济。

——《管子·内业》

【译文】心之所以丧失精气，必然是由于忧、乐、喜、怒、嗜欲和贪利。能去除忧、乐、喜、怒、嗜欲和贪利，心就会返回到充盈完满的状态。

[30] 凡道无所，善心安爱。心静气理，道乃可止。彼道不远，民得以产；彼道不离，民因以知。

——《管子·内业》

【译文】道没有停留的固定处所，遇到善心就留驻下来。心静气顺，道就可以停留。道并不在远方，人们依靠它才能生长；道也不离去，人们依靠它就有智慧。

[31] 道也者，口之所不能言也，目之所不能视也，耳之所不能听也，所以修心而正形也。

——《管子·内业》

【译文】所谓道，是口不能言传，目不能察看，耳朵也听不到的，但却可以通过它修养身心，端正形貌。

[32] 形不正，德不来；中不静，心不治。正形摄德，天仁地义，则淫然而自至。

——《管子·内业》

【译文】外形不端正，道德修养不成；内心不虚静，嗜欲不能整治。端正外形、修养道德，像天地那样仁义，精气就会源源不断地到来。

[33] 中无惑意，外无邪灾。心全于中，形全于外；不逢天灾，不遇人害，谓之圣人。

——《管子·内业》

【译文】心中没有迷惑的意念，身外就没有邪恶的灾祸。心在内部保持健全，形体就会保持健全，就不会遇到天灾，不会遇到人祸。这样的人就叫做圣人。

[34] 思索生知，慢易生忧，暴傲生怨，忧郁生疾，疾困乃死。

——《管子·内业》

【译文】思考求索产生智慧，懈怠疏忽产生忧患，残暴傲慢产生怨恨，忧虑抑郁产生疾病，疾病困顿就会使人死亡。

[35] 食莫若无饱，思莫若勿致，节适之齐，彼将自至。

——《管子·内业》

【译文】吃饭最好不要太饱，思虑最好不要过度，以适中为宜，健康就会自然到来。

[36] 平正擅匈，论治在心，此以长寿。忿怒之失度，乃为之图。

——《管子·内业》

【译文】平和中正占据胸怀，弥漫在心中，这就是长寿的原因。忿怒过度，就应该设法消除。

[37] 节其五欲，去其二凶，不喜不怒，平正擅匈。

——《管子·内业》

【译文】节制耳、目、口、鼻、心五种嗜欲，去除喜、怒这两种凶事，不欣喜不忿怒，平和中正就能充满胸怀。

[38] 止怒莫若诗，去忧莫若乐，节乐莫若礼，守礼莫若敬，守敬莫若静。

——《管子·内业》

【译文】制止忿怒最好用诗歌，去除忧虑最好用音乐，节制享乐最好遵守礼制，遵守礼制最好保持敬慎，保持敬慎最好讲究虚静。

[39] 凡食之道，大充，伤而形不臧；大摄，骨枯而血冱。充摄之间，此谓和成。

——《管子·内业》

【译文】大凡饮食之道，吃得太多，就会伤害肠胃而对身体不好；吃得太少，就会骨骼干枯而血脉不通。在饥饱之间，以适中为宜，才算完成平和的样子。

[40] 饥饱之失度，乃为之图。饱则疾动，饥则广思，老则长虑。

——《管子·内业》

【译文】如果饥饱失度，就要设法解决。过饱就要赶快活动，饥饿就要广泛思考以转移注意力，衰老了就要多想想过去的幸福时光。

[41] 饱不疾动，气不通于四末；饥不广思，饱而不废；老不长虑，困乃速竭。

——《管子·内业》

【译文】过饱而不赶快活动，血气就不能通达于四肢；饥饿而不赶快广泛思考，饥饿就更加严重；衰老了而不做长久的考虑，衰老的躯体就会加快枯竭。

[42] 凡人之生也，必以其欢。忧则失纪，怒则失端。忧悲喜怒，道乃无处。

——《管子·内业》

【译文】 人生在世，一定要欢畅。忧虑就会失去章法，忿怒就会失去端绪。心中有了忧、悲、喜、怒，道就无容身之处。

[43] 爱欲静之，遇乱正之。勿引勿推，福将自归。

——《管子·内业》

【译文】 有了爱的欲念就要设法平静，有了迷乱的思想就要就要设法纠正。顺其自然，幸福自然降临。

[44] 凡人之情，得所欲则乐，逢所恶则忧，此贵贱之所同有也。

——《管子·禁藏》

【译文】 大凡人之常情，得到喜欢的东西就快乐，遇到厌恶的事情就忧虑，这是人们无论身份高低所共有的情绪。

[45] 适身行义，俭约恭敬，其唯无福，祸亦不来矣。

——《管子·禁藏》

【译文】克制自身，遵行道义，俭省节约，谨慎恭敬，即使不会得福，也不至于灾祸临头。

[46] 骄傲侈泰，离度绝理，其唯无祸，福亦不至矣。

——《管子·禁藏》

【译文】骄傲自大，荒淫奢侈，背离法度，违反常理，就算没有灾祸，幸福也不会来临。

[47] 誉不虚出，而患不独生；福不择家，祸不索人。

——《管子·禁藏》

【译文】荣誉不会凭空出现，祸患也不会无故发生；幸福不挑选人家，灾祸也不会自动找到人的头上。

[48] 凡人之情，见利莫能勿就，见害莫能勿避。

——《管子·禁藏》

【译文】大凡人之常情，看到利益没有不追求的，看到祸害没有不躲避的。

[49] 温恭自虚，所受是极。见善从之，

闻义则服。温柔孝悌，毋骄恃力。

——《管子·弟子职》

【译文】谦和虚心，所学的才能全部领会。看见善行就要学习，听到正义就要身体力行。温和孝敬，不能骄横而自恃勇力。

[50] 起居时，饮食节，寒暑适，则身利而寿命益。

——《管子·形势解》

【译文】起居按时，饮食节制，冷热适宜，就会身体强壮而寿命延长。

[51] 起居不时，饮食不节，寒暑不适，则形体累，而寿命损。

——《管子·形势解》

【译文】起居不按时，饮食不节制，冷热不适宜，身体就会疲惫，寿命就会损减。

[52] 人惰而侈则贫，力而俭则富。夫物莫虚至，必有以也。故曰寿夭贫富，无徒归也。

——《管子·形势解》

【译文】懒惰奢侈的人必然贫穷，勤劳节俭的人必然富足。世上财物不会凭空而来，必然有它的原因。所以说，人的长寿、短命、贫穷、富贵，都不是无缘无故的。

[53]与人交，多诈伪无情实，偷取一切，谓之乌集之交。初虽相欢，后必相咄。

——《管子·形势解》

【译文】与人交往，多存欺诈虚伪之心，没有真情实意，只想苟且求取一切，这样的交往叫做乌鸦聚集式的交往。最初虽然亲密，后来必定反目。

[54]事之先易者，人轻行之。人轻行之，则必困难成之事。

——《管子·版法解》

【译文】事情开始容易，人们往往轻率行事。轻率行事，就必然使后来困于艰难，更加困窘。

[55]始不足见者，人轻弃之。人轻弃之，则必失不可及之功。

——《管子·版法解》

【译文】行事开始时效果不易察觉，人们往往轻视而放弃。轻视放弃，就必然失去难以达到的功效。

[56]数困难成之事，而时失不可及之功，衰耗之道也。

——《管子・版法解》

【译文】多次受困于艰难的工作之中，时常失去难以达到的功效，这就是人的精神消耗衰竭的症结之所在。

图书在版编目（CIP）数据

悦读丛书．国学篇 /《悦读丛书》编委会编．—济南：山东友谊出版社，2015.12

ISBN 978-7-5516-0938-8

Ⅰ．①悦… Ⅱ．①悦… Ⅲ．①丛书—中国—现代②国学—通俗读物 Ⅳ．① Z121.7 ② Z126-49

中国版本图书馆 CIP 数据核字（2015）第 319104 号

主管单位： 山东出版传媒股份有限公司

出版发行： 山东友谊出版社

地　　址： 济南市英雄山路 189 号　邮政编码：250002

电　　话： 出版管理部（0531）82098756

市场营销部（0531）82098035（传真）

印　　刷： 山东省东营市新华印刷厂

版　　次： 2016 年 1 月第 1 版

印　　次： 2016 年 1 月第 1 次印刷

规　　格： 103mm × 171mm

印　　张： 21.25

字　　数： 280 千字

定　　价： 55.00 元（全五卷）

悦读丛书

·国学篇·

励志

《悦读丛书》编委会　编

本卷主编　王恒展

山东友谊出版社

目录

《孟子》

[1] 君子之于禽兽也，见其生，不忍见其死；闻其声，不忍食其肉。是以君子远庖厨也。

——《孟子·梁惠王上》

【译文】君子对于飞禽走兽，看见它们活着，不忍心看见它们死去；听到它们悲鸣哀号，便不忍心再吃它们的肉。因此君子远离厨房。

[2] 老吾老，以及人之老；幼吾幼，以及人之幼。天下可运于掌。

——《孟子·梁惠王上》

【译文】尊敬我的长辈，从而推及尊敬别人的长辈；爱护我的儿女，从而推及爱护别人的儿女。如此去做，统一天下就像在手心里转动东西一样容易了。

[3] 挟太山以超北海，语人曰，“我不能。”是诚不能也。为长者折枝，语人曰，

“我不能。”是不为也，非不能也。

——《孟子·梁惠王上》

【译文】把泰山夹在胳膊底下跳过北海，告诉人说：“这个我办不到。”这是真不能。替老年人折根树枝做拐棍，告诉人说：“这个我办不到。”这是不肯干，不是不能干。

[4] 推恩足以保四海，不推恩无以保妻子。古之人所以大过人者无他焉，善推其所为而已矣。

——《孟子·梁惠王上》

【译文】推广恩惠足以安定天下，不这样，就不能保护自己的妻子儿女。古代的圣贤之所以远远地超过一般人，没有别的诀窍，只是善于推行他们好的行为而已。

[5] 夫志，气之帅也；气，体之充也。夫志至焉，气次焉。故曰：“持其志，无暴其气。”

——《孟子·公孙丑上》

【译文】思想意志是意气感情的统帅，意气感情是充满体内的力量。思想意志到了哪里，意气感情也就在哪里表现出来。所以说，“要坚定自己的思想意志，不要滥用自己的意气感情。”

[6] 志壹则动气，气壹则动志也。今夫蹶者趋者，是气也，而反动其心。

——《孟子·公孙丑上》

【译文】思想意志若专注于某一方面，意气感情必定为之转移。意气感情假若也专注于某一方面，思想意志也会因之动荡。譬如跌倒和急跑，这只是意气专注于某一方面，然而反过来也造成心性的浮动。

[7] “敢问何谓浩然之气？”曰：“难言也。其为气也，至大至刚，以直养而无害，则塞于天地之间。”

——《孟子·公孙丑上》

【译文】“请问什么叫做浩然之气？”孟子说：“很难说。那种气最伟大，最刚强，用正义去培养它，一点都不加伤害，就会充满天地之间。”

[8] “何谓知言？”曰：“诐辞知其所蔽，淫辞知其所陷，邪辞知其所离，遁辞知其所穷。”

——《孟子·公孙丑上》

【**译文**】“怎样才算是善于分析别人的言辞呢？”孟子说：“不全面的言辞我知道它的片面性之所在；过分的言辞我知道它失足之所在；不合正道的言辞我知道它与正道分歧之所在；躲闪的言辞我知道它理屈之所在。”

［9］谓人皆有不忍人之心者，今人乍见孺子将入于井，皆有怵惕恻隐之心。

——《孟子·公孙丑上》

【**译文**】我所以说每个人都有怜恤别人的心情，其道理就在于，譬如现在有人看到一个小孩要跌到井里去了，任何人都会有惊骇同情的心情。

［10］恻隐之心，仁之端也；羞恶之心，义之端也；辞让之心，礼之端也；是非之心，智之端也。人之有是四端也，犹其有四体也。

——《孟子·公孙丑上》

【**译文**】同情之心是仁的萌芽，羞耻之心是义的萌芽，推让之心是礼的萌芽，是非之心是智的萌芽。人心有这四种萌芽，正如他有手足四肢一样。

[11] 仁者如射：射者正己而后发；发而不中，不怨胜己者，反求诸己而已矣。

——《孟子·公孙丑上》

【译文】 仁人好比射箭：射箭的人先端正自己的姿势然后放箭；如果没有射中，不埋怨那些胜过自己的人，认真进行自我反思罢了。

[12] 取诸人以为善，是与人为善者也。故君子莫大乎与人为善。

——《孟子·公孙丑上》

【译文】 吸取别人的优点来行善，这就是偕同别人一道行善。所以君子最高的德行就是偕同别人一道行善。

[13] 伯夷隘，柳下惠不恭。隘与不恭，君子不由也。

——《孟子·公孙丑上》

【译文】 伯夷器量太小，柳下惠不太严肃。器量太小和不太严肃，君子是不这样做的。

[14] 焉有君子而可以货取乎？

——《孟子·公孙丑下》

【译文】 哪里有君子可以用钱收买的呢？

[15] 有官守者，不得其职则去；有言责者，不得其言则去。

——《孟子·公孙丑下》

【译文】有固定职务的，如果无法尽其职责，就可以辞职；有进言责任的，如果言不听，计不从，也就可以离开。

[16] 君子不以天下俭其亲。

——《孟子·公孙丑下》

【译文】在任何情况下，君子都不应当在父母身上省钱。

[17] 古之君子，其过也，如日月之食，民皆见之；及其更也，民皆仰之。

——《孟子·公孙丑下》

【译文】古代的君子有了过错，好像日食月食一样，老百姓都能看到；到他改正的时候，老百姓都仰望着他。

[18] 君子之德，风也；小人之德，草也。草尚之风，必偃。

——《孟子·滕文公上》

【译文】君子的德行好像风，小人的德行好像草，风向哪边吹，草就向哪边倒。

[19] 夏曰校，殷曰序，周曰庠；学则三代共之，皆所以明人伦也。

——《孟子·滕文公上》

【译文】夏代的学校叫“校”，商代叫“序”，周代叫“庠”；至于大学，三代都叫“学”。办学的目的都是阐明人伦道德来教导人民。

[20] 人伦明于上，小人亲于下。

——《孟子·滕文公上》

【译文】诸侯大夫都明白了人伦道德，老百姓自然就会亲密地团结在一起。

[21] 人之有道也。饱食、暖衣、逸居而无教，则近于禽兽。

——《孟子·滕文公上》

【译文】人之所以为人，是因为有道德。吃饱了，穿暖了，住得很安逸，如果没有教养，也和禽兽差不多。

[22] 父子有亲，君臣有义，夫妇有别，

长幼有序，朋友有信。

——《孟子·滕文公上》

【译文】父子之间有骨肉之亲，君臣之间有礼义之道，夫妻之间有内外之别，老少之间有尊卑之序，朋友之间有诚信之德。

[23] 不直，则道不见；我且直之。

——《孟子·滕文公上》

【译文】不说直话，真理表现不出，我姑且说说直话吧。

[24] 枉己者，未有能直人者也。

——《孟子·滕文公下》

【译文】自己不正直的人从来没有能使别人正直的。

[25] 居天下之广居，立天下之正位，行天下之大道。得志，与民由之；不得志，独行其道。

——《孟子·滕文公下》

【译文】男子应住在天下最宽广的住宅——仁里，站在天下最正确的位置——礼上，走天下最光明的大路——义。得志的时候，偕同百姓循着大道前进；不得志的时候，就坚持自己的原则。

［26］富贵不能淫，贫贱不能移，威武不能屈，此之谓大丈夫。

——《孟子·滕文公下》

【译文】富贵不能乱我之心，贫贱不能变我之志，威武不能屈我之节，这样才叫大丈夫。

［27］以顺为正者，妾妇之道也。

——《孟子·滕文公下》

【译文】以顺从为正确原则的，这是妻妾妇人之道。

［28］规矩，方圆之至也；圣人，人伦之至也。

——《孟子·离娄上》

【译文】圆规和曲尺是方圆的标准，圣人是做人的标准。

［29］爱人不亲，反其仁；治人不治，反其智；礼人不答，反其敬。

——《孟子·离娄上》

【译文】我爱别人，别人却不亲近我，那得反问，自己的仁爱够不够。我管理别人，可是没管好，那得反问自己的智慧够不够。我礼貌地对待别人，可是得不到相应的对待，那得反问自己的恭敬够不够。

[30] 行有不得者皆反求诸己，其身正而天下归之。

——《孟子·离娄上》

【译文】任何行为如果没得到预期的结果都要反躬自责，自己端正了，天下的人都会归服他。

[31] 自暴者，不可与有言也；自弃者，不可与有为也。言非礼义，谓之自暴也；吾身不能居仁由义，谓之自弃也。

——《孟子·离娄上》

【译文】自己残害自己的人，不能和他说有价值的话；自己抛弃自己的人，不能和他做有价值的事情。出言破坏礼义，这就叫自己残害自己；自己认为居心不能以仁义为准则，这就叫自己抛弃自己。

[32] 仁，人之安宅也；义，人之正路也。旷安宅而弗居，舍正路而不由，哀哉！

——《孟子·离娄上》

【译文】仁是人类最安适的住宅，义是人类最正确的道路。空着最安适的住宅不去住，舍弃最正确的道路不去走，很可悲啊！

[33] 获于上有道，不信于友，弗获于上矣。信于友有道，事亲弗悦，弗信于友矣。

——《孟子·离娄上》

【译文】要得到上级的信任有方法，首先要得到朋友的信任，若是不能得到朋友的信任，就不能得到上级的信任。要使朋友信任有方法，首先要得到父母的欢心。若是得不到父母的欢心，就不能得到朋友的信任。

[34] 悦亲有道，反身不诚，不悦于亲矣。诚身有道，不明乎善，不诚其身矣。

——《孟子·离娄上》

【译文】要使父母高兴有方法，首先要诚心诚意，若是反躬自问，心意不诚，也就不能使父母高兴了。要使自己诚心诚意也有方法，首先要明白什么是善，若是不明白什么是善，也就不能使自己诚心诚意了。

[35] 存乎人者，莫良于眸子。眸子不能掩其恶。胸中正，则眸子瞭焉；胸中不正，则眸子眊焉。听其言也，观其眸子，人焉廋哉？

——《孟子·离娄上》

【译文】观察一个人，再没有比观察他的眼睛更好了。因为眼睛不能遮盖一个人的丑恶。心正，眼睛就明亮；心不正，眼睛就昏暗。听一个人说话时，注意观察这个人的眼睛，这人的善恶又往哪里藏呢？

[36] 恭者不侮人，俭者不夺人。

——《孟子·离娄上》

【译文】恭敬别人的人不会侮辱别人，节俭的人不会掠夺别人。

[37] 教者必以正。

——《孟子·离娄上》

【译文】教育一定要用正理正道。

[38] 事，孰为大？事亲为大；守，孰为大？守身为大。

——《孟子·离娄上》

【译文】侍奉谁最重要？侍奉父母最重要。守护什么最重要？守护自己不使陷于不义最重要。

[39] 有不虞之誉，有求全之毁。

——《孟子·离娄上》

【译文】有意料不到的赞扬，也有过于苛求的诋毁。

[40] 人之易其言也，无责耳矣。

——《孟子·离娄上》

【译文】人把什么话都轻易地说出口，人便不责备他失言了。

[41] 人之患在好为人师。

——《孟子·离娄上》

【译文】人的毛病在于喜欢做别人的老师。

[42] 仁之实，事亲是也；义之实，从兄是也；智之实，知斯二者弗去是也。

——《孟子·离娄上》

【译文】仁的主要内容是侍奉父母；义的主要内容是顺从兄长；智的主要内容是明白这二者的道理而坚持下去。

[43] 礼之实，节文斯二者是也；乐之实，乐斯二者，乐则生矣；生则恶可已也，恶可已，则不知足之蹈之手之舞之。

——《孟子·离娄上》

【译文】礼的主要内容是对品质、文章加以调节修饰；乐的主要内容是从这二者中得到快乐，快乐就会产生了；快乐一产生就无法停止，无法停止就会不知不觉地手足舞蹈了。

[44] 先圣后圣，其揆一也。

——《孟子·离娄下》

【译文】古代的圣人和后代的圣人，他们的道路是相同的。

[45] 无罪而杀士，则大夫可以去；无罪而戮民，则士可以徙。

——《孟子·离娄下》

【译文】士人没有罪却被杀掉，那么大夫可以离开这个国家；百姓没有罪却被人杀戮，那么士人可以搬走。

[46] 非礼之礼，非义之义，大人弗为。

——《孟子·离娄下》

【译文】似是而非的礼，似是而非的义，有德行的人是不干的。

[47] 中也养不中，才也养不才，故人

乐有贤父兄也。

——《孟子·离娄下》

【译文】道德品质很好的人教育熏陶道德品质不好的人，有才能的人教育熏陶那没有才能的人，所以每个人都喜欢有好父兄。

[48] 人有不为也，而后可以有为。

——《孟子·离娄下》

【译文】人有所不为，才能有所作为。

[49] 言人之不善，当如后患何?

——《孟子·离娄下》

【译文】宣扬别人的缺点，招来后患怎么办?

[50] 大人者，言不必信，行不必果，惟义所在。

——《孟子·离娄下》

【译文】有德行的人，说话不一定句句守信，行为不一定果断，只要符合道义就行。

[51] 大人者，不失其赤子之心者也。

——《孟子·离娄下》

【译文】有德行的人是能保持那种婴儿般天真淳朴的心的人。

[52] 养生者不足以当大事，惟送死可以当大事。

——《孟子·离娄下》

【译文】养活父母不算什么大事情，只有给他们送终才算得上一件大事情。

[53] 君子深造之以道，欲其自得之也。自得之，则居之安；居之安，则资之深；资之深，则取之左右逢其原，故君子欲其自得之也。

——《孟子·离娄下》

【译文】君子依循正确的方法来得到高深的造诣，就是要求他自觉地有所得。自觉地有所得，就能牢固地掌握它；牢固地掌握它，就能积蓄得很深厚；积蓄很深厚，便能取之不尽，左右逢源，所以君子要自觉地有所得。

[54] 博学而详说之，将以反说约也。

——《孟子·离娄下》

【译文】广博地学习，详细地解说，是要在融会贯通以后，返回到简约。

[55] 言无实不祥。不祥之实，蔽贤者当之。

——《孟子·离娄下》

【译文】说话没有孝义等实际内容是不好的。这种不好的结果，将由蔽贤妒能的人来承担。

[56] 声闻过情，君子耻之。

——《孟子·离娄下》

【译文】名誉超过实际，君子引以为耻。

[57] 人之所以异于禽兽者几希，庶民去之，君子存之。

——《孟子·离娄下》

【译文】人和禽兽不同的地方只那么一点点，一般百姓丢弃它，君子保存它。

[58] 舜明于庶物，察于人伦，由仁义行，非行仁义也。

——《孟子·离娄下》

【译文】舜懂得事物的道理，了解人类的常情，于是顺从仁义之路而行，不是把仁义作为工具、手段来使用。

[59] 王者之迹熄而《诗》亡，《诗》亡然后《春秋》作。

——《孟子·离娄下》

【译文】王者采诗的事情废止了，《诗经》也就没有了；《诗经》没有了，孔子便创作了《春秋》。

[60] 可以取，可以无取，取伤廉；可以与，可以无与，与伤惠；可以死，可以无死，死伤勇。

——《孟子·离娄下》

【译文】可以拿，可以不拿，拿了损害廉洁，还是不拿；可以施予，可以不施予，施予了损害恩惠，还是不施予；可以死，可以不死，死了损害勇敢，还是不死。

[61] 君子所以异于人者，以其存心也。君子以仁存心，以礼存心。

——《孟子·离娄下》

【译文】君子和一般人的区别，就在于居心不同。君子居心合乎仁，合乎礼。

[62] 仁者爱人，有礼者敬人。爱人者人恒爱之，敬人者人恒敬之。

——《孟子·离娄下》

【译文】仁人爱别人，有礼的人尊敬别人。爱别人的人，别人经常爱他；尊敬别人的人，别人经常尊敬他。

[63] 君子有终身之忧，无一朝之患也。

——《孟子·离娄下》

【译文】君子有终身的忧虑，却没有突发的忧患。

[64] 世俗所谓不孝者五：惰其四支，不顾父母之养，一不孝也；博弈好饮酒，不顾父母之养，二不孝也；好货财，私妻子，不顾父母之养，三不孝也；从耳目之欲，以为父母戮，四不孝也；好勇斗很，以危父母，五不孝也。

——《孟子·离娄下》

【译文】一般人所谓不孝的事情有五种：四肢懒惰，不管父母的生活，一不孝；好下棋喝酒，不管父母的生活，二不孝；好钱财，偏爱妻室儿女，不管父母的生活，三不孝；放纵耳目的欲望，使父母因此受辱，四不孝；逞勇敢好斗杀，危及父母，五不孝。

［65］大孝终身慕父母。五十而慕者，予于大舜见之矣。

——《孟子·万章上》

【译文】最孝敬的人终身怀恋父母。到了五十岁的年纪还怀恋父母的，我在伟大的舜身上见到了。

［66］男女居室，人之大伦也。

——《孟子·万章上》

【译文】男女结婚，是男女之间最重要的伦理关系。

［67］君子可欺以其方，难罔以非其道。

——《孟子·万章上》

【译文】对于君子，可以用合乎人情的方法来欺骗他，很难用违反道理的诡诈欺骗他。

［68］说诗者，不以文害辞，不以辞害志。以意逆志，是为得之。

——《孟子·万章上》

【译文】解说诗的人，不要拘于文字而误解词句，不要拘于词句而误解原意。用自己切身的体会去推测作者的本意，这就对了。

[69] 吾未闻枉己而正人者也，况辱己以正天下者乎？

——《孟子·万章上》

【译文】我没有听说过先使自己屈曲，却能够匡正别人的；何况先使自己遭受屈辱，却能够匡正天下呢？

[70]圣人之行不同也，或远，或近；或去，或不去；归洁其身而已矣。

——《孟子·万章上》

【译文】圣人的行为，可能各有不同，有的疏远君主，有的靠拢君主，有的离开朝廷，有的留恋朝廷，归根到底，是保持自身的高洁。

[71]吾闻观近臣，以其所为主；观远臣，以其所主。

——《孟子·万章上》

【译文】我听说，观察在朝的臣子，看他所招待的客人；观察外来的臣子，看他所寄宿的主人。

[72] 伯夷，圣之清者也；伊尹，圣之任者也；柳下惠，圣之和者也；孔子，圣之时者也。孔子之谓集大成。

——《孟子·万章下》

【译文】伯夷是圣人中清高的人，伊尹是圣人中负责任的人，柳下惠是圣人中随和的人，孔子则是圣人中识时务的人。孔子可以叫做集大成者。

[73] 智，譬则巧也；圣，譬则力也。由射于百步之外也，其至，尔力也；其中，非尔力也。

——《孟子·万章下》

【译文】智好比技巧，圣好比气力。犹如在百步以外射箭，射到，是你的力量；射中，却不是你的力量。

[74]“敢问友。”孟子曰：“不挟长，不挟贵，不挟兄弟而友。友也者，友其德也，不可以有挟也。”

——《孟子·万章下》

【译文】“请问交朋友的原则。”孟子答道：“不倚仗自己年龄大，不倚仗自己地位高，不倚仗自己的兄弟。交朋友，因为朋友的品德去结交，因此心中不能存在任何有所倚仗的思想。”

[75] 用下敬上，谓之贵贵；用上敬下，谓之尊贤。贵贵、尊贤，其义一也。

——《孟子·万章下》

【译文】以卑下的人尊敬高贵的人，叫做尊重贵人；以高贵的人尊敬卑下的人，叫做尊敬贤者。尊敬贵人和尊敬贤者，道理是相同的。

[76]万章问曰："敢问交际何心也？"孟子曰："恭也。"

——《孟子·万章下》

【译文】万章问道："请问交际的时候，应当如何存心？"孟子答道："应该心存恭敬。"

[77]位卑而言高，罪也；立乎人之本朝，而道不行，耻也。

——《孟子·万章下》

【译文】职位卑下而议论朝廷大事，这是罪过；在君主的朝廷上做官，而自己正义的主张不能实现，这是耻辱。

[78]志士不忘在沟壑，勇士不忘丧其元。

——《孟子·万章下》

【译文】有志之士不怕弃尸沟壑，勇敢的人不怕丢掉脑袋。

[79] 夫义，路也；礼，门也。惟君子能由是路，出入是门也。

——《孟子·万章下》

【译文】义好比是大路，礼好比是大门。只有君子能从这条大路上行走，由这座大门出进。

[80] 一乡之善士斯友一乡之善士，一国之善士斯友一国之善士，天下之善士斯友天下之善士。

——《孟子·万章下》

【译文】一个乡的优秀人物便和那一乡的优秀人物交朋友；全国的优秀人物便和全国的优秀人物交朋友；天下的优秀人物便和天下的优秀人物交朋友。

[81] 以友天下之善士为未足，又尚论古之人。颂其诗，读其书，不知其人，可乎？是以论其世也。是尚友也。

——《孟子·万章下》

【译文】认为和天下的优秀人物交朋友还不够，便又追论古代的人物。吟咏他们的诗歌，阅读他们的著作，不了解他的为人，可以吗？所以要讨论他们生活的时代。这就是追溯历史与古人交朋友。

[82] 恻隐之心，人皆有之；羞恶之心，人皆有之；恭敬之心，人皆有之；是非之心，人皆有之。恻隐之心，仁也；羞恶之心，义也；恭敬之心，礼也；是非之心，智也。

——《孟子·告子上》

【译文】每个人都有同情心、羞耻心、恭敬心和是非心。同情心属于仁，羞耻心属于义，恭敬心属于礼，是非心属于智。

[83] 仁义礼智，非由外铄我也，我固有之也，弗思耳矣。故曰："求则得之，舍则失之。"或相倍蓰而无算者，不能尽其才者也。

——《孟子·告子上》

【译文】仁义礼智，不是外人给我的，是我本来就有的，不过没有探求它罢了。所以说："一经探求，便会得到；一旦放弃，便会失掉。"人与人之间有相差一倍、五倍甚至数十倍的，就是因为不能充分发挥他们的才智。

[84] 今夫弈之为数，小数也；不专心

致志，则不得也。

——《孟子·告子上》

【译文】下棋只是小技巧，如果不一心一意，那也学不好。

[85]鱼，我所欲也，熊掌亦我所欲也，二者不可得兼，舍鱼而取熊掌者也。生亦我所欲也；义亦我所欲也；二者不可得兼，舍生而取义者也。

——《孟子·告子上》

【译文】鱼是我所喜欢的，熊掌也是我所喜欢的；如果两者不能兼得，便舍弃鱼而要熊掌。生是我所喜欢的，义也是我所喜欢的；如果两者不能兼得，便舍生取义。

[86]生亦我所欲，所欲有甚于生者，故不为苟得也；死亦我所恶，所恶有甚于死者，故患有所不辟也。

——《孟子·告子上》

【译文】生命是我所喜欢的，但是还有比生命更让我喜欢的，所以我不干苟且偷生的事；死亡是我所厌恶的，但是还有比死亡更让我厌恶的，所以有的祸患我不躲避。

[87] 由是则生而有不用也，由是则可以辟患而有不为也，是故所欲有甚于生者，所恶有甚于死者。

——《孟子·告子上》

【译文】有些人这样做便可以生存，却不去做，这样做便可以避免祸患，却不去干，由此可知有比生命更值得喜欢的东西，也有比死亡更令人厌恶的东西。

[88] 一箪食，一豆羹，得之则生，弗得则死，嘑尔而与之，行道之人弗受；蹴尔而与之，乞人不屑也。

——《孟子·告子上》

【译文】一盒饭，一碗汤，得到便活下去，得不到便死亡。呵斥着给他，就是饥饿的过路人都不会接受；踩过再给他，就是乞丐也不屑于要。

[89] 学问之道无他，求其放心而已矣。

——《孟子·告子上》

【译文】学问之道没有别的，就是把丧失的善良之心找回来罢了。

[90] 指不若人，则知恶之；心不若人，

则不知恶，此之谓不知类也。

——《孟子·告子上》

【译文】无名指不及别人，知道厌恶；心性不及别人，竟不知道厌恶，这就叫做不知轻重。

［91］拱把之桐梓，人苟欲生之，皆知所以养之者。至于身，而不知所以养之者，岂爱身不若桐梓哉？弗思甚也。

——《孟子·告子上》

【译文】一两把粗的桐树梓树，假若要使它生长，都知道如何去培养。至于本人，却不知道如何去培养，难道爱自己还不如爱桐树梓树吗？这真是太不动脑筋了。

［92］人之于身也，兼所爱。兼所爱，则兼所养也。无尺寸之肤不爱焉，则无尺寸之肤不养也。所以考其善不善者，岂有他哉？于己取之而已矣。

——《孟子·告子上》

【译文】人对于身体，哪一部分都爱护，都爱护便都保养。没有一尺一寸的皮肤肌肉不爱护，便没有一尺一寸的皮肤肌肉不保养，所以考察他保养得好或者不好，难道有其他的办法吗？只是看他所注重的是身体的哪一部分罢了。

[93] 体有贵贱，有小大。无以小害大，无以贱害贵。养其小者为小人，养其大者为大人。

——《孟子·告子上》

【译文】 身体有重要部分，也有次要部分；有小的部分，也有大的部分。不要因为小的部分损害大的部分，不要因为次要部分损害重要部分。保养小的部分的就是小人，保养大的部分的就是君子。

[94] 心之官则思，思则得之，不思则不得也。此天之所与我者，先立乎其大者，则其小者弗能夺也。此为大人而已矣。

——《孟子·告子上》

【译文】 心这个器官职在思考，人的善性，一思考便会得到，不思考便得不到。这个器官是天特意给我们人类的，要先把它树立起来，那么次要的器官便不会夺走这善性，这样便成为君子了。

[95] 仁之胜不仁也，犹水胜火。

——《孟子·告子上》

【译文】仁胜过不仁就像水可以扑灭火一样。

[96] 曹交问曰："人皆可以为尧舜，有诸？"孟子曰："然。"

——《孟子·告子下》

【译文】曹交问道："人人都可以做尧舜，有这话吗？"孟子答道："是的。"

[97] 尧舜之道，孝弟而已矣。

——《孟子·告子下》

【译文】尧舜之道，不过是孝顺父母和敬爱兄长罢了。

[98] 夫道，若大路然，岂难知哉？人病不求耳。

——《孟子·告子下》

【译文】道就像大路一样，难道难以了解吗？只怕人不去寻求罢了。

[99] 亲之过大而不怨，是愈疏也；亲之过小而怨，是不可矶也。愈疏，不

孝也；不可矶，亦不孝也。

——《孟子·告子下》

【译文】父母的过错大，却不抱怨，是进一步疏远父母；父母的过错小，却去抱怨，是自己激怒。进一步疏远父母是不孝，激怒自己也是不孝。

[100] 先名实者，为人也；后名实者，自为也。

——《孟子·告子下》

【译文】重视名誉功业是为了济世救民，轻视名誉功业是为了独善其身。

[101] 君子亦仁而已矣，何必同？

——《孟子·告子下》

【译文】君子只要行仁就可以了，为什么一定要与人相同呢？

[102] 君子之所为，众人固不识也。

——《孟子·告子下》

【译文】君子的所作所为，一般人本来就是不知道的。

[103] 长君之恶其罪小，逢君之恶其

罪大。

——《孟子·告子下》

【译文】臣子助长君主的恶行，罪行小；臣子逢迎君主的恶行，罪行大。

[104] 君子之事君也，务引其君以当道，志于仁而已。

——《孟子·告子下》

【译文】君子服侍君主，只是一心一意地引导他趋向正道，有志于仁罢了。

[105] 君子不亮，恶乎执？

——《孟子·告子下》

【译文】君子不讲诚信，如何能有操守？

[106] 夫苟好善，则四海之内皆将轻千里而来告之以善；夫苟不好善，则人将曰，“訑訑，予既已知之矣。”訑訑之声音颜色，距人于千里之外。

——《孟子·告子下》

【译文】假如喜欢听取善言，那天下的人都会从千里之外赶来把善言告诉他；假如不喜欢听取善言，那别人会模仿他说："呵呵！我早已知道了。"呵呵的声音和脸色就会拒人于千里之外。

［107］教亦多术矣，予不屑之教诲也者，是亦教诲之而已矣。

——《孟子·告子下》

【译文】教育也有很多方式，我不屑于去教诲他，这也是一种教诲呢。

［108］万物皆备于我矣。反身而诚，乐莫大焉。强恕而行，求仁莫近焉。

——《孟子·尽心上》

【译文】一切我都具备了。反躬自问，自己是忠诚踏实的，便是最大的快乐。不懈地以推己及人的恕道去做，达到仁德的道路没有比这更接近的了。

［109］行之而不着焉，习矣而不察焉，终身由之而不知其道者，众也。

——《孟子·尽心上》

【译文】如此去做，却不明白为什么；习惯了，却不深悉其所以然；一生都从这条大道上走，却不了解这是什么道路的，这是一般的人。

[110]人不可以无耻，无耻之耻，无耻矣。

——《孟子·尽心上》

【译文】人不可以没有羞耻，不知羞耻的那种羞耻，是真无耻啊！

[111]耻之于人大矣，为机变之巧者，无所用耻焉。不耻不若人，何若人有？

——《孟子·尽心上》

【译文】羞耻对于人关系重大，干机谋巧诈事情的人没有地方用得着羞耻。不以赶不上别人为羞耻，怎么赶得上别人呢？

[112]古之贤王好善而忘势，古之贤士何独不然？

——《孟子·尽心上》

【译文】古代的贤君喜欢善言善行而因此忘记自己的权势。古代的贤士何尝不是这样呢？

[113]士穷不失义，达不离道。穷不失义，故士得己焉；达不离道，故民不失望焉。

——《孟子·尽心上》

【译文】士人穷困时，不失掉义；得志时，不离开道。

穷困时不失掉义，所以自得其乐；得志时不离开道，所以百姓不失望。

[114]古之人，得志，泽加于民；不得志，修身见于世。穷则独善其身，达则兼善天下。

——《孟子·尽心上》

【译文】古代人得志的时候，恩泽施于百姓；不得志的时候，修养个人品德，以此见于世人。穷困便独善其身，得志便兼善天下。

[115]附之以韩魏之家，如其自视欿然，则过人远矣。

——《孟子·尽心上》

【译文】把春秋时晋国六卿中韩、魏两家大臣的财富都给他，如果他仍不自满，那么这样的人就远远地超出一般人。

[116]人之所不学而能者，其良能也；所不虑而知者，其良知也。

——《孟子·尽心上》

【译文】人不需学习便能做到的，这是良能；不需思考便会知道的，这是良知。

[117] 亲亲，仁也；敬长，义也。

——《孟子·尽心上》

【译文】亲爱父母是仁，尊敬兄长是义。

[118] 无为其所不为，无欲其所不欲，如此而已矣。

——《孟子·尽心上》

【译文】不干我所不想干的事，不要我所不想要的东西，这样就行了。

[119] 人之有德慧术知者，恒存乎疢疾。

——《孟子·尽心上》

【译文】人之所以有道德、智慧、本领、知识，经常是由于他有灾患。

[120] 有事君人者，事是君则为容悦者也；有安社稷臣者，以安社稷为悦者也……

——《孟子·尽心上》

【译文】有侍奉君主的人，侍奉某一君主，就一味地讨他喜欢；有安邦定国之臣，以安邦定国为快乐……

［121］君子有三乐，而王天下不与存焉。父母俱存，兄弟无故，一乐也；仰不愧于天，俯不怍于人，二乐也；得天下英才而教育之，三乐也。

——《孟子·尽心上》

【译文】君子有三种乐，但是以德服天下并不在其中。父母都健在，兄弟没灾患，这是第一种乐；抬头无愧于天，低头无愧于人，是第二种乐；得到天下优秀人才而对他们进行教育，是第三种乐。

［122］君子所性，仁义礼智根于心，其生色也睟然，见于面，盎于背，施于四体，四体不言而喻。

——《孟子·尽心上》

【译文】君子的本性，就是仁义礼智。它们扎根于他心中，显现的神色是纯和温润，它们表现于颜面，反映于肩背，以至于手足四肢。手足四肢的动作不需言语，别人就一目了然。

［123］孔子登东山而小鲁，登泰山而小

天下，故观于海者难为水，游于圣人之门者难为言。

——《孟子·尽心上》

【译文】孔子登上东山，就觉得鲁国小了；登上泰山，便觉得天下也不大了。所以看过海洋的人，别的水也就很难吸引他了；对于曾在圣人之门学习过的人，别的议论也就很难吸引他了。

[124] 鸡鸣而起，孳孳为善者，舜之徒也；鸡鸣而起，孳孳为利者，跖之徒也。欲知舜与跖之分，无他，利与善之间也。

——《孟子·尽心上》

【译文】鸡叫便起床，努力行善的人，是舜一类的人物；鸡叫便起床，努力求利的人，是盗跖一类的人物。要知道舜和盗跖的分别，没有别的，利和善的不同罢了。

[125] 人能无以饥渴之害为心害，则不及人不为忧矣。

——《孟子·尽心上》

【译文】如果人们能够经常培养心志，不使它遭受口舌肚皮那样的饥饿干渴，那就自然容易进入圣贤的境界，那就再不会因不如别人而忧虑了。

[126] 柳下惠不以三公易其介。

——《孟子·尽心上》

【译文】柳下惠不因为做大官便改变他的操守。

[127] 君子居是国也，其君用之，则安富尊荣；其子弟从之，则孝悌忠信。

——《孟子·尽心上》

【译文】君子住在一个国家，国君用他，就会安定、富足、尊贵而有荣誉；少年子弟信从他，就会孝敬父母、敬爱兄长、忠诚而守信用。

[128]“何谓尚志？”曰：“仁义而已矣。”

——《孟子·尽心上》

【译文】“怎样才能使自己志行高尚？”（孟子）答道：“行仁义就可以了。”

[129] 仲子，不义与之齐国而弗受，人皆信之，是舍箪食豆羹之义也。人莫大焉亡亲戚君臣上下。以其小者信其大者，奚可哉？

——《孟子·尽心上》

【译文】陈仲子，不合理地把齐国交给他，他不接受，别人都相信他。但是他那种义只是抛弃一盒饭一碗汤的义。人的罪过没有比不要父兄君臣尊卑还大的，而仲子就是这种人。因为他有小节操，便相信他的大节操，怎么可以呢?

[130] 食而弗爱，豕交之也；爱而不敬，兽畜之也。恭敬者，币之未将者也。恭敬而无实，君子不可虚拘。

——《孟子·尽心上》

【译文】养活一个人而不爱他，等于养猪；爱而不恭敬，等于畜养狗马。恭敬之心在送礼物以前就具备了。徒有恭敬的形式，没有恭敬的实质，君子不可以被这种虚假的礼教所拘束。

[131] 形色，天性也；惟圣人然后可以践形。

——《孟子·尽心上》

【译文】人的身体容貌是天生的，这种外表的美要靠内在的美来充实它，只有圣人才能做到，才能无愧于这一天赋。

[132] 君子之所以教者五：有如时雨化

之者，有成德者，有达财者，有答问者，有私淑艾者。

——《孟子·尽心上》

【译文】君子教育的方式有五种：有像及时雨浇灌万物的，有培育品德的，有培养才能的，有解答疑问的，还有以流风余韵为后人所私下学习的。

[133] 大匠不为拙工改废绳墨，羿不为拙射变其彀率。君子引而不发，跃如也。中道而立，能者从之。

——《孟子·尽心上》

【译文】高明的工匠不因为笨拙的工人改变或废弃规矩，羿不因为拙劣的射手变更拉开弓的标准。君子教导别人正如射手，张满了弓，却不发箭。他站在正确道路的中间，有能力的便跟上来。

[134] 天下有道，以道殉身；天下无道，以身殉道；未闻以道殉乎人者也。

——《孟子·尽心上》

【译文】天下清明，君子得志，道因之得到施行；天下黑暗，君子守道，不惜为道献身；没有听说过牺牲道来迁就王侯的。

[135] 挟贵而问，挟贤而问，挟长而问，挟有勋劳而问，挟故而问，皆所不答也。

——《孟子·尽心上》

【译文】凭借自己的势位发问，凭借自己贤能发问，凭借自己年纪大发问，凭借自己有功劳发问，凭借自己是老交情发问，都是我（孟子）所不回答的。

[136] 君子之于物也，爱之而弗仁；于民也，仁之而弗亲。亲亲而仁民，仁民而爱物。

——《孟子·尽心上》

【译文】君子对于万物，爱惜它，却不用仁德对待它；对于百姓，用仁德对待他们，却不亲爱他们。君子亲爱亲人，因而仁爱百姓；仁爱百姓，因而爱惜万物。

[137] 尽信书，则不如无书。

——《孟子·尽心下》

【译文】完全相信书，那就不如没有书。

[138] 舜之饭糗茹草也，若将终身焉；及其为天子也，被袗衣，鼓琴，二女果，

若固有之。

——《孟子·尽心下》

【译文】舜啃干粮吃野菜的时候，似乎准备终身如此；等到他做了天子，穿着绣有文采的华贵衣服，弹着琴，尧的两个女儿侍候着，又好像本来就有的。

[139] 身不行道，不行于妻子；使人不以道，不能行于妻子。

——《孟子·尽心下》

【译文】本人不依道而行，道在妻子儿女身上都行不通，更不要说对别人了。使唤别人不合乎道，要去使唤妻子儿女都不可能，更不要说使唤别人了。

[140]周于利者，凶年不能杀；周于德者，邪世不能乱。

——《孟子·尽心下》

【译文】财产富足的人荒年都不会受窘困，道德高尚的人乱世都不会迷惑。

[141] 好名之人能让千乘之国，苟非其人，箪食豆羹见于色。

——《孟子·尽心下》

【译文】好名的人能把千乘之国让给别人，如果不是应该让的对象，就是要他让一盒饭，一碗汤，他那不高兴的神色都会表现在脸上。

[142] 贤者以其昭昭使人昭昭；今以其昏昏使人昭昭。

——《孟子·尽心下》

【译文】贤人先使自己明白了，才去使别人明白；今天的人自己还糊里糊涂，却要使别人明白。

[143] 夫子之设科也，往者不追，来者不拒。

——《孟子·尽心下》

【译文】（孟子）开设课程，对学生的态度是去的不追问，来的不拒绝。

[144] 士未可以言而言，是以言餂之也；可以言而不言，是以不言餂之也，是皆穿踰之类也。

——《孟子·尽心下》

【译文】一个士人，不可以同他谈论却去同他谈论，这是用言语引诱他以便自己取利；可以同他谈论却不去同他谈论，这是用沉默引诱他以便自己取利，这都是属于挖洞跳墙这一类型的。

[145] 言近而指远者，善言也；守约而施博者，善道也。君子之言也，不下带而道存焉。

——《孟子·尽心下》

【译文】言语浅近，意义却深远的，这是“善言”；所操持的简单，效果却广大的，这是“善道”。君子的言语，讲的虽是常见的事情，可是“道”就在其中。

[146] 君子之守，修其身而天下平。人病舍其田而芸人之田——所求于人者重，而所以自任者轻。

——《孟子·尽心下》

【译文】君子的操守，先加强自身修养，推而广之，使天下太平。有些人的毛病就在于放弃自己的田地，却替别人耕田——要求别人的很重，自己负担的却很轻。

[147] 尧舜，性者也；汤武，反之也。

动容周旋中礼者，盛德之至也。

——《孟子·尽心下》

【译文】 尧、舜行仁德出于本性，汤、武经过修身回复本性然后力行。动作容貌无不合于礼仪，是美德中极高的了。

[148] 哭死而哀，非为生者也。经德不回，非以干禄也。言语必信，非以正行也。

——《孟子·尽心下》

【译文】 哭死者而悲哀，不是做给生者看的。依据道德行事，不违礼仪，不是为了谋求官职。言语一定信实，不是为了要使别人知道自己的行为端正。

[149] 说大人，则藐之，勿视其巍巍然。

——《孟子·尽心下》

【译文】 向诸侯进言，就得轻视他，不要把他高高在上的地位放在眼里。

[150] 养心莫善于寡欲。

——《孟子·尽心下》

【译文】 修养心性的方法最好是清心寡欲。

[151] 君子反经而已矣。经正，则庶民兴；庶民兴，斯无邪慝矣。

——《孟子·尽心下》

【译文】君子使一切事物回到经常的正道就行了。经常的正道不被歪曲，百姓就兴奋喜悦；百姓兴奋喜悦，就没有邪恶了。

《老子》

[1]天长地久。天地所以能长且久者，以其不自生，故能长生。

——《老子·第七章》

【译文】天地是长久存在的。天地之所以能长留而久存，是由于它不是为自己而生存，所以能长久存在。

[2]圣人后其身而身先；外其身而身存。非以其无私邪？故能成其私。

——《老子·第七章》

【译文】圣人谦退自身，反而使自身领先；将自身置之度外，反而能保全自身。这不正是由于它不自私吗？所以能成就他自己。

[3]持而盈之，不如其已。

——《老子·第九章》

【译文】追求不止而想事事满足，不如适可而止。

[4] 揣而锐之，不可长保。

——《老子·第九章》

【译文】捶得锋芒锐利，锐势就不能长久。

[5] 金玉满堂，莫之能守。

——《老子·第九章》

【译文】金玉堆积满堂，就不能守得住。

[6] 富贵而骄，自遗其咎。

——《老子·第九章》

【译文】富贵而又骄纵，就会自取祸殃。

[7] 功遂身退，天之道也。

——《老子·第九章》

【译文】功成身退，合乎自然之道。

[8] 曲则全，枉则直，洼则盈，敝则新，少则多，多则惑。

——《老子·第二十二章》

【译文】守得住委屈，才能保全自己；经得起冤枉，事理才能得到伸张；低洼的地方，水就容易注满；事物破旧，才能求新；少取反而多获，贪多反而迷惑。

[9]圣人抱一为天下式。不自见，故明；不自是，故彰；不自伐，故有功；不自矜，故长。

——《老子·第二十二章》

【译文】圣人用道作为观察天下命运的工具。不固执己见，所以看得分明；不自以为是，所以是非判断得清楚；不自我夸耀，所以才能有所成就；不自高自大，所以能充当首领。

[10]夫唯不争，故天下莫能与之争。古之所谓曲则全者，岂虚言哉！诚全而归之。

——《老子·第二十二章》

【译文】正因为不跟别人争夺，所以天下没有谁能争得过他。古代所谓的“委曲就能保全”，难道是空话吗？其实在危难中能保全自己的人，全凭这个道理。

[11]企者不立，跨者不行，自见者不明，自是者不彰，自伐者无功，自矜者不长。

——《老子·第二十四章》

【译文】踮着脚跟的人不能长久站立，跳跃前进的人不能远行，自我炫耀的人不明事理，自以为是的人是非总是辨不清楚，自我夸耀的人事业不会成功，自高自大的人不能充任首领。

[12] 祸莫大于不知足，咎莫大于欲得。故知足之足，常足矣。

——《老子·第四十六章》

【译文】祸患没有大于不知足的，罪过没有过于贪得无厌的。所以知足的满足，才是永远的满足。

[13] 善行无辙迹，善言无瑕谪，善数不用筹策，善闭无关楗而不可开，善结无绳约而不可解。

——《老子·第二十七章》

【译文】善于行动的不露痕迹，善于言谈的没有瑕疵，善于计数的不用筹码，善于关闭的不用门闩却不能打开，善于捆结的不用绳索却不能解开。

[14] 圣人常善救人，故无弃人；常善救物，故无弃物。是谓袭明。

——《老子·第二十七章》

【译文】圣人善于经常救助人，所以没有被抛弃的人；

善于经常挽救东西，所以没有被废弃的东西。这就叫因循常道而明智通达。

［15］善人者，不善人之师。

——《老子·第二十七章》

【译文】善于行道之人，是不善于行道之人的老师。

［16］不善人者，善人之资。

——《老子·第二十七章》

【译文】不善于行道之人，是善于行道之人的财富。

［17］不贵其师，不爱其资，虽智大迷，是谓要妙。

——《老子·第二十七章》

【译文】不尊重自己的老师，不珍惜自己的财富，虽然自以为聪明，其实是太糊涂，这就是幽深精妙的道理。

［18］出生入死。生之徒，十有三；死之徒，十有三；人之生，动之于死地，亦十有三。

——《老子·第五十章》

【译文】人们经常处在出生入死的境地。生存的机会占十分之三；死亡的机会占十分之三；有的人为了生存，而从事各种活动，因而陷于死地，也占了十分之三。

[19] 盖闻善摄生者，陆行不遇兕虎，入军不被甲兵；兕无所投其角，虎无所用其爪，兵无所容其刃。夫何故？以其无死地。

——《老子·第五十章》

【译文】听说善于养生的人，在陆地上行走不会遇见犀牛和猛虎，进入战场不会被兵器伤害；犀牛没有地方施展其利角，猛虎没有地方用其爪牙，兵器没有地方用其锋刃。那是什么缘故呢？因为他不会陷身于死亡之地。

[20] 天下有始，以为天下母。既得其母，以知其子；既知其子，复守其母，没身不殆。

——《老子·第五十二章》

【译文】天下万物都有一个开端，可以把它作为天下万物的根本。已经掌握了万物的根本——母，就会认识万物的本身——子；已经认识了万物的本身——

子，还要坚守万物的根本——母；一辈子就不会危险了。

[21]塞其兑，闭其门，终身不勤。开其兑，济其事，终身不救。

——《老子·第五十二章》

【译文】堵塞嗜欲的渠道，关闭嗜欲的门径，就终身不会有劳烦。开放嗜欲的渠道，增添世俗杂事的骚扰，就终身不可救药。

[22]见小曰明，守柔曰强。用其光，复归其明，无遗身殃，是为袭常。

——《老子·第五十二章》

【译文】能看到精微的叫做明，能保持柔弱的叫做强。能运用智慧之光，复归到明察精微的境界，不给自己留下灾难，这就是遵循永恒大道。

[23]吾言甚易知，甚易行。天下莫能知，莫能行。

——《老子·第七十章》

【译文】我所阐发的无为自然，复归真朴的言论很容易理解，很容易实行。但天下之人都不能理解，不能实行。

[24] 上德若谷，广德若不足，建德若偷。

——《老子·第四十一章》

【译文】道德高尚的人，好像低下的溪谷；道德博大的人，好像不足；励行道德的人，好像懈怠。

[25] 知不知，尚矣；不知知，病也。

——《老子·第七十一章》

【译文】知道了，像不知道一样，这很高尚。不知道而自以为知道，这是弊病。

[26] 圣人不病，以其病病。夫唯病病，是以不病。

——《老子·第七十一章》

【译文】圣人没有弊病，是由于他把弊病当做弊病。正是因为忧虑弊病，因此才没有弊病。

[27] 言有宗，事有君。夫唯无知，是以不我知。

——《老子·第七十章》

【译文】我言论有宗旨，行事有要领。天下人正因为无知愚昧，不理解大道的主旨，因此才不理解我。

[28] 知我者希，则我者贵。是以圣人被褐而怀玉。

——《老子·第七十章》

【译文】真正理解我的人太少了，而取法我的人就更加难能可贵了。因此圣人虽然身穿粗布衣服，平凡谦下，却胸怀宝玉般的伟大才能和崇高美德。

[29] 知其雄，守其雌，为天下谿。

——《老子·第二十八章》

【译文】知道什么是刚强，却安守柔弱的地位，甘愿处于天下卑低之处。

[30] 为天下谿，常德不离，复归于婴儿。

——《老子·第二十八章》

【译文】处于天下卑低之处，永恒的德行就不会丧失，就能恢复到单纯的婴儿状态。

[31] 知其白，守其黑，为天下式。

——《老子·第二十八章》

【译文】知道什么是显明的地位，却持守昏暗的低下地位，就能做天下的典范。

[32] 为天下式，常德不忒，复归于无极。

——《老子·第二十八章》

【译文】做天下的典范，永恒的德行不会出现差错，就能恢复到人类的原始状态。

[33] 知其荣，守其辱，为天下谷。

——《老子·第二十八章》

【译文】知道什么是荣耀，却安守屈辱，做天下最谦卑的人。

[34] 为天下谷，常德乃足，复归于朴。

——《老子·第二十八章》

【译文】做天下最谦卑的人，永恒的德行就会充足，就能恢复到纯真质朴的境界。

[35] 慈故能勇；俭故能广；不敢为天下先，故能成器长。

——《老子·第六十七章》

【译文】因为慈爱，所以能勇敢；因为俭朴，所以能积蓄；因为不敢为天下先，所以才能成为天下人的首领。

[36] 为无为，事无事，味无味。

——《老子·第六十三章》

【译文】把作为当成无所作为，把做事情当成不做事情，把有滋有味当做淡泊无味。

[37] 大小多少，报怨以德。图难于其易，为大于其细。

——《老子·第六十三章》

【译文】把小事看成大事，把少事看成多事，用恩德报答仇恨。谋求解决困难，应当在它还容易的时候；想干大事，应当从细小的事情做起。

[38] 孰能有余以奉天下？唯有道者。

——《老子·第七十七章》

【译文】谁能够把多余的拿来奉献给天下呢？只有遵循自然规律的人啊。

[39] 圣人为而不恃，功成而不处，其不欲见贤。

——《老子·第七十七章》

【译文】圣人有所作为而不倚仗，事业成功而不居功自傲，他不愿意表现自己的聪明才智。

[40] 夫唯无以生为者，是贤于贵生。

——《老子·第七十五章》

【译文】只有把自己的生命置之度外的人，才比过分重视个人生命的人高明。

[41] 善者，吾善之；不善者，吾亦善之；德善。

——《老子·第四十九章》

【译文】善良的人，我要善待他们；不善良的人，我也要善待他们；这样就能使人人向善。

[42] 信者，吾信之；不信者，吾亦信之；德信。

——《老子·第四十九章》

【译文】守信的人，我要信任他们；不守信的人，我也要信任他们；这样就能使人人守信。

[43] 圣人无常心，以百姓心为心。

——《老子·第四十九章》

【译文】圣人永远没有自己的心思，以百姓的心思为自己的心思。

[44] 圣人在天下，歙歙焉，为天下浑其心。百姓皆注其耳目，圣人皆孩之。

——《老子·第四十九章》

【译文】圣人心存天下，小心谨慎；治理天下，浑厚质朴。百姓的视听都集中在圣人身上，圣人把百姓都当成无知无欲的婴儿看待。

[45] 人之所教，我亦教之。强梁者不得其死，吾将以为教父。

——《老子·第四十二章》

【译文】别人怎样教导我们，我也用来教导别人。“横行霸道的人不得好死”这句话，我将用它来作为教导人最重要的训条。

[46] 人之所恶，唯孤、寡、不谷，而王公以为称。故物或损之而益，或益之而损。

——《老子·第四十二章》

【译文】人们所厌恶的就是孤、寡、不谷（不善），而王公大人们反而用它们来称谓自己。因此，一切事物，有时减损它，它反而增加；有时增加它，它反而减损。

[47] 众人熙熙，如享太牢，如登春台。我独泊兮，其未兆；沌沌兮，如婴儿之未孩；累累兮，若无所归。

——《老子·第二十章》

【译文】众人都高高兴兴，好像享用盛大的宴会美餐，又像登上春天的楼台欣赏景致。而我却独自恬淡安静，无动于衷；混混沌沌，好像还不会嬉笑的婴儿；疲劳懈怠，又像是无家可归的游子。

[48] 明道若昧，进道若退，夷道若颣。

——《老子·第四十一章》

【译文】光明的道路好像暗昧，前进的道路好像后退，平坦的道路好像不平。

[49] 众人皆有余，而我独若遗。我愚人之心也哉！

——《老子·第二十章》

【译文】众人都富足有余，而我却好像不足。我有的只是愚人的心肠啊！

[50] 俗人昭昭，我独昏昏。俗人察察，我独闷闷。澹兮其若海，飂兮若无止。

——《老子·第二十章》

【译文】俗人都明白通达，独有我糊糊涂涂。俗人都很精明，我却淳朴昏闷。心胸恬淡，好像大海一样辽阔；飘飘摇摇，好像没有停止的地方。

[51] 众人皆有以，而我独顽且鄙。

——《老子·第二十章》

【译文】大家都有所作为，独有我愚笨而鄙陋。

[52] 上士闻道，勤而行之；中士闻道，若存若亡；下士闻道，大笑之。不笑不足以为道。

——《老子·第四十一章》

【译文】才识高明的人听见大道，勤勉地去实行；才识平庸的人听见大道，感到似有似无，将信将疑；才识低下的人听见大道，便大声嘲笑它。不被嘲笑就不足以称为大道。

[53] 我独异于人，而贵食母。

——《老子·第二十章》

【译文】我期待的偏偏与别人不同，我所推崇、恪守的是人生的根本。

[54] 圣人执左契，而不责于人。有德司契，无德司彻。

——《老子·第七十九章》

【译文】圣人虽然握有券契，而不向负债人逼债。所以有德的人，只依照契约办事。无德的人，才按照强定的租税制度来勒索别人。

[55] 质真若渝，大白若辱。

——《老子·第四十一章》

【译文】质朴的德，好像混浊；最洁白的东西，好像不洁。

[56] 大方无隅，大器晚成。

——《老子·第四十一章》

【译文】最方正的东西，好像没有棱角；最大的器物，总是在最后完成。

[57] 大音希声，大象无形。

——《老子·第四十一章》

【译文】最大的音乐，听来好似没有声音；最伟大的形象，看来好似没有形迹。

[58] 道隐无名。夫唯道，善贷且成。

——《老子・第四十一章》

【译文】大道幽隐而无名。只有这个道，才善于产生一切，善于成就一切。

[59] 为学日益，为道日损。损之又损，以至于无为。无为而无不为。

——《老子・第四十八章》

【译文】追求学问的人，知识一天比一天增加；追求大道的人，情欲事务一天比一天减少。减少再减少，一直达到没有情欲而无所作为的境界。无所作为就能无所不为。

[60] 取天下常以无事。及其有事，不足以取天下。

——《老子・第四十八章》

【译文】取得天下要永远保持清静自然、无所事事的状态。等到他要造端生事，轻举妄动的时候，就不可能取得天下。

[61] 知者不博，博者不知。

——《老子・第八十一章》

【译文】有知识的人不卖弄渊博，卖弄渊博的人不是真有知识。

[62] 将欲歙之，必固张之。

——《老子·第三十六章》

【译文】想要收敛它，必须暂且扩张它。

[63] 将欲弱之，必固强之。

——《老子·第三十六章》

【译文】想要削弱它，必须暂且加强它。

[64] 将欲废之，必固兴之。

——《老子·第三十六章》

【译文】想要废弃它，必须暂且支持它。

[65] 将欲取之，必固与之。

——《老子·第三十六章》

【译文】想要夺取它，必须暂且给予它。

[66] 鱼不可脱于渊，国之利器不可以示人。

——《老子·第三十六章》

【译文】鱼不能离开深渊；治国的策略，不能随便让别人知道。

[67]不出户，知天下；不窥牖，见天道。其出弥远，其知弥少。

——《老子·第四十七章》

【译文】不必走出家门，可以知道天下事理；不必窥看窗外，可以洞见自然大道。谁离大道越远，谁的真知越少。

[68]圣人不行而知，不见而明，不为而成。

——《老子·第四十七章》

【译文】圣人不必躬行而获得真知，不必亲见而明晓事理，不必作为而自然成。

[69]其安易持，其未兆易谋。其脆易泮，其微易散。为之于未有，治之于未乱。

——《老子·第六十四章》

【译文】居安不忘危就容易维持，事物还未显示迹象就容易谋划对策。事物还脆弱就容易化解，事物还微小就容易消散。治理人民要在人心未滋生私欲之时进行教化，治国要在社会未发生祸乱之时及时处理。

［70］民之从事，常于几成而败之。慎终如始，则无败事。

——《老子·第六十四章》

【译文】人们做事情，常在接近成功的时候失败。事情快要结束的时候，能像开始时那样慎重，就不会有失败的事情。

［71］信言不美，美言不信。

——《老子·第八十一章》

【译文】真实的言辞不华美，华美的言辞不真实。

［72］善者不辩，辩者不善。

——《老子·第八十一章》

【译文】行为善良的人不巧辩，巧辩的人不善良。

［73］天之道，利而不害；人之道，为而不争。

——《老子·第八十一章》

【译文】自然的规律，有利于万物而不加害他们；人间的法则，有所作为而不跟别人争夺。

《庄子》

[1] 传其常情，无传其溢言，则几乎全。

——《庄子·人间世》

【译文】传达人之常情，不要传达过分的话语，那么也就大概可以保全自己了。

[2] 凡事亦然：始乎谅，常卒乎鄙；其作始也简，其将毕也必巨。

——《庄子·人间世》

【译文】无论什么事情都是这样：开始时相互谅解，到后来往往互相欺诈；开始的时候很单纯，到后来就变得很复杂。

[3] 夫两喜必多溢美之言，两怒必多溢恶之言。

——《庄子·人间世》

【译文】双方十分亲近，就肯定有很多过分称颂的言词；双方十分仇视，就肯定有很多过分贬低的言词。

[4] 唇竭而齿寒。

——《庄子・胠箧》

【译文】嘴唇没了牙齿就会外露受寒。

[5] 真者，精诚之至也。不精不诚，不能动人。

——《庄子・渔父》

【译文】本真是精诚的极点。不精不诚，就不能感动人。

[6] 君子之交淡若水，小人之交甘若醴。君子淡以亲，小人甘以绝。

——《庄子・山木》

【译文】君子之间的交情清淡得像水一样，小人之间的交情甘美得像甜酒一样。君子间的交情虽然清淡但是亲切，小人间的交情虽然甘甜却容易断绝。

[7] 桂可食，故伐之；漆可用，故割之。人皆知有用之用，而莫知无用之用也。

——《庄子・人间世》

【译文】桂树因为可以吃而遭到砍伐，漆树因为可以用而遭到刀割。人们都知道有用的用处，却不知道无用的用处。

[8] 无入而藏，无出而阳，柴立其中央。三者若得，其名必集。

——《庄子·达生》

【译文】不要进入荒山野岭把自己深藏起来，也不要进入世俗使自己处处显露，要像木头一样处于出入之间。如果能做到这三点，肯定会得到最高的名声。

[9] 知命不能规乎其前，丘以是日徂。

——《庄子·田子方》

【译文】孔子说："知道命运是不可预测的，所以我只是每天随着自然的变化而变化、前进。"

[10] 其动止也，其死生也，其废起也，此又非其所以也。

——《庄子·天地》

【译文】运动、静止、死亡、生存、衰废、兴盛，这六种情况全都是出于自然而不知其所以然的事情。

[11] 大块载我以形，劳我以生，佚我以老，息我以死。

——《庄子·大宗师》

【译文】大地给予我形体，给我生命来使我劳苦，用衰老来使我清闲，用死亡来使我安息。

[12]死生，命也，其有夜旦之常，天也。人之有所不得与，皆物之情也。

——《庄子·大宗师》

【译文】死和生都是天命，就像黑夜和白天交替那样永恒地变化，完全出于自然。有些事情是人力所不能干预的，这都是事物的常情。

[13]且夫得者，时也；失者，顺也；安时而处顺，哀乐不能入也。

——《庄子·大宗师》

【译文】至于生命的获得，是因为适时；生命的丧失，是因为顺应自然。能够安于天时而顺应变化的人，悲哀和欢乐都不会侵入心中。

[14]人之生也，与忧俱生，寿者惛惛，久忧不死，何苦也。

——《庄子·至乐》

【译文】人一出生，忧患也就跟着一道产生，长寿的人昏昏沉沉，长久地处于忧患之中而不死去，多么痛苦啊！

[15] 死生为昼夜。

——《庄子·至乐》

【译文】生死就像昼夜一样，属于自然的变化。

[16] 生之来不能却，其去不能止。悲夫！

——《庄子·达生》

【译文】生命的到来不能拒绝，生命的离去不能阻止。可悲啊！

[17] 夫哀莫大于心死，而人死亦次之。

——《庄子·田子方》

【译文】最悲哀的莫过于心死，身体的死亡还是次要的。

[18] 死生存亡，穷达贫富，贤与不肖，毁誉，饥渴寒暑，是事之变，命之行也。

——《庄子·德充符》

【译文】死、生、存、亡，穷、达、贫、富，贤能与不肖、诋毁与称誉，饥、渴、寒、暑，这些都是事物的变化，都是自然规律的运行。

[19] 夫以利合者，迫穷祸患害相弃也；

以天属者，迫穷祸患害相收也。

——《庄子·山木》

【译文】人与人以利益相结合的，遇到困厄、灾祸时就会相互抛弃；以天性相结合的，遇上困厄、灾祸时就会相互关照。

［20］为人使易以伪，为天使难以伪。

——《庄子·人间世》

【译文】被他人所驱使就容易作伪，被天性所驱使就难以作伪。

［21］虎之与人异类而媚养己者，顺也；故其杀者，逆也。

——《庄子·人间世》

【译文】老虎与人不同类却驯服于驯养它的人，是因为养老虎的人能顺着它的性子。所以那些遭到伤害的人，是因为触犯了老虎的性子。

［22］古之所谓隐士者，非伏其身而弗见也，非闭其言而不出也，非藏其知而不发也，时命大谬也。

——《庄子·缮性》

【译文】古时候的所谓隐士，并不是隐居而不见人，并不是缄默不言不吐露真情，也不是深藏才智不表露看法，是因为世运背离了天道啊。

[23]当时命而大行乎天下，则反一无迹；不当时命而大穷乎天下，则深根宁极而待，此存身之道也。

——《庄子·缮性》

【译文】一旦行时走运大行于天下，就会返归至精粹纯一境界而不显露踪迹。一旦时运不济而穷困潦倒，就闭口不言来等待时运的变化。这就是保全自身的方法。

[24]名止于实，义设于适。

——《庄子·至乐》

【译文】名实要符合，义理的设定要适应各自的天性。

[25]直木先伐，甘井先竭。

——《庄子·山木》

【译文】长得很直的树木总是先被砍伐，甘甜的井水总是先被汲干。

［26］彼无故以合者，则无故以离。

——《庄子·山木》

【译文】凡是无缘无故结合在一起的，也就会无缘无故地离散。

［27］入其俗，从其令。

——《庄子·山木》

【译文】每到一个地方，就要遵从当地的风俗、政令。

［28］乐未毕也，哀又继之。哀乐之来，吾不能御，其去弗能止。

——《庄子·知北游》

【译文】欢乐还未消逝，悲哀又接着到来。悲哀与欢乐的到来，我无法阻挡；悲哀与欢乐的离去，我也不可能制止。

［29］草食之兽不疾易薮，水生之虫不疾易水，行小变而不失其大常也，喜怒哀乐不入于胸次。

——《庄子·田子方》

【译文】吃草的兽类不怕变换草泽，水生的虫类不怕改变池沼，这是因为只有小的变化而没有失去根本的生存条件，这样喜怒哀乐的情绪就不会进入内心。

[30] 天地非不广且大也，人之所用容足耳。

——《庄子·外物》

【译文】 天地不能说不宽广，但人所用的只是容身之地而已。

[31] 其马力竭矣，而犹求焉，故曰败。

——《庄子·达生》

【译文】 马已经筋疲力尽了，还要它奔跑，所以说它会倒下。

[32] 先圣不一而能，不同其事。

——《庄子·至乐》

【译文】 古代的圣贤不企求人们有统一的才能，也不企求人们做相同的事情。

[33] 势为天子而不以贵骄人，富有天下而不以财戏人。

——《庄子·盗跖》

【译文】 权势高贵为天子，也不应该因为地位高贵而轻视别人，一个人富有天下，也不能以自己的财富戏弄别人。

[34] 时雨降矣，而犹浸灌；其于泽也，不亦劳乎？

——《庄子·逍遥游》

【译文】及时雨已经降了，可是还在不停地浇水灌地；这对于滋润禾苗而言，不显得徒劳吗？

[35] 且子独不闻夫寿陵余子之学行于邯郸与？未得国能，又失其故行矣，直匍匐而归耳。

——《庄子·秋水》

【译文】你难道没听过寿陵少年去邯郸学步的事吗？他没学到赵国人走路的技巧，反而忘了自己走路的方法，以至于只能爬着回家。

[36] 好面誉人者，亦好背而毁之。

——《庄子·盗跖》

【译文】好当面夸奖别人的人，也好背地里诋毁别人。

[37] 施于人而不忘，非天布也。

——《庄子·列御寇》

【译文】给予别人恩惠却总忘不了让人回报，这远不是自然对天下广泛而无私的赐予。

[38] 凡人心险于山川，难于知天。

——《庄子·列御寇》

【译文】人心比山川还要险恶，了解人心比预测天象还要困难。

[39] 功成之美，无一其迹矣。事亲以适，不论所以矣；饮酒以乐，不选其具矣；处丧以哀，无问其礼矣。

——《庄子·渔父》

【译文】功业的成就在于完美，不必拘于一定的途径。侍奉双亲是为了让他们感到安适，不必考虑为什么；饮酒是为了欢乐，没有必要选择酒菜和餐具；居丧是为了表达哀伤，不必讲究规范和礼仪。

[40] 天地之养一也，登高不可以为长，居下不可以为短。

——《庄子·徐无鬼》

【译文】天地养育万物是一视同仁的，登上了高位不可自以为尊贵，身处低下的地位也不可自以为卑贱。

[41] 戒之哉！嗟乎！无以汝色骄人哉！

——《庄子·徐无鬼》

【译文】警惕啊！千万不要用高傲的态度对待别人啊！

[42] 昔予为禾，耕而卤莽之，则其实亦卤莽而报予；芸而灭裂之，其实亦灭裂而报予。

——《庄子·则阳》

【译文】从前我种庄稼，耕地时轻率马虎，粮食的收成就不好；锄草时轻率马虎，而粮食的收成也就很微薄。

[43] 剋核大至，则必有不肖之心应之。

——《庄子·人间世》

【译文】大凡过分苛责别人的人，那么肯定会使别人产生不好的念头来对付他。

[44] 骐骥骅骝，一日而驰千里，捕鼠不如狸狌，言殊技也。

——《庄子·秋水》

【译文】好马一天可以奔驰上千里，捉老鼠却不如狸猫与黄鼠狼，这是说技能不一样。

[45] 以富为是者，不能让禄；以显为

是者，不能让名；亲权者，不能与人柄。

——《庄子·天运》

【译文】以财富为追求对象的人，不会让给别人利禄；以名声为追求对象的人，不会让给别人名誉；迷恋权势的人，不会授人权柄。

[46] 泉涸，鱼相与处于陆，相呴以湿，相濡以沫，不如相忘于江湖。

——《庄子·天运》

【译文】泉水干涸了，鱼儿相互依偎在陆地上，靠大口出气来取得一点儿湿气，靠唾沫来相互润湿，却不如在江湖里彼此相忘。

[47] 今且有人于此，以随侯之珠弹千仞之雀，世必笑之，是何也？则其所用者重而所要者轻也。

——《庄子·让王》

【译文】现在如果有这样的人，用珍贵的随侯宝珠去打飞得很高的麻雀，世人一定嘲笑他，为什么呢？因为他所用的东西很贵重而要得到的东西却很轻微。

[48] 以人之言而遗我粟，至其罪我也

又且以人之言。

——《庄子·让王》

【译文】当权者因为别人的话而派人赠予我米粟，将来他也会因为听信别人的话而加罪于我。

[49] 鹪鹩巢于深林，不过一枝；鼹鼠饮河，不过满腹。

——《庄子·逍遥游》

【译文】小鸟在森林中筑巢，不过占用一根树枝；鼹鼠到大河边饮水，不过喝满肚子。

[50] 泽雉十步一啄，百步一饮，不蕲畜乎樊中。神虽王，不善也。

——《庄子·养生主》

【译文】沼泽边的野鸡走上十步才能啄到一口食物，走上一百步才能喝到一口水，可是它丝毫也不希望被养在笼子里。生活在笼子里虽然安逸，但它并不自在。

[51] 灾人者，人必反灾之。

——《庄子·人间世》

【译文】加害别人的人，别人必定反过来害他。

[52]自伐者无功；功成者堕，名成者亏。

——《庄子·山木》

【译文】自己夸耀的人反而没有功绩；功业成功而不知退隐的人必定会毁败，名声彰显而不知韬光养晦的人必定会遭到损伤。

[53]为不善乎显明之中者，人得而诛之；为不善乎幽间之中者，鬼得而诛之。明乎人，明乎鬼者，然后能独行。

——《庄子·庚桑楚》

【译文】明目张胆地作恶，便要受到大众的制裁；暗地里作恶，就要受到鬼神的制裁。能够坦然面对人，坦然面对鬼神的人，就能独行而无愧。

[54]荣辱立，然后睹所病；货财聚，然后睹所争。

——《庄子·则阳》

【译文】世间有了荣辱的区别，各种弊端就显示出来了；财货日渐聚积，然后各种争斗就表露出来了。

[55]德溢乎名，名溢乎暴，谋稽乎诋，

知出乎争，柴生乎守，官事果乎众宜。

——《庄子·外物》

【译文】德行的败坏由于追求名声，名声的败坏在于张扬，谋略生于危急，机智出于斗争，闭塞是由于固执，官府事务的处理要顺应民意。

[56] 天下有道，圣人成焉；天下无道，圣人生焉。

——《庄子·人间世》

【译文】天下有道，圣人可以成就事业；天下无道，圣人只能保全性命。

[57] 可乎可，不可乎不可。道行之而成，物谓之而然。

——《庄子·齐物论》

【译文】世界上可以做的事情有可以做的理由，不可以做的事情有不可以做的理由。道路是人们走出来的，事物的名字是人们叫出来的。

《荀子》

［1］学不可以已。

——《荀子·劝学》

【译文】学习不能停止。

［2］木受绳则直，金就砺则利，君子博学而日参省乎己，则知明而行无过矣。

——《荀子·劝学》

【译文】木材经墨线加工就变直了，刀剑在磨刀石上磨过就变得锋利了，君子广泛地学习而又能每天反省自己，那就会见识高明而行动无过错了。

［3］吾尝终日而思矣，不如须臾之所学也。吾尝跂而望矣，不如登高之博见也。

——《荀子·劝学》

【译文】我曾经整天地思考，但不及学习片刻所获得的教益。我曾经踮起脚跟瞭望，但比不上登上高处所见之广阔。

[4] 言有召祸也，行有招辱也，君子慎其所立乎！

——《荀子·劝学》

【译文】说话有时会招来灾祸，做事有时会招来耻辱，君子要谨慎地立身处世啊！

[5] 积土成山，风雨兴焉；积水成渊，蛟龙生焉；积善成德，而神明自得，圣心备焉。

——《荀子·劝学》

【译文】土堆积成了高山，风雨就会在那里兴起；水汇积成为深潭，蛟龙就会在那里生长；积累善行成了有道德的人，达到神明的境界，而圣人的思想也就具备了。

[6] 不积跬步，无以致千里；不积小流，无以成江海。

——《荀子·劝学》

【译文】不半步半步地积累，就无法达到千里之外；不汇集众多的小溪，就不能形成江海。

[7] 君子之学也，入乎耳，箸乎心，布

乎四体，形乎动静。端而言，蠕而动，一可以为法则。

——《荀子·劝学》

【译文】君子学习，要把所学的东西听入耳中，牢记在心中，融会贯通到整个身心，并表现在举止行动上；哪怕是极细微的言行，都可以成为别人的榜样。

[8] 礼恭而后可与言道之方，辞顺而后可与言道之理，色从而后可与言道之致。

——《荀子·劝学》

【译文】来请教的人礼貌恭敬，然后才可以同他谈论道义的学习方法；言辞和顺，然后才可以和他谈论道义的原理；容色表现出乐于听从，然后才可以和他谈论道义的精深含义。

[9] 君子不傲、不隐、不瞽，谨顺其身。

——《荀子·劝学》

【译文】君子不急躁、不隐瞒、不盲目，谨慎地对待前来请教的人。

[10] 德操然后能定，能定然后能应，

能定能应，夫是之谓成人。天见其明，地见其光，君子贵其全也。

——《荀子·劝学》

【译文】具备道德操守，才能坚定不移；能坚定不移，才能顺应历史潮流。只有这样做的人，才算得上真正有成就的人。天地显现出它们的明亮与广阔，君子的可贵之处在于他的德行完美无缺。

[11] 干、越、夷、貉之子，生而同声，长而异俗，教使之然也。

——《荀子·劝学》

【译文】干国、越国、夷族和貉族的孩子，生下来哭声都相同，长大后习俗却不同，这是后天教育不同造成的。

[12] 假舆马者，非利足也，而致千里；假舟楫者，非能水也，而绝江河。君子生非异也，善假于物也。

——《荀子·劝学》

【译文】借助车马的人，不是脚走得快，但能日行千里；凭借舟船的人，并不是善于游泳，但能横渡江河。君子的本性与一般人没有什么不同，只不过善于借助外物罢了。

[13] 君子结于一也。

——《荀子·劝学》

【译文】君子学习或办事总是专心致志。

[14] 真积力久则入。学至乎没而后止也。

——《荀子·劝学》

【译文】真心实意日日积累，力行而能持久，才能学有所成。学到老，然后才能停止。

[15] 学数有终，若其义则不可须臾舍也。为之人也，舍之禽兽也。

——《荀子·劝学》

【译文】从学习的科目来说是有尽头的，若从学习的意义上来说，片刻也不能停止。做到了这样，就是堂堂正正的人；半途放弃学习，就成了禽兽。

[16] 学莫便乎近其人。

——《荀子·劝学》

【译文】学习没有比接近良师益友更便利的了。

[17] 学之经莫速乎好其人，隆礼次之。

——《荀子·劝学》

【译文】学习的途径，没有比向良师请教更有效更迅速的了，其次是尊崇礼法。

[18] 学也者，固学一之也。一出焉，一入焉，涂巷之人也；全之尽之，然后学者也。

——《荀子·劝学》

【译文】学习，本来就应该一心一意坚持下去。一会儿不学，一会儿学，那是市井中的普通人；完全彻底，尽心尽力地学习，然后才是真正的学者。

[19] 子知夫不全不粹之不足以为美也，故诵数以贯之，思索以通之，为其人以处之，除其害者以持养之。

——《荀子·劝学》

【译文】君子知道做学问不全面、不纯正是不足以称之为完美的，所以要反复诵读以求全部透彻地了解，用心思索以求领会通晓，效法贤师良友，除去有害的东西，保持优良的品德。

[20] 权利不能倾也，群众不能移也，天下不能荡也。生乎由是，死乎由是，

夫是之谓德操。

——《荀子·劝学》

【译文】权势不能压倒他，人多势众不能改变他的决心，天下任何事情不能动摇他。一生遵循这一原则，就是到死也坚持这样，这就叫做道德操守。

[21] 善在身，介然必以自好也；不善在身，菑然必以自恶也。

——《荀子·修身》

【译文】自己身上有好的德行，一定要坚定不移地倍加珍惜和保持；自己身上有不良的品行，一定要像被玷污一样感到厌恶。

[22]非我而当者，吾师也；是我而当者，吾友也；谄谀我者，吾贼也。故君子隆师而亲友，以致恶其贼。

——《荀子·修身》

【译文】指出我的缺点和错误而又中肯的人，就是我的老师；肯定我而又恰当的人，就是我的朋友；巴结奉承我的人，就是害我的寇贼。所以君子要尊重老师，亲近朋友，极端厌恶那些陷害自己的贼人。

[23] 以善先人者谓之教，以善和人者谓之顺；以不善先人者谓之谄，以不善和人者谓之谀。

——《荀子·修身》

【译文】用善行引导别人叫做教导，用善行去附和别人叫做顺应；用不好的言行引导别人叫做谄媚，用不好的言行去附和别人叫做阿谀奉承。

[24]志意修则骄富贵，道义重则轻王公，内省而外物轻矣。

——《荀子·修身》

【译文】志向完美就能傲视权贵，看重道义就能鄙薄王公贵族，内心省察自己，就觉得外物轻微了。

[25] 良农不为水旱不耕，良贾不为折阅不市，士君子不为贫穷怠乎道。

——《荀子·修身》

【译文】好的农民不因为遭到水灾、旱灾就不再耕种，好的商人不因为亏本就不再做生意，有志节的君子不因为贫穷而怠慢道义。

[26] 人无法，则伥伥然；有法而无志

其义，则渠渠然；依乎法而又深其类，然后温温然。

——《荀子·修身》

【译文】人没有礼法，就会茫然而无所适从；有礼法而不知其义就会局促不安；遵循礼法而又深知具体律例，面容就如同草木被雨露滋润一般。

[27] 礼者，所以正身也；师者，所以正礼也。

——《荀子·修身》

【译文】礼法，是用来端正自身行为的；老师，是用来正确阐明礼法的。

[28] 君子之求利也略，其远害也早，其避辱也惧，其行道理也勇。

——《荀子·修身》

【译文】君子求利不斤斤计较，避开祸害早有准备，躲避耻辱惶惧不安，实行道义果敢有勇气，不怕危险和困难。

[29] 君子贫穷而志广，富贵而体恭，安燕而血气不惰，劳倦而容貌不枯，

怒不过夺，喜不过予。

——《荀子·修身》

【译文】君子虽身处贫困，但志向远大；虽身处富贵，但体态容貌恭敬；虽安逸，但精神并不松懈懒惰；虽劳累疲乏，但并不憔悴；发怒时不过分地处罚人，高兴时不过分地奖赏人。

［30］小辩不如见端，见端不如见本分。小辩而察，见端而明，本分而理，圣人士君子之分具矣。

——《荀子·非相》

【译文】辩论细节不如找出头绪，找出头绪不如确定恰如其分的名分。辩论细节能查出问题，找出头绪能明白道理，恰如其分的名分便于治理，圣人、士君子的身份就具备了。

［31］先虑之，早谋之，斯须之言而足听，文而致实，博而党正，是士君子之辩者也。

——《荀子·非相》

【译文】预先考虑，及早谋划，片刻的言谈也值得一听，既有文采又非常实在，既渊博又正直的话，这就是士君子的辩说。

[32] 君子行不贵苟难，说不贵苟察，名不贵苟传，唯其当之为贵。

——《荀子·不苟》

【译文】君子的行为，不以那种悖义的难能为可贵；君子的议论，不以那种悖义的明察为可贵；君子的名声，不以那种不正当的流传为可贵；惟有合乎道义才是可贵的。

[33] 君子易知而难狎，易惧而难胁，畏患而不避义死，欲利而不为所非；交，亲而不比；言，辩而不辞；荡荡乎其不以殊于世也。

——《荀子·不苟》

【译文】君子容易接近而难于亵狎，常有戒惧之心而不容易胁迫，惧怕危患而不避为正义而死，想求利益而不做悖义之事，与人交接而不结党营私，与人辩论而不争执，坦荡而不同于流俗。

[34] 君子能，则宽容易直以开道人；不能，则恭敬缚绌以畏事人。

——《荀子·不苟》

【译文】君子有才能，就宽容平直而开导别人；没有才能，就恭敬谦虚，以敬畏的态度侍奉别人。

［35］君子宽而不僈，廉而不刿，辩而不争，察而不激，寡立而不胜，坚强而不暴，柔从而不流，恭敬谨慎而容。

——《荀子·不苟》

【译文】君子宽宏而不懈怠，方正而不伤人，辩论而不争执，明察而不偏激，独立而不求胜人，坚强而不粗暴，柔顺而不游移，恭敬谨慎而有威仪。

［36］君子崇人之德，扬人之美，非谄谀也；正义直指，举人之过，非毁疵也。

——《荀子·不苟》

【译文】君子尊崇别人的德行，宣扬别人的优点，不是谄媚阿谀别人；正义率直，指出别人的缺点，不是故意诋毁别人的缺点。

［37］与时屈伸，柔从若蒲苇，非慑怯也；刚强猛毅，靡所不信，非骄暴也。以义变应，知当曲直故也。

——《荀子·不苟》

【译文】随时代的变化进退，像蒲苇一样柔从，不是怯懦的表现；刚强勇猛而有毅力，没有不被信任的地方，不是骄傲暴躁的表现。根据义来变化顺应时代潮流，便知道什么时候该屈曲，什么时候该正直了。

[38] 君子养心，莫善于诚。致诚，则无它事矣。惟仁之为守，惟义之为行。

——《荀子·不苟》

【译文】君子修养身心，没有比真诚更重要的了。做到真诚，就没有别的事了。只有以仁作为思想准则，以义作为行为依据。

[39] 言无常信，行无常贞，唯利所在，无所不倾，若是则可谓小人矣。

——《荀子·不苟》

【译文】言语经常不守信，行为经常不正确，唯利是图，无所不为，如果这样就可以说是小人。

[40] 穷则不隐，通则大明，身死而名弥白。

——《荀子·荣辱》

【译文】贫困时名声也不会被隐没，处境顺利，做官显达时，名声就会十分显赫，死后名声会更加光辉灿烂。

[41] 君子道其常，而小人道其怪。

——《荀子·荣辱》

【译文】君子选择他们正常的途径，而小人选择他们怪异的途径。

[42] 尧、禹者，非生而具者也，夫起于变故，成乎修为，待尽而后备者也。

——《荀子·荣辱》

【译文】尧、禹并不是生下来就具备了当圣人、贤君的条件，而是开始于经历各种患难和事故，成功于修养身心的实践，等到尽知事务的道理，然后才达到高尚的境界。

[43] 一之而可再也，有之而可久也，广之而可通也。

——《荀子·荣辱》

【译文】知道其一，就可以知道其二；拥有了它，就可以长期地运用；广泛地运用，就可以通晓所有的道理。

[44] "斩而齐，枉而顺，不同而一。"夫是之谓人伦。

——《荀子·荣辱》

【译文】“有等级差别才能达到整齐，有枉曲才能归于顺从，有职位的不同才能统而为一。”这就叫做人伦。

[45]君子耻不修，不耻见汙；耻不信，不耻不见信；耻不能，不耻不见用。

——《荀子·非十二子》

【译文】君子以不修身律己为耻辱，而不以被人侮辱为耻辱；以没有信用为耻辱，而不以不被人信任为耻辱；以没有才能为耻辱，而不以不被任用为耻辱。

[46]不诱于誉，不恐于诽，率道而行，端然正己，不为物倾侧，夫是之谓诚君子。

——《荀子·非十二子》

【译文】不被名誉所诱惑，不为诽谤所恐惧，遵循大道而行，端端正正，不为外界所倾倒，这样便可以叫做真诚君子。

[47]君子时诎则诎，时伸则伸也。

——《荀子·仲尼》

【译文】君子适时，能屈能伸。

[48] 知者之举事也，满则虑嗛，平则虑险，安则虑危，曲重其豫，犹恐及其祸，是以百举而不陷也。

——《荀子·仲尼》

【译文】聪明人做事，满盈，就顾虑到不足；平坦，就顾虑到险阻；平安，就顾虑到危难；多方准备，还担心遇到灾祸，所以干什么都不至于失败。

[49] 君子隐而显，微而明，辞让而胜。

——《荀子·儒效》

【译文】君子隐居而名声显赫，不引人注意而仍能突出，处处辞让而仍能胜人一筹。

[50] 君子无爵而贵，无禄而富，不言而信，不怒而威，穷处而荣，独居而乐！

——《荀子·儒效》

【译文】君子没有爵位也会高贵，没有俸禄也会富有，不用说话也能取信于人，不用发怒也有威严，处境贫困依然荣耀，处境孤独仍然快乐。

[51] 君子务修其内，而让之于外；务积德于身，而处之以遵道。如是，则

贵名起如日月，天下应之如雷霆。

——《荀子·儒效》

【译文】君子务必致力于自身品德的修养，外在表现上要谦让待人；务必使高贵的品德积于自身，遵循道的原则处世。这样，高贵的名声有如日月，天下的人也将齐声响应，声音如同雷霆一般。

[52] 不闻不若闻之，闻之不若见之，见之不若知之，知之不若行之。学至于行之而止矣。

——《荀子·儒效》

【译文】不听不如听见，听见不如看见，看见不如知道，知道不如付诸实行。学问到知行一致就登上顶峰了。

[53] 行之，明也；明之为圣人。圣人也者，本仁义，当是非，齐言行，不失毫厘，无他道焉，已乎行之矣。

——《荀子·儒效》

【译文】实行了，就能明白事理；明白了，就能成为圣人。圣人，以仁义为根本，恰当判断是非，言行一致，丝毫不差，这没有其他方法，就在于把学到的知识切实地去实行。

［54］有师法者，人之大宝也；无师法者，人之大殃也。

——《荀子·儒效》

【译文】有老师的教化和法度，是人们最大的宝物；没有老师的教化和法度，是人们最大的灾殃。

［55］涂之人百姓，积善而全尽，谓之圣人。

——《荀子·儒效》

【译文】普通的老百姓积累善行达到完美的程度，就可以叫做圣人。

［56］彼求之而后得，为之而后成，积之而后高，尽之而后圣。故圣人也者，人之所积也。

——《荀子·儒效》

【译文】人只有不断求取才能有收获，不断实行才会成功，不断地积累经验才会提高，达到完美的境界才能成为圣人。所以，圣人也是普通人日复一日地积累善行而达到的。

［57］人知谨注错，慎习俗，大积靡，

则为君子矣。纵情性而不足问学，则为小人矣。

——《荀子·儒效》

【译文】如果人们懂得行为谨慎，认真对待风俗习惯，重视长期的磨炼，就能成为君子；如果放纵自己的性情而不去努力学习，就会成为小人。

[58] 为君子则常安荣矣，为小人则常危辱矣。

——《荀子·儒效》

【译文】成为君子就能常常安宁和荣耀，成为小人就常常遇到危险，遭到屈辱。

[59] 君子言有坛宇，行有防表，道有一隆。

——《荀子·儒效》

【译文】君子的言论有一定的界限，行为有一定的标准，言行的根本原则有所专重。

[60] 君子恭而不难，敬而不巩，贫穷而不约，富贵而不骄，并遇变态而不穷，审之礼也。

——《荀子·君道》

【译文】君子恭敬而无所畏惧，处于困境而不卑躬屈膝，处于顺境而不盛气凌人，遇到变化了的情况也能从容应付，这都是透彻地了解礼制的缘故。

[61] 敬人有道：贤者则贵而敬之，不肖者则畏而敬之；贤者则亲而敬之，不肖者则疏而敬之。其敬一也，其情二也。

——《荀子·臣道》

【译文】尊敬别人有一定的原则：对于贤人就要尊崇地敬重他，对于不肖的人就要小心地敬重他；对于贤人就要亲近地敬重他，对于不肖的人就要疏远地敬重他。同样是敬重，而实际内容不一样。

[62] 若夫忠信端悫，而不害伤，则无接而不然，是仁人之质也。

——《荀子·臣道》

【译文】至于忠实诚信、正直朴实而不伤害别人，凡是与人交往没有不这样做的，这是仁人的本质。

[63] 恭敬，礼也；调和，乐也；谨慎，利也；斗怒，害也。故君子安礼乐利，

谨慎而无斗怒，是以百举而不过也。

——《荀子·臣道》

【译文】恭敬，合乎礼节；协调和谐，合乎乐律；谨小慎微，则有好处；相互争斗，有害于人类。所以君子安守礼节，喜好音乐，言行谨慎，不互相争斗，因此一切行为都不会有过错。

[64] 凡人好敖慢小事，大事至然后兴之务之，如是则常不胜夫敦比于小事者矣。

——《荀子·强国》

【译文】一般人喜欢怠慢小事，大事一来，然后才去办，才去努力。这样，就往往不如那些勉力于小事的人。

[65] 明于天人之分，则可谓至人矣。

——《荀子·天论》

【译文】明白天和人的区别，就可以叫做最高明的人了。

[66] 君子敬始而慎终，终始如一，是君子之道，礼义之文也。

——《荀子·礼论》

【译文】君子重视生，也慎重地对待死，始终如一，这就是君子的原则，礼义的仪式。

[67] 夫乐者，乐也，人之情所必不免也，故人不能无乐。乐则必发于声音，形于动静，而人之道，声音、动静、性术之变尽是矣。

——《荀子·乐论》

【译文】 音乐，是娱乐，是人类情感不可避免的，所以人不能没有音乐。音乐必然抒发在声音上，表现在动静中，而人的声音、动静、性格行为的变化，都充分体现在这里了。

[68] 君子耳不听淫声，目不视邪色，口不出恶言，此三者，君子慎之。

——《荀子·乐论》

【译文】 君子耳朵不听淫靡的声音，眼睛不看不正的颜色，嘴不说恶言。这三种行为，君子要慎重。

[69] 仁者之思也恭，圣人之思也乐。此治心之道也。

——《荀子·解蔽》

【译文】 仁人的思想恭敬，圣人的思想快乐。这是修养身心的原则。

[70]思乃精，志之荣；好而一之神以成。精神相及，一而不贰，为圣人。

——《荀子·成相》

【译文】思想细致周密，志向就会广大。能够专心致志，就能成为神明。精神周密完善，专一不二，就可以成为圣人。

[71]君子之于子，爱之而勿面，使之而勿貌，道之以道而勿强。

——《荀子·大略》

【译文】君子对于自已的儿子，抚爱他，而不表现于面色；使用他，而不表现于容貌；用道理引导他而不强迫他。

[72]善学者尽其理，善行者究其难。

——《荀子·大略》

【译文】善于学习的人穷尽事物的道理；善于行动的人探究事情的难处。

[73]君子隘穷而不失，劳倦而不苟，临患难而不忘细席之言。岁不寒，无

以知松柏；事不难，无以知君子。

——《荀子·大略》

【译文】君子窘困而不放弃自己的志向，劳累疲倦而不苟且偷安，面临患难也不忘平时所说的话。年岁不寒冷，无法知道松柏的品性；事情不艰难，无法知道君子的素质才干。

[74] 君子立志如穷，虽天子三公问，正以是非对。

——《荀子·大略》

【译文】君子立下大志，不因穷困而改变。即使是天子或三公来询问，也必须是就是、非就非地来回答。

[75] 小人不诚于内而求之于外。

——《荀子·大略》

【译文】小人不去加强内心的修养，而是追求外表。

[76] 人之于文学也，犹玉之于琢磨也。

——《荀子·大略》

【译文】人学习文学，就好像玉必须琢磨一样。

[77] 学问不厌，好士不倦，是天府也。

——《荀子·大略》

【译文】勤学好问，不知满足；喜好儒士，不知疲倦，这是天然的知识宝库。

[78] 多知而无亲，博学而无方，好多而无定者，君子不与。

——《荀子·大略》

【译文】知道得很多，但没有师承；学得很广，但不得要领；喜欢多学，但没有定见，这些都是君子所不赞同的。

[79] 君子进，则能益上之誉，而损下之忧。不能而居之，诬也；无益而厚受之，窃也。

——《荀子·大略》

【译文】君子进而在位，就能增加君主的荣誉，而减少百姓的忧患。没有才能而忝居职位，这是欺罔；对国家没好处而又享受俸禄，这是盗窃。

[80] 学者非必为仕，而仕者必如学。

——《荀子·大略》

【译文】学习不一定为了做官，而做官的人一定要好好学习。

[81] 古之贤人，贱为布衣，贫为匹夫，食则馆粥不足，衣则竖褐不完，然而非礼不进，非义不受。

——《荀子·大略》

【译文】古代的贤人，即使贫贱穷苦而成为平民百姓，吃饭连稀粥也不够，穿衣连短小的粗布衣服也不完好；但不符合礼的提拔他不能答应，不符合义的俸禄不会接受。

[82] 君人者不可以不慎取臣，匹夫不可以不慎取友。友者，所以相有也。道不同，何以相有也？

——《荀子·大略》

【译文】君主不能不慎重地选择他的臣子，普通人不能不慎重地选择他的朋友。朋友是借以互相帮助的。奉行的道不同，又如何互相帮助呢？

[83] 均薪施火，火就燥；平地注水，水就湿。夫类之相从也，如此之著也，以友观人，焉所疑？取友善人，不可不慎，是德之基也。

——《荀子·大略》

【译文】均摊柴草点火，火总是趋向干燥的一边；平地倒水，水总是向低洼处流。事物同类相从，就是如此的显著。从交友观察一个人，有什么可怀疑的吗？选择朋友，称道他人，不能不慎重，这是德行的基础。

[84] 知者明于事，达于数，不可以不诚事也。故曰："君子难说，说之不以道，不说也。"

——《荀子·大略》

【译文】聪明人通达事理，知道天数，不可用不诚实的方式来对待。所以说："君子难以取悦，不根据道义取悦，就不愉悦。"

[85] 是非疑则度之以远事，验之以近物，参之以平心，流言止焉，恶言死焉。

——《荀子·大略》

【译文】怀疑事情的是非就根据过去的事情加以揣度，用最近的事物加以验证，以平常的心理来参考。这样流言就停止了，不善的言语就消亡了。

[86] 多言而类，圣人也。少言而法，君子也。多言无法而流湎然，虽辩，

小人也。

——《荀子·大略》

【译文】说话多而符合礼义，这是圣人。说话少而符合法度，这是君子。说话多而不符合法度，滔滔不绝，虽然能言善辩，也是小人。

[87]君子能为可贵，不能使人必贵己；能为可用，不能使人必用己。

——《荀子·大略》

【译文】君子能成为尊贵的人，但不能使人必定尊贵自己；君子能成为可用之才，但不能使人必定任用自己。

[88]幼不能强学，老无以教之，吾耻之。去其故乡，事君而达，卒遇故人，曾无旧言，吾鄙之。与小人处者，吾殆之也。

——《荀子·宥坐》

【译文】小时候不知道努力学习，老了没有教育人的东西，我认为是耻辱。离开故乡，侍奉君主而显达，突然遇到老朋友，从不提及旧话，这是我鄙弃的。与小人相处，我感到倦怠。

[89] 芷兰生于深林，非以无人而不芳。君子之学，非为通也；为穷而不困，忧而意不衰也，知祸福终始而心不惑也。

——《荀子·宥坐》

【译文】芷兰生长于深山老林，不因为没有人就不芳香。君子学习，不是为了平步青云，扬名天下，而是为了贫穷而不困窘，忧虑而意念不衰竭，明白祸福的开始终结而心无疑惑。

[90] 君子苟能无以利害义，则耻辱亦无由至矣。

——《荀子·法行》

【译文】君子如果能做到不因利益而损害道义，那么耻辱就无从降临了。

[91] 君子有三思，而不可不思也。少而不学，长无能也；老而不教，死无思也；有而不施，穷无与也。是故君子少思长则学，老思死则教，有思穷则施也。

——《荀子·法行》

【译文】君子有三个方面值得思索，而不可不思索。年少的时候不学习，长大就没有能力；年老的时候不教育别人，死后就没有人想念他；富有的时候不施舍，贫穷时就没有人接济他。所以君子年少时想着年老时就学习，年老时想着死后就教育别人，富有时想着穷困时就施舍。

［92］富贵不足以益也，卑贱不足以损也。如此，则可谓士矣。

——《荀子·哀公》

【译文】富贵不足以增益他，卑贱不足以损害他。这样就可以叫做士了。

［93］所谓君子者，言忠信而心不德，仁义在身而色不伐，思虑明通而辞不争，故犹然如将可及者，君子也。

——《荀子·哀公》

【译文】我们所说的君子，就是忠诚信实而心里不认为是德行，身怀仁义之道而脸上无夸耀之色，思虑明白通达而言辞上不与人争执，如果做到这样，还像将要达到的样子，这样的人就是君子。

［94］所谓贤人者，行中规绳而不伤于本，

言足法于天下而不伤于身，富有天下而无怨财，布施天下而不病贫。如此，则可谓贤人矣。

——《荀子·哀公》

【译文】我们所说的贤人，就是他的行为符合规矩而不伤害他的本心，言语足以成为天下的法则而不伤害他的身体，拥有天下的财富而不因为财物招致怨恨，布施遍天下而不以贫穷为忧患。这样就可以称得上是贤人了。

［95］人之所以为人者，非特以二足而无毛也，以其有辨也。

——《荀子·非相》

【译文】人之所以为人，不只是因为他有两条腿并且没有毛，而是因为他和万物有更本质的区别。

［96］禽兽有父子，而无父子之亲；有牝牡而无男女之别。故人道莫不有辨。辨莫大于分，分莫大于礼，礼莫大于圣王。

——《荀子·非相》

【译文】禽兽有父子，可是没有父子的亲情；有雌雄，而没有男女的区别。所以人道无一不讲区别。区别没有比人伦的区别更大的。人伦的区别没有比礼法更大的。礼法没有比圣王更大的。

［97］君子贤而能容罢，知而能容愚，博而能容浅，粹而能容杂，夫是之谓兼术。

——《荀子·非相》

【译文】君子有才能、德行而能容纳无能的人，聪明而能容纳愚昧的人，博学多闻而能容纳孤陋寡闻的人，品德纯洁而能容纳品行驳杂的人，这就叫做兼容并蓄的方法。

［98］君子必辩，凡人莫不好言其所善，而君子为甚焉。是以小人辩言险而君子辩言仁也。

——《荀子·非相》

【译文】君子一定是能言善辩的，凡是人没有不喜欢谈论自己所喜好的东西，而君子更是如此。所以小人讲的是奸诈之事，而君子辩说的是仁爱之道。

［99］亲亲、故故、庸庸、劳劳，仁之

杀也；贵贵、尊尊、贤贤、老老、长长，义之伦也；行之得其节，礼之序也。

——《荀子·大略》

【译文】亲近父母、不忘故交、论功行赏、按劳奖励，这是仁表现的差别。尊重贵人、敬重贤者、敬奉老人、推崇长者，这是义所表现的伦理。实行起来适当，这就是礼的秩序。

[100] 礼也者，贵者敬焉，老者孝焉，长者弟焉，幼者慈焉，贱者惠焉。

——《荀子·大略》

【译文】礼，就是指地位高贵的人受到敬重，老人受到子女的孝敬，兄长受到弟弟的敬爱，年幼的人得到父母的慈爱，地位低贱的人得到赡养。

《韩非子》

[1] 言顺比滑泽，洋洋纚纚然，则见以为华而不实；敦祗恭厚，鲠固慎完，则见以为掘而不伦。

——《韩非子·难言》

【译文】言辞和顺流畅，洋洋洒洒，就被认为是华而不实；恭敬诚恳，耿直周全，就被认为是笨拙而不成条理。

[2] 多言繁称，连类比物，则见以为虚而无用；总微说约，径省而不饰，则见以为刿而不辩。

——《韩非子·难言》

【译文】广征博引，类推旁比，就被认为空而无用；义微言约，直率简略而不加修饰，就被认为出口伤人而不善于辩说。

[3] 激急亲近，探知人情，则见以为谮

而不让；闳大广博，妙远不测，则见以为夸而无用。

——《韩非子·难言》

【译文】 激烈明快而无所顾忌，触及他人隐情，就被认为中伤别人而不谦让；宏大广博，高深莫测，就被认为浮夸无用。

[4] 家计小谈，以具数言，则见以为陋；言而近世，辞不悖逆，则见以为贪生而谀上。

——《韩非子·难言》

【译文】 谈论日常小事，琐碎烦杂，就被认为浅薄；言辞切近世俗，遵循常规，就被认为是贪生而奉承君主。

[5] 言而远俗，诡躁人间，则见以为诞；捷敏辩给，繁于文采，则见以为史。

——《韩非子·难言》

【译文】 言辞异于世俗，诡异不同于众人，就被认为荒唐；口才敏捷，富于文采，就被认为不质朴。

[6] 殊释文学，以质信言，则见以为鄙；

时称《诗》、《书》，道法往古，则见以为诵。

——《韩非子·难言》

【译文】弃绝文献，质朴陈说，就被认为粗俗；动辄援引《诗经》、《尚书》等古典文献，称道效法古代，就被认为是死记硬背。

[7] 以至智说至圣，未必至而见受，伊尹说汤是也；以智说愚必不听，文王说纣是也。

——《韩非子·难言》

【译文】用最聪明的游说最圣明的，未必一开始就被接受，伊尹游说汤就是这种情况；用聪明的游说愚蠢的，必定不被接受，周文王游说商纣就是这种情况。

[8] 至言忤于耳而倒于心，非贤圣莫能听。

——《韩非子·难言》

【译文】最恳切有理的话是逆耳不顺心的，不是圣贤是听不进去的。

[9] 香美脆味，厚酒肥肉，甘口而病形；

曼理皓齿，说情而捐精。

——《韩非子·扬权》

【译文】美妙香脆的味道，醇酒肥肉，甘甜可口但有害身体；皮肤细嫩、牙齿洁白的美女，令人悦情但耗人精力。

[10] 圣人之道，去智与巧；智巧不去，难以为常。

——《韩非子·扬权》

【译文】圣明君主的治国之道是去掉个人的智巧；智巧不去掉，就难以把圣人之道作为治国的常规。

[11] 喜之则多事，恶之则生怨。故去喜去恶，虚心以为道舍。

——《韩非子·扬权》

【译文】表示喜悦，就会多事；表示厌恶，就会生怨。所以要排除爱憎，空下心来作为容纳道的处所。

[12] 听言之道，溶若甚醉。唇乎齿乎，吾不为始乎；齿乎唇乎，愈惛惛乎。

——《韩非子·扬权》

【译文】听察言论的一般原则，就像酩酊大醉一样。

大家纷纷动嘴动舌，我总也不先开口；大家纷纷动舌动嘴，我越发装得糊糊涂涂。

[13]强以其所不能为，止以其所不能已，如此者身危。

——《韩非子·说难》

【译文】别人不愿做的事情，勉强他去做；别人不愿停止的事情，一定要他停止，这样就会身遭危险。

[14]贵人有过端，而说者明言礼义以挑其恶，如此者身危。

——《韩非子·说难》

【译文】贵人有过错，游说者毫不含糊地说明礼义借以挑他的毛病，这样就会身遭危险。

[15]凡说之难：在知所说之心，可以吾说当之。

——《韩非子·说难》

【译文】一般说来，向人进说的困难，在于了解进说对象的心态，以便于用自己的说法去顺应他。

[16]人主亦有逆鳞，说者能无婴人主

之逆鳞，则几矣。

——《韩非子·说难》

【译文】君主也有逆鳞，进说者能不触动君主的逆鳞，就差不多了。

[17] 有爱于主，则智当而加亲；有憎于主，则智不当，见罪而加疏。故谏说谈论之士，不可不察爱憎之主而后说焉。

——《韩非子·说难》

【译文】（臣子）在被君主宠爱时，智谋就显得适当而受到加倍亲近；在被君主憎恶时，智谋就显得不适当并成为罪过而愈来愈被疏远。所以进谏陈说的人不可不观察君主的爱憎，然后进言。

[18] 凡人之大体，取舍同者则相是也，取舍异者则相非也。

——《韩非子·奸劫弑臣》

【译文】大凡人的常性，观点相同就彼此肯定，观点不同就彼此指责。

[19] 安利者就之，危害者去之，此人

之情也。

——《韩非子·奸劫弑臣》

【译文】安全有利的就去追求，危险有害的就要避开，这是人之常情。

[20] 日月晕围于外，其贼在内，备其所憎，祸在所爱。

——《韩非子·备内》

【译文】日月外面有白色光圈围绕，内部必然有毛病；防备自己所憎恨的人，祸害却来自所亲爱的人。

[21] 所谓方者，内外相应也，言行相称也。所谓廉者，必生死之命也，轻恬资财也。所谓直者，义必公正，心不偏党也。

——《韩非子·解老》

【译文】所谓品行端正，是指内心和外貌相适应，言语和行动相符合。所谓有节操，是指一定要舍生忘死，把资财看得很淡薄。所谓正直，是指在行为上一定要公正，在心术上不偏邪不结党。

[22] 柢也者，木之所以建生也；曼根者，

木之所以持生也。德也者，人之所以建生也；禄也者，人之所以持生也。

——《韩非子·解老》

【译文】主根，是树木赖以生存的东西；蔓根，是树木维持活力的东西。道德，是一个人赖以生存的根本；福禄，是一个人维持生活的东西。

[23] 祸难生于邪心，邪心诱于可欲。可欲之类，进则教良民为奸，退则令善人有祸。

——《韩非子·解老》

【译文】祸难产生于邪心，邪心产生于能够诱发人们欲望的东西。能够诱发人们欲望的那些东西，进一层说可以使良民为奸，退一层说可以使善人遭祸。

[24] 知治人者，其思虑静；知事天者，其孔窍虚。

——《韩非子·解老》

【译文】懂得治理社会的人，他的思虑是安静的；懂得顺从自然的人，他的器官是空虚的。

[25] 起事于无形，而要大功于天下，

是谓微明。

——《韩非子·喻老》

【译文】不露痕迹地从眼前的小事做起，而求在天下获得大功，这就叫做微妙的明智。

[26]《周书》曰："将欲败之，必姑辅之；将欲取之，必姑予之。"

——《韩非子·说林上》

【译文】《周书》上说："想要打败他，必须暂且辅助他；想要夺取他，必须暂且给予他。"

[27]圣人见微以知萌，见端以知末。

——《韩非子·说林上》

【译文】圣人能从细微的现象看到事物的苗头，能从事情的开端看到事情的结果。

[28]行贤而去自贤之心，焉往而不美。

——《韩非子·说林上》

【译文】做贤德的事而去掉自以为贤德的想法，到哪里能不受到赞美呢？

[29]虎自卖裘而不售，士自誉辩而不信。

——《韩非子·说林下》

【译文】奴隶自己卖皮衣却卖不掉，士人自称善于辩说却无人相信。

[30] 得天时则不务而自生，得人心则不趣而自劝，因技能则不急而自疾，得势位则不进而名成。

——《韩非子·功名》

【译文】掌握了天时，就是不用努力，万物也会自然生长；得到了人心，就是不用督促，民众也能自我勉励；凭借技能，就是不急于成功，事情也会成功得很快；有了势位，就是不用追求，也能获得名声。

[31] 人行事施予，以利之为心，则越人易和；以害之为心，则父子离且怨。

——《韩非子·外储说左上》

【译文】人们办事和给人好处，如果从对人有利的角度着想，那么疏远的人也容易和好；如果从对人有害的角度出发，那么父子之间也要分离而且埋怨。

[32] 籍之虚辞，则能胜一国；考实按形，不能谩于一人。

——《韩非子·外储说左上》

【译文】凭借虚浮的言辞，就能够征服一国的视听；考察实际的情形，连一个人也欺骗不了。

[33] 不以其所疑败其所察则难也。

——《韩非子·外储说右上》

【译文】不因为进谏的人提出疑问而败坏自己明察的事情是困难的啊。

[34] 申子曰："慎而言也，人且知女；慎而行也，人且随女。而有知见也，人且匿女；而无知见也，人且意女。故曰：惟无为可以规之。"

——《韩非子·外储说右上》

【译文】申不害说："你言论谨慎，人们将会试探你；你行动谨慎，人们将会跟踪你。你的智慧显露出来，人们将会躲开你；你的愚蠢显露出来，人们将算计你。所以说：只有无为可以窥测其中的奥秘。"

[35] 恃人不如自恃也，人之为己者不如己之自为也。

——《韩非子·外储说右下》

【译文】依靠别人不如依靠自己，靠别人为自己不如自己为自己。

[36] 繁礼君子不厌忠信，战阵之间不厌诈伪。

——《韩非子·难一》

【译文】讲究礼仪的君子，对忠信的言行从无满足之日；排兵布阵之时，诈伪的战术不怕变化无穷。

[37] 智者知祸难之地而辟之者也，是以身不及于患也。

——《韩非子·难二》

【译文】聪明的人是知道祸难的所在而能避开它的人，所以自身不至于遭到祸患。

[38] 语言辨，听之说，不度于义，谓之窕言。无山林泽谷之利而入多者，谓之窕货。君子不听窕言，不受窕货。

——《韩非子·难二》

【译文】言语动听，听了让人喜欢，但不合道义，这种话叫做欺诈不实之言。没有山岭森林湖泽峡谷等自然资源而收入多的，这种收入叫做欺诈不实之货。君子不听信欺诈不实之言，不接受欺诈不实之货。

［39］倒义，则事之所以败也；逆德，则怨之所以聚也。

——《韩非子·难四》

【译文】违反道义，是事情失败的原因；违反道德，是怨恨聚集的原因。

［40］慎子曰："飞龙乘云，腾蛇游雾，云罢雾霁，而龙蛇与蚓蚁同矣。则失其所乘也。"

——《韩非子·难势》

【译文】慎子说："飞龙、腾蛇在云雾中飞行，云消雾散，它们就像蚯蚓、蚂蚁一样了。这是因为它们失去了飞行的凭借。"

［41］贤人而诎于不肖者，则权轻位卑也；不肖而能服于贤者，则权重位尊也。

——《韩非子·难势》

【译文】贤人之所以屈服于不肖之人，是因为权力小、地位低；不肖之人之所以能被贤人制服，是由于贤人的权力大、地位高。

[42] 贤智未足以服众，而势位足以缶贤者也。

——《韩非子·难势》

【译文】贤能才智不足以使众人服从，权势地位却足以使贤人屈服。

[43] 说有必立而旷于实者，言有辞拙而急于用者。故圣人不求无害之言，而务无易之事。

——《韩非子·八说》

【译文】理论有言之成理但不切实际的，言论有词句笨拙但能立即付诸实施的。所以圣人不去追求那些挑不出毛病的空话，而致力于那些一定要那样去做的事情。

[44] 无参验而必之者，愚也；弗能必而据之者，诬也。

——《韩非子·显学》

【译文】不用事实加以检验就对事物做出判断，那就是愚蠢；不能正确判断就引为根据，那就是欺骗。

[45] 善毛啬、西施之美，无益吾面；

用脂泽粉黛，则倍其初。

——《韩非子·显学》

【**译文**】只是称赞毛啬、西施的美丽，并不能使自己变得好看；用化妆品化妆一番，就能比原来漂亮几倍。

图书在版编目（CIP）数据

悦读丛书. 国学篇 /《悦读丛书》编委会编. —济南：山东友谊出版社，2015.12

ISBN 978-7-5516-0938-8

Ⅰ. ①悦… Ⅱ. ①悦… Ⅲ. ①丛书—中国—现代②国学—通俗读物 Ⅳ. ① Z121.7 ② Z126-49

中国版本图书馆 CIP 数据核字（2015）第 319104 号

主管单位：山东出版传媒股份有限公司
出版发行：山东友谊出版社
地　　址：济南市英雄山路 189 号　邮政编码：250002
电　　话：出版管理部（0531）82098756
　　　　　市场营销部（0531）82098035（传真）
印　　刷：山东省东营市新华印刷厂
版　　次：2016 年 1 月第 1 版
印　　次：2016 年 1 月第 1 次印刷
规　　格：103mm × 171mm
印　　张：21.25
字　　数：280 千字
定　　价：55.00 元（全五卷）

悦读丛书

·国学篇·

为政

《悦读丛书》编委会　编

本卷主编　王恒展

山东友谊出版社

目录

《论语》

[1] 道千乘之国，敬事而信，节用而爱人，使民以时。

——《论语·学而第一》

【译文】治理一个具有千辆兵车的国家，要严肃认真地对待工作，信守诺言；节省费用，爱护百姓；役使百姓要在农闲的时候。

[2] 为政以德，譬如北辰居其所而众星共之。

——《论语·为政第二》

【译文】治理国家实行仁德，就如同天上的北极星一样，在自己的位置上，别的星辰都环绕着你。

[3] 道之以政，齐之以刑，民免而无耻。道之以德，齐之以礼，有耻且格。

——《论语·为政第二》

【译文】用政治来引导他们，用刑罚来治理他们，人民只是暂时免于罪过，却没有廉耻之心；用道德来引导他们，用礼制来治理他们，人民不但有廉耻之心，而且还会心甘情愿地服从。

[4]举直错诸枉，则民服；举枉错诸直，则民不服。

——《论语·为政第二》

【译文】把正直的人提拔起来，放到邪恶的人上面，百姓便服从你；把邪恶的人提拔起来，放到正直的人上面，百姓便不服从你。

[5]老者安之，朋友信之，少者怀之。

——《论语·公冶长第五》

【译文】我的志向是使老人得到安逸，朋友们信得过我，青年人怀念我。

[6]君子名之必可言也，言之必可行也。君子于其言，无所苟而已矣。

——《论语·子路第十三》

【译文】君子立一个名分，必须在道理上说得过去；讲一句话，必须可行。君子对于自己所说的话，是从不马虎的。

[7] 邦有道，贫且贱焉，耻也；邦无道，富且贵焉，耻也。

——《论语·泰伯第八》

【译文】国家政治清明，自己贫贱，是耻辱；国家政治黑暗，自己富贵，也是耻辱。

[8] 能以礼让为国乎？何有？不能以礼让为国，如礼何？

——《论语·里仁第四》

【译文】能够用礼让来治理国家吗？那还有什么困难呢？不能用礼让治国，又怎样来对待礼呢？

[9] 宁武子，邦有道，则知；邦无道，则愚。其知可及也，其愚不可及也。

——《论语·公冶长第五》

【译文】宁武子在国家太平的时候，便表现出智慧；在国家政治黑暗的时候，便表现出愚拙。他那种聪明，别人能赶得上；那种愚拙，别人就赶不上了。

[10] 民可使由之，不可使知之。

——《论语·泰伯第八》

【译文】老百姓，可以使他们照着我们的道路去走，不能让他们知道那是为什么。

[11] 笃信好学，守死善道。危邦不入，乱邦不居，天下有道则见，无道则隐。

——《论语・泰伯第八》

【译文】坚定地相信道，努力学习它，誓死保全它。危险的国家不要进入，有祸乱的国家不要去住。天下太平，就出来从政；天下不太平，就隐居起来。

[12] 子路问政。子曰："先之劳之。"请益。曰："无倦。"

——《论语・子路第十三》

【译文】子路问如何从政。孔子说："让人家干的事情你先干便会不令而行，劳累的工作你先干别人才会勤劳工作。"子路请求老师再多讲一点。孔子说："永远不要疲倦懈怠啊！"

[13] 不在其位，不谋其政。

——《论语・泰伯第八》

【译文】不在那个职位上，便不考虑那个职位的政务。

[14] 巍巍乎，舜、禹之有天下也而不

与焉！

——《论语·泰伯第八》

【译文】舜和禹统治天下，一点也不为自己，真是崇高啊！

[15] 大哉尧之为君也！巍巍乎！唯天为大，唯尧则之。荡荡乎，民无能名焉。巍巍乎，其有成功也，焕乎其有文章！

——《论语·泰伯第八》

【译文】尧作为君主，真是伟大啊！崇高啊！只有天最高最大，只有尧能够以天为榜样。他的品德像江海一样浩荡！老百姓简直不知道该怎样称赞他。他的功绩实在太崇高了，他的礼仪制度也光彩焕发啊！

[16] 足食，足兵，民信之矣。

——《论语·颜渊第十二》

【译文】准备好充足的粮食，足够的军备，百姓对政府就有信心了。

[17] 君君，臣臣，父父，子子。

——《论语·颜渊第十二》

【译文】做国君的要尽国君之道，做臣子的要尽臣子之道，做父亲的要尽为父之道，做儿子的要尽为子之道。

［18］居之无倦，行之以忠。

——《论语·颜渊第十二》

【译文】在位要不知疲倦，执行政令要忠心不二。

［19］听讼，吾犹人也。必也使无讼乎！

——《论语·颜渊第十二》

【译文】审理诉讼，我和别人差不多。一定要使诉讼完全绝迹才好。

［20］政者，正也，子帅以正，孰敢不正？

——《论语·颜渊第十二》

【译文】政字的意思就是端正。您自己以正道做表率，还有谁敢不端正呢？

［21］苟子之不欲，虽赏之不窃。

——《论语·颜渊第十二》

【译文】如果你不贪求太多的话，即使奖励偷盗，他们也不会干的。

[22] 名不正，则言不顺；言不顺，则事不成；事不成，则礼乐不兴；礼乐不兴，则刑罚不中；刑罚不中，则民无所措手足。

——《论语·子路第十三》

【译文】名分不正，说话就不顺理；说话不顺理，做事就不能成功；做事不成功，礼制、音乐就不能兴盛起来；礼制、音乐兴不起来，刑罚就不会适当；刑罚不适当，百姓就要慌乱，好像连手脚都不知怎样安放好了。

[23] 上好礼，则民莫敢不敬；上好义，则民莫敢不服；上好信，则民莫敢不用情。夫如是，则四方之民襁负其子而至矣，焉用稼？

——《论语·子路第十三》

【译文】处在上位的人讲究礼节，百姓就没有人敢不尊敬；处在上位的人爱好道义，百姓就没有人敢不服从；处在上位的人诚恳讲信用，百姓就没有人敢不说真话。做到这样，四方的百姓都会背负着小孩来投奔，为什么要亲自种庄稼呢？

[24] 其身正，不令而行；其身不正，虽令不从。

——《论语·子路第十三》

【译文】如果本身做事端正，不用命令，别人自然会照你的样子去做。如果自己行为不端正，即使下达命令，人们也不会听从。

[25] 善人为邦百年，亦可以胜残去杀矣。诚哉是言也！

——《论语·子路第十三》

【译文】善良的人治理国家连续到一百年，就可以克服残暴、免除虐杀了。这句话真对呀。

[26] 如有王者，必世而后仁。

——《论语·子路第十三》

【译文】假如有圣王兴起，一定需要三十年才能实现仁政。

[27] 苟正其身矣，于从政乎何有？不能正其身，如正人何？

——《论语·子路第十三》

【译文】如果端正了自身，那么治理国家有什么困难呢？如果不能端正自身，怎么能够使别人端正呢？

[28] 近者悦，远者来。

——《论语·子路第十三》

【译文】治理国家应当使境内的人高兴，使境外的人来投奔。

[29] 无欲速，无见小利。欲速，则不达；见小利，则大事不成。

——《论语·子路第十三》

【译文】不要图快，不要贪小利。图快，反而达不到目的；贪小利，就办不成大事。

[30] 善人教民七年，亦可以即戎矣。

——《论语·子路第十三》

【译文】有道德的人教导人民达到七年，也就可以叫他们从军作战了。

[31] 先有司，赦小过，举贤才。

——《论语·子路第十三》

【译文】从政要先给下属带头，遇有小过失的人要宽恕他，要提拔优秀人才。

[32] 举尔所知；尔所不知，人其舍诸？

——《论语·子路第十三》

【译文】提拔你所了解的人；那些你所不了解的人，别人难道会埋没他吗？

[33] 以不教民战，是谓弃之。

——《论语·子路第十三》

【译文】使用未经过训练的百姓去作战，这等于践踏他们的生命。

[34] 有国有家者，不患寡而患不均，不患贫而患不安。盖均无贫，和无寡，安无倾。

——《论语·季氏第十六》

【译文】治理国家，不要担心财用不足，只需担心财富不均；不用着急人口太少，只需担心社会不安定。若是财富平均，便没有贫穷；和平相处，便不会人少；社会安定，便不会有颠覆的危险。

[35] 勿欺也，而犯之。

——《论语·宪问第十四》

【译文】对待君王不要欺骗他，但为了规劝，可以触犯他。

[36] 危而不持，颠而不扶，则将焉用彼相矣？

——《论语·季氏第十六》

【译文】一个国相遇到国家危险不扶持，国将颠覆而拿不出安定的办法，还用这个国相干什么呢？

[37] 民之于仁也，甚于水火。水火，吾见蹈而死者矣；未见蹈仁而死者也。

——《论语·卫灵公第十五》

【译文】百姓需要仁德，比需要水和火更急切。往水火里去，我见过因此而死的人，却从没有发现为了实践仁德而死的人。

[38] 事君，敬其事而后其食。

——《论语·卫灵公第十五》

【译文】侍奉君主，首先要忠于职守，认真办事，不要先考虑俸禄。

[39] 远人不服，则修文德以来之。既

来之，则安之。

——《论语·季氏第十六》

【译文】假如远方的人不肯归附，就内修文德教化招徕他们。来了之后，就得使他们安心。

[40]天下有道，则礼乐征伐自天子出；天下无道，则礼乐征伐自诸侯出。自诸侯出，盖十世希不失矣；自大夫出，五世希不失矣；陪臣执国命，三世希不失矣。

——《论语·季氏第十六》

【译文】天下有道，制礼、作乐、征伐的决定由天子做出；天下无道，制礼、作乐、征伐的决定由诸侯做出。由诸侯做出决定的，大概传到十代以后，很少不失败；由大夫做出决定的，传到五代以后，很少不失败；若是大夫的家臣把持国家的命运，很少传到三代以后不失败。

[41]为命，裨谌草创之，世叔讨论之，行人子羽修饰之，东里子产润色之。

——《论语·宪问第十四》

【译文】郑国制定外交辞令能集思广益：由裨谌起草，

世叔提出意见，再经外交官子羽进行修饰，最后经子产加工润色定稿。

[42] 天下有道，则政不在大夫。天下有道，则庶人不议。

——《论语·季氏第十六》

【译文】天下有道，政治权力就不会掌握在大夫手中。天下有道，老百姓就不会议论纷纷。

[43]子为政，焉用杀？子欲善而民善矣。君子之德风，小人之德草。草上之风，必偃。

——《论语·颜渊第十二》

【译文】你治理国家，为什么采用杀人的办法呢？只要你肯向善，人民自然会向善。领导人的作风好比风，老百姓的作风好比草。风向哪边吹，草向哪边倒。

[44] 如知为君之难也，不几乎一言而兴邦乎？

——《论语·子路第十三》

【译文】如果真知道做君主的艰难（事事谨慎，不敢疏忽），不是近乎一句话就可以使国家兴盛了吗？

[45] 如其善而莫之违也，不亦善乎？如不善而莫之违也，不几乎一言而丧邦乎？

——《论语·子路第十三》

【译文】 如果君主所说的话确是对的，没有人违抗，那不是很好么？如果君主所说的话不对，却没有人敢违抗，不近于一句话便使国家灭亡吗？

[46] 晋文公谲而不正，齐桓公正而不谲。

——《论语·宪问第十四》

【译文】 晋文公诡诈好耍手段，不正派；齐桓公正派，不用诡诈，不耍手段。

[47] 桓公九合诸侯，不以兵车，管仲之力也。如其仁，如其仁。

——《论语·宪问第十四》

【译文】 齐桓公多次主持诸侯间的盟会，不是使用武力，都是管仲的力量。这就是管仲的仁德，这就是管仲的仁德。

[48] 管仲相桓公，霸诸侯，一匡天下，民到于今受其赐。微管仲，吾其被发

左衽矣。岂若匹夫匹妇之为谅也，自经于沟渎而莫之知也？

——《论语·宪问第十四》

【译文】管仲做齐桓公的国相，称霸诸侯，使天下一切得到匡正，人民到今天还受到他的恩赐。假若没有管仲，我们都会披散着头发，衣襟向左边开着，沦为落后民族了。他难道要像普通老百姓一样守小节小信，在山沟中自杀，都没有人知道吗？

[49] 何必高宗，古之人皆然。君薨，百官总己以听于冢宰三年。

——《论语·宪问第十四》

【译文】不仅仅高宗，古代的人都是这样：国君死了，继承的君王三年不问政治，各部门的官员都听命于宰相。

[50] 上好礼，则民易使也。

——《论语·宪问第十四》

【译文】在上位的人若遇事依照礼仪而行，就容易使百姓听从指挥了。

《孟子》

[1] 上下交征利而国危矣。

——《孟子·梁惠王上》

【译文】上上下下都追逐私利，国家就危险了。

[2] 未有仁而遗其亲者也，未有义而后其君者也。王亦曰仁义而已矣，何必曰利？

——《孟子·梁惠王上》

【译文】从没有讲“仁”的人遗弃父母的，也没有讲“义”的人怠慢君主的。王只讲仁义就行了，为什么一定要讲利益呢？

[3] 省刑罚，薄税敛，深耕易耨；壮者以暇日修其孝悌忠信，入以事其父兄，出以事其长上，可使制梃以挞秦楚之

坚甲利兵矣。

——《孟子·梁惠王上》

【译文】减免刑罚，减轻赋税，让百姓深耕细作；年轻人农闲时讲求孝悌忠信，在家侍奉父兄，出仕尊敬上级，这样，就是用木棒也可以抵抗拥有坚甲利兵的秦、楚军队。

[4] 今夫天下之人牧，未有不嗜杀人者也，如有不嗜杀人者，则天下之民皆引领而望之矣。

——《孟子·梁惠王上》

【译文】如今各国的君主，没有一个不好杀人的。如果有一位不好杀人的君王，那么，天下的老百姓都会伸长脖子期待他的解救了。

[5] 仁者无敌。

——《孟子·梁惠王上》

【译文】仁德之人天下无敌。

[6] 保民而王，莫之能御也。

——《孟子·梁惠王上》

【译文】一切为着使老百姓生活安定，这样去统一天下，没有人能阻挡。

[7] 无恒产而有恒心者，惟士为能。若民，则无恒产，因无恒心。

——《孟子·梁惠王上》

【译文】没有固定的产业、收入却有一定的道德观念和行为准则的，只有士人能做到。至于一般人，如果没有一定的产业、收入，也就没有一定的道德观念和行为准则。

[8] 古之人与民偕乐，故能乐也。

——《孟子·梁惠王上》

【译文】古代的贤君和老百姓一同快乐，所以他能得到真正的快乐。

[9] 明君制民之产，必使仰足以事父母，俯足以畜妻子，乐岁终身饱，凶年免于死亡。然后驱而之善，故民之从之也轻。

——《孟子·梁惠王上》

【译文】英明的君主规定人们的产业，一定要使他们上足以赡养父母，下足以抚养妻儿；好年成，丰衣足食；坏年成，也不至于饿死。然后再诱导他们走上善良的道路，老百姓也就容易顺从了。

[10]文王之囿方七十里，刍荛者往焉，雉兔者往焉，与民同之。民以为小，不亦宜乎？

——《孟子·梁惠王下》

【译文】文王的狩猎场方圆七十里，割草打柴的去，打鸟捕兽的也去，同老百姓一同享用。老百姓认为太小，这不很自然吗？

[11]王请无好小勇。夫抚剑疾视曰，“彼恶敢当我哉！”此匹夫之勇，敌一人者也。王请大之。

——《孟子·梁惠王下》

【译文】王（指齐宣王）不要喜爱小勇。有一种人，只是按住刀剑瞪着眼睛说：“他怎么敢抵挡我呢！”这只是个人的勇，只能敌得住一个人。希望王能够喜爱大勇。

[12]乐民之乐者，民亦乐其乐；忧民之忧者，民亦忧其忧。

——《孟子·梁惠王下》

【译文】以百姓的快乐为自己快乐的，百姓也会以君主的快乐为自己的快乐；以百姓的忧愁为自己的忧愁的，百姓也会以君主的忧愁为自己的忧愁。

［13］从流下而忘反谓之流，从流上而忘反谓之连，从兽无厌谓之荒，乐酒无厌谓之亡。

——《孟子·梁惠王下》

【译文】从上游向下游游玩乐而忘归叫做流，由下游向上游游玩乐而忘归叫做连，无厌倦地打猎叫做荒，不知节制地喝酒叫做亡。

［14］老而无妻曰鳏，老而无夫曰寡，老而无子曰独，幼而无父曰孤。此四者，天下之穷民而无告者。文王发政施仁，必先斯四者。

——《孟子·梁惠王下》

【译文】没有妻室的老男人叫做鳏夫，没有丈夫的老女人叫做寡妇，没有儿女的老人叫做孤独者，死了父亲的儿童叫做孤儿，这四种人是社会上穷苦无靠的人。周文王施行仁政，一定最先考虑他们。

[15]王如好货，与百姓同之，于王何有？

——《孟子·梁惠王下》

【译文】王（指齐宣王）如果喜爱钱财，能跟百姓一道，那对于施行王政，统一天下有什么困难呢？

[16]王如好色，与百姓同之，于王何有？

——《孟子·梁惠王下》

【译文】王（指齐宣王）假若喜爱女色，能跟百姓一道，那对于施行王政，统一天下有什么困难呢？

[17]所谓故国者，非谓有乔木之谓也，有世臣之谓也。

——《孟子·梁惠王下》

【译文】我们平常所说的“故国”，并不是那个国家有高大树木的意思，而是有累代功臣的意思。

[18]国君进贤，如不得已，将使卑踰尊，疏踰戚，可不慎与？

——《孟子·梁惠王下》

【译文】国君选拔人才，如果迫不得已要用新进之人，就要把卑贱者提拔到尊贵者之上，把疏远的人提拔到亲近者之上，对这种事能不慎重吗？

[19]贼仁者谓之“贼”，贼义者谓之“残”。残贼之人谓之“一夫”。闻诛一夫纣矣，未闻弑君也。

——《孟子·梁惠王下》

【译文】破坏仁爱的人叫做“贼”，破坏道义的人叫做“残”。这样的人，可以称为“独夫”。我只听说过周武王诛杀了“独夫”殷纣，没有听说过他以臣弑君。

[20]君行仁政，斯民亲其上，死其长矣。

——《孟子·梁惠王下》

【译文】您（指邹穆公）如果实行仁政，您的百姓自然就会爱戴他的上级，情愿为他们的长官牺牲了。

[21]“德之流行，速于置邮而传命。”

——《孟子·公孙丑上》

【译文】“德政流行起来，比驿站传达政令还要迅速。”

[22]以力假仁者霸，霸必有大国；以德行仁者王，王不待大——汤以七十里，文王以百里。

——《孟子·公孙丑上》

【译文】凭借实力假借仁义之名号召征伐的人可以称霸诸侯，称霸的一定是实力强大的国家；依靠道德实行仁义的人可以使天下归服，这样做不必凭借强大的实力——商汤只有纵横七十里的土地，周文王也只有纵横百里的土地就使天下归服。

[23] 以力服人者，非心服也，力不赡也；以德服人者，中心悦而诚服也，如七十子之服孔子也。

——《孟子·公孙丑上》

【译文】凭借实力使人服从，人家不会心悦诚服，只是因为他实力不够；依靠道德使人服从，人家才会心悦诚服，好像七十多位弟子佩服孔子一样。

[24] 仁则荣，不仁则辱。

——《孟子·公孙丑上》

【译文】诸侯如果施行仁政，就有荣耀；如果行不仁之政，就遭受屈辱。

[25] 以不忍人之心，行不忍人之政，治天下可运之掌上。

——《孟子·公孙丑上》

【译文】用怜恤别人的心情实施怜恤别人的政治，治理天下可以像在手掌上运转小物件一样容易。

[26] 尊贤使能，俊杰在位，则天下之士皆悦，而愿立于其朝矣。

——《孟子·公孙丑上》

【译文】尊重有道德的人，使用有能力的人，杰出的人物都有官位，那么，天下的士子都会高兴，就愿意到朝廷任职了。

[27] 天时不如地利，地利不如人和。

——《孟子·公孙丑下》

【译文】得天时不如得地利，得地利不如得人和。

[28] 域民不以封疆之界，固国不以山溪之险，威天下不以兵革之利。

——《孟子·公孙丑下》

【译文】限制人民不必用国家的疆界，保护国家不必靠山川的险峻，威行天下不必凭借兵器的锐利。

[29] 得道者多助，失道者寡助。寡助之至，亲戚畔之；多助之至，天下顺之。

——《孟子·公孙丑下》

【译文】行仁政的帮助他的人就多，不行仁政的帮助他的人就少。帮助的人少到极点时，亲戚都背叛他；

帮助的人多到极点时，普天下都顺从他。

［30］天下有达尊三：爵一，齿一，德一。朝廷莫如爵，乡党莫如齿，辅世长民莫如德。

——《孟子·公孙丑下》

【译文】天下公认尊贵的东西有三样：爵位、年龄和道德。在朝廷中，先论爵位；在乡里，先论年龄；至于辅佐君主统治百姓，自然以道德为最上。

［31］将大有为之君，必有所不召之臣；欲有谋焉，则就之。其尊德乐道，不如是，不足与有为也。

——《孟子·公孙丑下》

【译文】想大有作为的君主一定有不能召唤的臣子；若有什么事要商量，就亲自到臣子那里去。君主应尊崇道德，乐行仁政，如果不这样，便不值得与他有所作为。

［32］上有好者，下必有甚焉者矣。

——《孟子·滕文公上》

【译文】在上位的有什么爱好，下面的人一定爱好得更厉害。

[33] 民事不可缓也。

——《孟子·滕文公上》

【译文】关心人民是最为急迫的任务。

[34] 苟无恒心，放辟邪侈，无不为已。及陷乎罪，然后从而刑之，是罔民也。

——《孟子·滕文公上》

【译文】假如没有一定的道德观念和行为准则，就会胡作非为，违法乱纪，什么事都干得出来。等到人民犯了罪，然后加以处罚，这等于陷害百姓。

[35] 无君子，莫治野人；无野人，莫养君子。

——《孟子·滕文公上》

【译文】没有官吏，便没有人治理劳动人民；没有劳动人民，也没有人养活官吏。

[36] 劳心者治人，劳力者治于人；治于人者食人，治人者食于人，天下之通义也。

——《孟子·滕文公上》

【译文】脑力劳动者统治人，体力劳动者被人统治；被统治者养活别人，统治者靠别人养活，这是通行天下的共同原则。

[37]分人以财谓之惠，教人以善谓之忠，为天下得人者谓之仁。是故以天下与人易，为天下得人难。

——《孟子·滕文公上》

【译文】把钱财分给别人叫做“惠”，把好的道理教给别人叫做“忠”，替天下物色出色人才叫做“仁”。把天下让给别人比较容易，为天下物色出色人才却比较困难。

[38]吾闻用夏变夷者，未闻变于夷者也。

——《孟子·滕文公上》

【译文】我听说过用华夏文明来改变落后民族的，没听说过用落后民族来改变华夏文明的。

[39]夫物之不齐，物之情也；或相倍蓰，或相什伯，或相千万。子比而同之，是乱天下也。

——《孟子·滕文公上》

【译文】各种东西的品种质量不一致，这是常情。它们的价格，有的相差一倍五倍，有的相差十倍百倍，有的相差千倍万倍；你（指许行）使它们完全一致，就是扰乱天下。

[40] 孔子惧，作《春秋》。《春秋》，天子之事也；是故孔子曰："知我者其惟《春秋》乎！罪我者其惟《春秋》乎！"

——《孟子·滕文公下》

【译文】孔子感到忧虑，作了《春秋》这部历史书。著作历史，有所褒贬，这本是天子的职权，但孔子不得已做了。所以孔子说："了解我，怕就在于《春秋》这部著作吧！责骂我，也怕就在于《春秋》这部著作吧！"

[41] 天下之生久矣，一治一乱。

——《孟子·滕文公下》

【译文】人类社会产生很久了，太平一阵子，动乱一阵子。

[42] 昔者禹抑洪水而天下平，周公兼

夷狄，驱猛兽而百姓宁，孔子成《春秋》而乱臣贼子惧。

——《孟子·滕文公下》

【译文】从前大禹制服了洪水，天下才太平；周公兼并了夷狄，赶走了野兽，百姓才得到安宁；孔子著《春秋》，叛乱的臣子、不孝的子孙才有所害怕。

[43] 尧舜之道，不以仁政，不能平治天下。

——《孟子·离娄上》

【译文】即使有尧舜之道，如果不实行仁政，也不能管理好天下。

[44]徒善不足以为政，徒法不能以自行。

——《孟子·离娄上》

【译文】光有好心，不足以治理国家；光有好法律，自己也不能实施。好心和好法律必须配合而行。

[45]惟仁者宜在高位。不仁而在高位，是播其恶于众也。

——《孟子·离娄上》

【译文】只有仁人应该居于统治地位。不仁的人居于统治地位，是把他的罪恶传播给百姓。

[46]责难于君谓之恭，陈善闭邪谓之敬，吾君不能谓之贼。

——《孟子·离娄上》

【译文】用仁政要求君主叫做“恭”；向君主讲说仁义，堵塞异端，叫做“敬”；君主不能行善仁政，就叫做“贼”。

[47]欲为君，尽君道；欲为臣，尽臣道。二者皆法尧舜而已矣。

——《孟子·离娄上》

【译文】作为君主，就要尽君主之道；作为臣子，就要尽臣子之道。二者都取法尧舜就可以了。

[48]暴其民甚，则身弑国亡；不甚，则身危国削，名之曰“幽”、“厉”，虽孝子慈孙，百世不能改也。

——《孟子·离娄上》

【译文】对百姓太残暴，就会有身死国亡的下场；不太残暴，也会自身难保，国力削弱，死了谥号就叫做“幽”、“厉”，即使有孝子贤孙，经历百代也不能更改。

[49] 三代之得天下也以仁，其失天下也以不仁。国之所以废兴存亡者亦然。

——《孟子·离娄上》

【译文】夏、商、周三代获得天下是由于仁，他们失去天下是由于不仁。国家的兴盛和衰败、生存和灭亡也是由于这个道理。

[50] 人有恒言，皆曰“天下国家”。天下之本在国，国之本在家，家之本在身。

——《孟子·离娄上》

【译文】人们有一句俗话，都说“天下国家”。天下的基础是国，国的基础是家，家的基础是个人。

[51]太甲曰:“天作孽,犹可违;自作孽,不可活。”此之谓也。

——《孟子·离娄上》

【译文】《尚书·太甲》说过：“上天作孽还可以逃开；自己作孽，那就不可活了。”说的正是这个意思。

[52] 一国之所慕，天下慕之；故沛然

德教溢乎四海。

——《孟子·离娄上》

【译文】一国的人所敬慕的，天下人都会敬慕，因此充沛的德政就会洋溢于四海。

[53] 天下有道，小德役大德，小贤役大贤；天下无道，小役大，弱役强。

——《孟子·离娄上》

【译文】天下有道，道德不高尚的人被道德高尚的人役使，不太贤能的人被非常贤能的人役使；天下无道，力量小的被力量大的役使，弱的被强的役使。

[54] 夫人必自侮，然后人侮之；家必自毁，而后人毁之；国必自伐，而后人伐之。

——《孟子·离娄上》

【译文】人必先有自取侮辱的行为，别人才侮辱他；家庭必先有自取毁灭的因素，别人才毁灭它；国家必定先有自取讨伐的因素，别人才讨伐它。

[55] 桀纣之失天下也，失其民也；失其民者，失其心也。

——《孟子·离娄上》

【译文】夏桀和殷纣丧失天下，是由于失去了百姓的支持；他们失去百姓的支持，是由于失去了民心。

[56] 得天下有道：得其民，斯得天下矣。得其民有道：得其心，斯得民矣。得其心有道：所欲与之聚之，所恶勿施尔也。

——《孟子·离娄上》

【译文】获得天下有方法：获得百姓的支持，就可以获得天下。获得百姓的支持有方法：获得民心，就可以获得百姓的支持。获得民心有方法：百姓所希望的，替他们聚积起来；他们所厌恶的，不要强加给他们。

[57] 为渊驱鱼者，獭也；为丛驱爵者，鹯也；为汤武驱民者，桀与纣也。

——《孟子·离娄上》

【译文】把鱼赶往深渊的是水獭，把鸟雀赶往森林的是鹞鹰，把百姓赶到商汤、周武王这边来的是夏桀和殷纣。

[58] 道在迩而求诸远，事在易而求诸难：

人人亲其亲、长其长，而天下平。

——《孟子·离娄上》

【译文】道在近处却往远处求，事情很容易却往难处做——只要人人亲爱自己的双亲，尊敬自己的长辈，天下就太平了。

[59] 争地以战，杀人盈野；争城以战，杀人盈城，此所谓率土地而食人肉，罪不容于死。

——《孟子·离娄上》

【译文】为争夺土地而战，杀死的人遍野；为争夺城池而战，杀死的人满城，这就是为了土地来吃人肉，死刑都不足以容赎他们的罪过。

[60] 惟大人为能格君心之非。君仁，莫不仁；君义，莫不义；君正，莫不正。一正君而国定矣。

——《孟子·离娄上》

【译文】只有大人能纠正君主的不正确思想。君主仁，没有人不仁；君主义，没有人不义；君主正，没有人不正。一旦端正了君主，国家也就安定了。

[61] 君子平其政，行辟人可也，焉得人人而济之？故为政者，每人而悦之，日亦不足矣。

——《孟子·离娄下》

【译文】 君主只要把政治搞好，一出行，鸣锣开道都可以，哪里能一个一个地帮助别人呢？如果主政的人，要使每个人高兴，时间也就不够用了。

[62] 君之视臣如手足，则臣视君如腹心；君之视臣如犬马，则臣视君如国人；君之视臣如土芥，则臣视君如寇雠。

——《孟子·离娄下》

【译文】 君主把臣下看做自己的手脚，那么臣下就会把君主看做自己的心腹；君主把臣下看做狗马，那么臣下就会把君主看做一般人；君主把臣下看做泥土草芥，那么臣下就会把君主看做仇敌。

[63] 汤执中，立贤无方。

——《孟子·离娄下》

【译文】 商汤坚持中正之道，举拔任用贤人却不拘泥于常规。

[64] 以善服人者，未有能服人者也；以善养人，然后能服天下。天下不心服而王者，未之有也。

——《孟子·离娄下》

【译文】用善使人服输的人，没有能使人服输的；用善熏陶教养人，然后才能使天下的人都归服。天下人不心服却能统一天下，是从来没有过的事。

[65] 君子之泽五世而斩，小人之泽五世而斩。

——《孟子·离娄下》

【译文】君子和小人的流风余韵五代以后都会断绝。

[66] 仁人之于弟也，不藏怒焉，不宿怨焉，亲爱之而已矣。亲之，欲其贵也；爱之，欲其富也。封之有庳，富贵之也。

——《孟子·万章上》

【译文】仁人对于弟弟，不把忿怒藏于心中；不把怨恨留在胸中，只是亲他爱他罢了。亲他，便要使他高贵；爱他，便要使他富有。舜把有庳封给他的弟弟象，正是要使他又富又贵。

[67] 舜流共工于幽州，放驩兜于崇山，杀三苗于三危，殛鲧于羽山：四罪而天下咸服，诛不仁也。

——《孟子·万章上》

【译文】舜把共工流放到幽州，把驩兜发配到崇山，把三苗驱逐到三危，把鲧杀死在羽山。惩处了这四大罪犯，天下便归服了，就因为惩处了不仁的人。

[68] 天子能荐人于天，不能使天与之天下；诸侯能荐人于天子，不能使天子与之诸侯；大夫能荐人于诸侯，不能使诸侯与之大夫。

——《孟子·万章上》

【译文】天子能向天推荐人，却不能强迫天把天下给予他；诸侯能向天子推荐人，却不能强迫天子把诸侯的地位给予他；大夫能向诸侯推荐人，却不能强迫诸侯把大夫的职位给予他。

[69] 欲见圣人而不以其道，犹欲其人而闭之门也。

——《孟子·万章下》

【译文】想谒见圣人，却不依循规矩礼节，就好比想请他进来却关上大门一样。

[70] 为人臣者怀利以事其君，为人子者怀利以事其父，为人弟者怀利以事其兄，是君臣、父子、兄弟终去仁义。怀利以相接，然而不亡者，未之有也。

——《孟子·告子下》

【译文】做臣属、做儿子和做弟弟的怀抱着谋利的观念来服侍君主、父亲和哥哥，这就会使君臣之间、父子之间、兄弟之间都完全失掉仁义。怀抱着谋利的观念相互对待，国家不灭亡，是从来没有的事情。

[71] 为人臣者怀仁义以事其君，为人子者怀仁义以事其父，为人弟者怀仁义以事其兄，是君臣、父子、兄弟去利，怀仁义以相接也，然而不王者，未之有也。

——《孟子·告子下》

【译文】做臣属、做儿子和做弟弟的怀抱着仁义之心来服侍君主、父亲和哥哥，这就会使君臣之间、父子之间、兄弟之间完全去掉利的观念。怀抱仁义相互对待，这样不统一天下，也是没有的事情。

[72] 五霸者，三王之罪人也；今之诸侯，五霸之罪人也；今之大夫，今之诸侯之罪人也。

——《孟子·告子下》

【译文】春秋五霸，对夏禹、商汤、周文王三王来说，是有罪之人；现在的诸侯对五霸来说，又是有罪之人；现在的大夫对现在的诸侯来说，也是有罪之人。

[73] 舜发于畎亩之中，傅说举于版筑之间，胶鬲举于鱼盐之中，管夷吾举于士，孙叔敖举于海，百里奚举于市。

——《孟子·告子下》

【译文】舜从田野之中发迹，傅说从筑墙的奴隶中被提拔起来，胶鬲从贩卖鱼盐的人群中被举荐出来，管夷吾从狱官的手中被释放而举荐出来，孙叔敖从隐居的海边被举荐出来，百里奚从买卖场所被举荐出来。

[74] 以佚道使民，虽劳不怨；以生道杀民，虽死不怨杀者。

——《孟子·尽心上》

【译文】用使百姓安逸的原则来役使百姓，百姓虽然劳苦也不怨恨；用使百姓生存的原则来杀人，那人虽然被杀死，也不会怨恨杀他的人。

［75］霸者之民驩虞如也；王者之民皞皞如也。

——《孟子·尽心上》

【译文】霸主功业显著，百姓欢喜快乐；圣王功德浩荡，百姓心情舒畅。

［76］夫君子所过者化，所存者神，上下与天地同流，岂曰小补之哉？

——《孟子·尽心上》

【译文】圣人所经之处，人们受到感化；圣人停留之处，所起的作用更是神秘莫测；上与天，下与地同时运转，难道只是小小的补益吗？

［77］仁言不如仁声之入人深也，善政不如善教之得民也。善政，民畏之；善教，民爱之。善政得民财，善教得民心。

——《孟子·尽心上》

【译文】仁德的言语不如仁德的音乐深入人心，好的政治不如好的教化得民心。好的政治，百姓害怕它；

好的教化，百姓喜爱它。好的政治能得到百姓的财富，好的教化能得到百姓的心。

[78]易其田畴，薄其税敛，民可使富也。食之以时，用之以礼，财不可胜用也。

——《孟子·尽心上》

【译文】搞好农业，减轻赋税，可以使百姓富裕。按时食用，依礼使用，财富会用之不尽。

[79]圣人治天下，使有菽粟如水火。菽粟如水火，而民焉有不仁者乎？

——《孟子·尽心上》

【译文】圣人治理天下，要使粮食如水火一样充足。粮食如水火一样充足，百姓哪有不仁爱的呢？

[80]尧舜，性之也；汤武，身之也；五霸，假之也。久假而不归，恶知其非有也。

——《孟子·尽心上》

【译文】尧舜施行仁政，是出于本性；商汤和周武王，是身体力行；五霸是假借仁义。但是，假借久了，总不归还，你怎么知道他不弄假成真据为己有呢？

[81] 仁者以其所爱及其所不爱，不仁者以其所不爱及其所爱。

——《孟子·尽心下》

【译文】仁人把自己所喜爱的恩德推而及于他所不爱的人，不仁者却把自己所不喜爱的祸害推而及于他所喜爱的人。

[82]春秋无义战。彼善于此，则有之矣。征者，上伐下也，敌国不相征也。

——《孟子·尽心下》

【译文】春秋时代没有正义战争。那一国的君主比这一国的君主好一点，那是有的。但是征讨的意思是上级讨伐下级，同等级的国家不能互相征讨。

[83] 国君好仁，天下无故焉。

——《孟子·尽心下》

【译文】一国的君主如果喜爱仁德，就会天下无敌。

[84] 征之为言正也，各欲正己也，焉用战？

——《孟子·尽心下》

【译文】征的意思是正，各人都想端正自己，哪里用得着战争呢?

[85] 吾今而后知杀人亲之重也:杀人之父,人亦杀其父;杀人之兄,人亦杀其兄。然则非自杀之也,一间耳。

——《孟子·尽心下》

【译文】 我今天才知道杀戮别人的亲人报复多重了:杀别人的父亲或哥哥,别人也会杀他的父亲或哥哥。虽然父亲和哥哥不是自己杀的,但也相差不多。

[86] 不信仁贤,则国空虚。无礼义,则上下乱。无政事,则财用不足。

——《孟子·尽心下》

【译文】 不信任仁德贤能的人,国家就会空虚;没有礼义,上下的关系就会混乱;没有好的政治,国家的财用就会不足。

[87] 不仁而得国者,有之矣;不仁而得天下,未之有也。

——《孟子·尽心下》

【译文】 不仁而能得到一个国家的,有这样的事;不仁而能得到天下的，这样的事不曾有过。

[88] 民为贵，社稷次之，君为轻。是故得乎丘民而为天子，得乎天子为诸侯，得乎诸侯为大夫。

——《孟子·尽心下》

【译文】百姓最重要，社稷为次，君主为轻。所以得到百姓的欢心便做天子，得到天子的欢心可以做诸侯，得到诸侯的欢心可以做大夫。

[89] 圣人，百世之师也，伯夷、柳下惠是也。

——《孟子·尽心下》

【译文】圣人是百代的老师，伯夷和柳下惠便是这样的人。

[90] 有布缕之征，粟米之征，力役之征。君子用其一，缓其二。用其二而民有殍，用其三而父子离。

——《孟子·尽心下》

【译文】有征收布帛的赋税，有征收谷米的赋税，有征发人力的徭役。君子在这三者之中，采用一种，那两种便暂时不用。如果同时用两种，百姓便有饿死的；如果同时用三种，那父子之间也不能互相照顾了。

[91] 诸侯之宝三：土地、人民、政事。宝珠玉者，殃必及身。

——《孟子·尽心下》

【译文】诸侯的宝贝有三样：土地、百姓、政事。以珍珠美玉为宝贝的，祸害一定会降临到他的身上。

《老子》

[1]不尚贤，使民不争；不贵难得之货，使民不为盗；不见可欲，使民心不乱。

——《老子·第三章》

【译文】不崇尚奇才异能，使人民不争夺；不珍贵难得的财货，使人民不为盗行窃；不显露可以诱惑欲望的事物，使人民不乱性妄为。

[2]圣人之治，虚其心，实其腹，弱其志，强其骨。常使民无知无欲。使夫智者不敢为也。为无为，则无不治。

——《老子·第三章》

【译文】圣人治理国家，在于使人们清心寡欲，生活富足，志气柔弱，骨骼强壮。常常使人们没有知识，没有欲望；使那些聪明人不敢有所作为。施行自然无为的法则治国理民，那么就是无所不治的大治了。

[3] 天地不仁，以万物为刍狗；圣人不仁，以百姓为刍狗。

——《老子·第五章》

【译文】天地无所谓仁慈，对待万物像对待刍狗一样；圣人也无所谓仁慈，对待百姓也像对待刍狗一样。（注：刍狗意为用草扎成的狗，祭祀时使用。）

[4] 天地之间，其犹橐籥乎？虚而不屈，动而愈出。

——《老子·第五章》

【译文】天地之间，不正像个风箱一样吗？越空虚越不会穷竭，越鼓动风量越大。

[5] 多言数穷，不如守中。

——《老子·第五章》

【译文】议论太多，往往失败，还不如保持虚静。

[6] 爱民治国，能无为乎？

——《老子·第十章》

【译文】爱护人民，治理国家，能自然无为吗？

[7] 太上，不知有之；其次，亲而誉之；

其次，畏之；其次，侮之。信不足焉，有不信焉。

——《老子·第十七章》

【译文】最好的统治者，人们不知道他的存在；次一等的统治者，人们爱戴他、赞誉他；更次的统治者，人们害怕他；最下等的统治者，人们辱骂他。诚信不足，人们就会不信任他。

[8]悠兮其贵言。功成事遂，百姓皆谓：我自然。

——《老子·第十七章》

【译文】最好的统治者总是深思熟虑，不轻易发表意见。功勋建立了，事业完成了，百姓们都说：我们本来就是如此。

[9]国家昏乱，有忠臣。

——《老子·第十八章》

【译文】国家政治昏乱，才有所谓的忠臣。

[10]执古之道，以御今之有。能知古始，是谓道纪。

——《老子·第十四章》

【译文】把握早已存在的道，来驾驭现在的具体事物。能够知道远古的原始状态，这就叫做道的规律。

［11］绝圣弃智，民利百倍；绝仁弃义，民复孝慈；绝巧弃利，盗贼无有。此三者以为文，不足。故令有所属：见素抱朴，少私寡欲，绝学无忧。

——《老子·第十九章》

【译文】灭绝聪明，抛弃智慧，人民将获得百倍利益；抛弃仁德，丢开义理，人民将会回到原有的孝慈；摈弃巧诈，去掉私利，盗贼才能绝迹。这三句话，作为原则还不够，所以要使百姓的行动有所遵循：那就是表现单纯，心存淳朴，减少私心，降低欲望，抛弃学问，免除忧患。

［12］飘风不终朝，骤雨不终日。孰为此者？天地。天地尚不能久，而况于人乎？

——《老子·第二十三章》

【译文】狂风刮不了一个早晨，暴雨下不了一整天。是谁造成这一切的呢？是天地。天地的狂暴行为尚且不能持久，更何况是人呢？

[13] 从事于道者，同于道；德者，同于德；失者，同于失。同于道者，道亦乐得之；同于德者，德亦乐得之；同于失者，失亦乐得之。

——《老子·第二十三章》

【译文】归附于道的人就与道同一，归依于德的人就与德同一，归依于丧失道德的人就与丧失道德同一。与道同一的人，道也乐意得到他；与德同一的人，德也乐意得到他；与丧失道德同一的人，同样也乐意得到他。

[14] 朴散则为器，圣人用之，则为官长，故大制不割。

——《老子·第二十八章》

【译文】浑朴的大道分解、离散就成为各种器物，圣人利用“朴散为器”的规律设立百官，加强管理。所以，聪明的统治者不割裂大道。

[15] 将欲取天下而为之，吾见其不得已。天下神器，不可为也，不可执也。为者败之，执者失之。是以圣人无为，故无败；无执，故无失。

——《老子·第二十九章》

【译文】谁要想占有天下而且按照自己的意志去治理它，我看他是不能达到目的的。天下，这个神圣的东西，是不可以随便去摆弄的。谁勉强去摆弄，谁就会把天下搞乱；谁想把持下去，谁就会丧失天下。因此圣人无所作为，所以不会失败；不据为己有，所以不会丧失。

[16] 夫物或行或随；或嘘或吹；或强或羸；或载或隳。是以圣人去甚，去奢，去泰。

——《老子·第二十九章》

【译文】世间各种事物，有的前进，有的后退；有的呼吸，有的屏息；有的强壮，有的衰弱；有的生长，有的损毁。因此圣人去掉过分，去掉奢侈，去掉骄纵。

[17] 以道佐人主者，不以兵强天下。其事好还。

——《老子·第三十章》

【译文】用大道辅佐君主的人，不凭借兵力征服天下，用兵力征服容易招致报应。

[18] 师之所处，荆棘生焉。大军之后，

必有凶年。

——《老子·第三十章》

【译文】军队所到之处往往荆棘丛生。大战之后，必有荒年。

[19] 夫兵者，不祥之器，物或恶之，故有道者不处。

——《老子·第三十一章》

【译文】军队是不祥的东西，众人都厌恶它，所以有道的人不使用。

[20] 君子居则贵左，用兵则贵右。

——《老子·第三十一章》

【译文】君子平时以谦卑为贵，用兵打仗则以勇敢为贵。

[21] 兵者不祥之器，非君子之器，不得已而用之，恬淡为上。

——《老子·第三十一章》

【译文】军队是不吉祥的东西，不是君子所使用的东西，迫不得已才使用它，最好要淡然处之。

[22] 胜而不美，而美之者，是乐杀人。夫乐杀人者，则不可得志于天下矣。

——《老子·第三十一章》

【译文】胜利了也不要得意洋洋，如果得意洋洋，就是喜欢杀人。喜欢杀人的人，就不能实现统治天下的心愿了。

[23] 善有果而已，不敢以取强。果而勿矜，果而勿伐，果而勿骄，果而不得已，果而勿强。

——《老子·第三十章》

【译文】善于用兵的人，取得胜利、成功就行了，不敢凭借兵力逞强。胜利而不骄傲，胜利而不自高自大，胜利而不夸耀。胜利要认为这是出于不得已，胜利而不逞强。

[24] 吉事尚左，凶事尚右。偏将军居左，上将军居右，言以丧礼处之。杀人之众，以悲哀泣之；战胜以丧礼处之。

——《老子·第三十一章》

【译文】吉庆的事情以左边为上，凶丧的事情以右边为上。偏将军居于战阵的左方，上将军居于战阵的右方，这就是说，要以参加丧礼的心情来参加战争。战争杀人众多，要以悲痛的心情来对待；打了胜仗，也要用丧礼的仪式来处理。

[25]道常无名，朴。虽小，天下莫敢臣。侯王若能守之，万物将自宾。

——《老子·第三十二章》

【译文】道永远没有名称，好像未经雕琢的素材。它的本性虽然幽深微妙，可是天下没有谁敢支配它。侯王们如能遵守它，万物将会自动服从。

[26]始制有名，名亦既有，夫亦将知止，知止可以不殆。

——《老子·第三十二章》

【译文】万物兴作就产生了各种名称，各种名称已经制定了，就应该知道有个限度，知道有限度，就可以避免危险。

[27]道常无为而无不为。侯王若能守之，万物将自化。化而欲作，吾将镇之以无名之朴。

——《老子·第三十七章》

【译文】道永远是顺应自然的，然而没有一件事不是它干的。侯王如果能遵守它，万物都会自然变化。万物在变化中产生私欲，我将用没有名称的道来镇住它。

[28] 镇之以无名之朴，夫将无欲。不欲以静，天下将自正。

——《老子·第三十七章》

【译文】用没有名称的道来镇住私欲，就不会产生私欲。不产生私欲就可以宁静，天下就自然安定。

[29] 侯王得一，以为天下正。

——《老子·第三十九章》

【译文】王侯们得到纯正的一，因而做天下的首领。

[30] 天下有道，却走马以粪。天下无道，戎马生于郊。

——《老子·第四十六章》

【译文】国家政治清明，人民赶着战马去种田。国家政治昏乱，连怀胎的母马也用来作战。

[31] 大道甚夷，而人好径。朝甚除，

田甚芜，仓甚虚；服文采，带利剑，厌饮食，财货有余；是谓盗夸。非道也哉！

——《老子·第五十三章》

【译文】大道很平坦，可是有些人总爱走偏斜的小路。朝政腐败极了，弄得农田很荒芜，仓库很空虚；王侯们穿着华丽的衣服，佩带着锋利的宝剑，吃厌了山珍海味，搜刮足够的财富；这就叫强盗首领。多么的无道呀！

[32] 以正治国，以奇用兵，以无事取天下。

——《老子·第五十七章》

【译文】用光明正大的方法来治国，用出奇制胜的战术来作战，用以静制动的策略夺取天下。

[33] 天下多忌讳，而民弥贫；人多利器，国家滋昏；人多伎巧，奇物滋起；法令滋彰，盗贼多有。

——《老子·第五十七章》

【译文】天下的忌讳越多，人民就越贫穷；人间的锐利武器越多，国家就越昏乱；人们的技巧越多，稀奇古怪的事就闹得越凶；法令规章越森严，盗贼反而不断地增加。

[34] 我无为，而民自化；我好静，而民自正；我无事，而民自富；我无欲，而民自朴。

——《老子·第五十七章》

【译文】 我无为，而百姓自然感化；我好静，而百姓自然端正；我不搅扰，而百姓自然富足；我没有贪欲，而百姓自然淳朴。

[35] 其政闷闷，其民淳淳；其政察察，其民缺缺。

——《老子·第五十八章》

【译文】 为政宽厚，人民就淳朴；为政苛刻，人民就狡诈。

[36] 治人事天，莫若啬。

——《老子·第五十九章》

【译文】 治理人民和侍奉上天，没有什么比节约更重要。

[37] 夫唯啬，是谓早服；早服谓之重积德；重积德则无不克；无不克则莫知其极；莫知其极可以有国；有国之母，可以长久；是谓深根固柢，长生久视之道。

——《老子·第五十九章》

【译文】要节约、积蓄力量，就应该早做准备；早做准备就是不断地积德；不断地积德就没有什么不能战胜的；没有什么不能战胜的就无法估计他的力量；无法估计他的力量，就可以担负保护国家的责任。掌握了治理国家的道理，就可以长久维持；这就是根深柢固、永远长存的道理。

[38] 治大国，若烹小鲜。

——《老子·第六十章》

【译文】治理大国，好像煎小鱼那样，不能常常去翻动它。

[39] 以道莅天下，其鬼不神；非其鬼不神，其神不伤人；非其神不伤人，圣人亦不伤人。夫两不相伤，故德交归焉。

——《老子·第六十章》

【译文】用道来统治天下，那些鬼怪就不能显示灵验；不但鬼怪不灵验，神也不伤害人；不但神不伤害人，圣人也不伤害人。这样，由于两者都不伤害人，所以他们的德就相互结合在一起了。

[40] 大邦者下流，天下之牝，天下之交也。牝常以静胜牡，以静为下。

——《老子·第六十一章》

【译文】大国要像处于江河的下流，处于天下柔雌的位置，是天下交合的地方。柔雌常以柔静胜过雄强，是因为柔静而又能处下的缘故。

[41] 大邦以下小邦，则取小邦；小邦以下大邦，则取大邦。故或下以取，或下而取。

——《老子·第六十一章》

【译文】大国对小国谦下，就能取得小国的信任，小国从而依附大国；小国对大国谦下，就能被大国信任，从而被大国接纳。所以有的因为谦下取得信任，有的因为谦下而被信任。

[42] 大邦不过欲兼畜人，小邦不过欲

入事人。夫两者各得所欲，大者宜为下。

——《老子·第六十一章》

【译文】大国不过想领导小国，小国不过想要依靠大国。这样大国小国都满足了自己的愿望，做大国的理应谦下。

[43] 古之善为道者，非以明民，将以愚之。

——《老子·第六十五章》

【译文】自古以来善于推行大道的人，不是教人民精明，而是使人民淳朴。

[44] 民之难治，以其智多。故以智治国，国之贼；不以智治国，国之福。知此两者，亦稽式。常知稽式，是谓玄德。玄德深矣，远矣，与物反矣，然后乃至大顺。

——《老子·第六十五章》

【译文】人民所以难治，就是因为他们多有智巧。所以用智巧去治理国家，那是国家的灾祸；不用智巧治理国家，那就是国家的福祉。了解这两种治国方式的差别就是一个法则。经常认识这个法则，就是玄德。玄德好深好远啊，与事物回归到真朴，然后才能顺应自然。

[45] 欲上民，必以言下之；欲先民，必以身后之。

——《老子·第六十六章》

【译文】要想统治人民，必须用自己的言辞对人民表示谦下；要想领导人民，必须把自己的利益放在人民的后面。

[46] 圣人处上而民不重，处前而民不害。是以天下乐推而不厌。以其无争，故天下莫能与之争。

——《老子·第六十六章》

【译文】圣人居于上位而人民不感到有负担，居于前面而人民不感到受害。所以天下人都乐意推举他而不感到厌烦。因为他不跟人争，所以天下没有人能和他争。

[47] 夫慈，以战则胜，以守则固。天将救之，以慈卫之。

——《老子·第六十七章》

【译文】慈善这件法宝，用于战争，就能胜利，用于守卫，就能稳固。老天要帮助谁，就用慈善来保护谁。

[48] 善为士者，不武；善战者，不怒；善胜敌者，不与；善用人者，为之下。是谓不争之德，是谓用人之力，是谓配天古之极。

——《老子·第六十八章》

【译文】善于统兵的人不轻易动武；善于打仗的人不容易被人激怒；善于战胜敌人的人不轻易与人交战；善于用人的人对人很谦虚。这就叫不与人相争的美德，这就叫善于利用别人的力量，这就叫符合自然的道理。

[49] 用兵有言：吾不敢为主，而为客；不敢进寸，而退尺。是谓行无行，攘无臂，扔无敌，执无兵。

——《老子·第六十九章》

【译文】善于用兵的人曾有这样的议论：我不敢采取先发制人的主动攻势而采取后发制敌的被动守势；不敢前进一寸而宁愿后退一尺。这就是说后发制敌要布阵于敌军所不布，要攻击敌人所不备，要摧敌于敌军之轻敌和空虚，要擒敌于敌军所不防。

[50] 祸莫大于轻敌，轻敌几丧吾宝。

——《老子·第六十九章》

【译文】用兵的灾祸没有什么比轻敌更大了，轻敌几乎葬送国家、军队、百姓这些国宝。

[51] 抗兵相若，哀者胜矣。

——《老子·第六十九章》

【译文】两军对抗，实力相当的情况下，悲愤的一方一定是获得胜利的一方。

[52] 民不畏威，则大威至。

——《老子·第七十二章》

【译文】人民不害怕统治者的威力，那么更大的祸乱就要发生了。

[53] 无狎其所居，无厌其所生。夫唯不厌，是以不厌。

——《老子·第七十二章》

【译文】不要逼迫人民的居所，不要压榨人民的血汗。只有不压榨人民，人民才不厌恶统治者。

[54] 民不畏死，奈何以死惧之?

——《老子·第七十四章》

【译文】人民不怕死，为什么要用死去恐吓他们?

[55] 若使民常畏死，而为奇者，吾得执而杀之，孰敢?

——《老子·第七十四章》

【译文】如果让百姓总是畏惧死亡，把那些敢于捣乱的人，抓起来杀掉，谁还敢捣乱?

[56] 常有司杀者杀。夫代司杀者杀，是谓代大匠斫，夫代大匠斫者，希有不伤其手矣。

——《老子·第七十四章》

【译文】经常有专管杀人的人去执行杀人的任务。那些代替专管杀人的人去杀人，就是所说的代替高明的木匠去砍木头。那些代替高明的木匠去砍木头的人，很少有不砍伤自己手的。

[57] 民之饥，以其上食税之多，是以饥。

——《老子·第七十五章》

【译文】人民之所以挨饿，是因为他们的统治者收税太多，所以挨饿。

[58] 民之难治，以其上之有为，是以难治。

——《老子·第七十五章》

【译文】人民之所以难于统治，是因为他们的统治者妄作妄为，所以难于统治。

[59] 民之轻死，以其上求生之厚，是以轻死。

——《老子·第七十五章》

【译文】人民之所以铤而走险，是因为他们的统治者过分追求享受，所以逼得人民铤而走险。

[60] 受国之垢，是谓社稷主；受国不祥，是为天下王。

——《老子·第七十八章》

【译文】承担起国家的污辱，才配称国家的君主；承担起国家的灾难，才配做天下的君王。

[61] 甘其食，美其服，安其居，乐其俗。邻国相望，鸡犬之声相闻，民至老死，

不相往来。

——《老子·第八十章》

【译文】人们觉得自己的食物很香甜，觉得自己的衣服很华美，觉得自己的住所很安适，觉得本地的风俗很称心。邻国之间互相眺望，鸡狗啼叫的声音相互听得见，而人民直到老死，也不相互往来。

[62]小国寡民。使有什伯之器而不用；使民重死而不远徙。虽有舟舆，无所乘之；虽有甲兵，无所陈之。使民复结绳而用之。

——《老子·第八十章》

【译文】国土狭小人民稀少。使人民有各种工具，却并不使用；使人民爱惜生命不肯向远处迁移。虽然有船只车辆，却没有必要一定去乘坐；虽然有铠甲武器，却没有机会去陈列。使人民回复到结绳记事的淳朴时代。

[63]和大怨，必有余怨；报怨以德，安可以为善？

——《老子·第七十九章》

【译文】调解深重的怨恨，必然还有余留的怨恨；用德来报答怨恨，这怎能算是妥善的办法呢？

《荀子》

[1] 人主不务得道，而广有其势，是其所以危也。

——《荀子·仲尼》

【**译文**】君主不致力于得到道义，而扩张他的势力，这就是他的国家危险的原因。

[2] 明主谲德而序位，所以为不乱也；忠臣诚能然后敢受职，所以为不穷也。

——《荀子·儒效》

【**译文**】明君根据人的德行按次序授予一定的官位，是为了等级名分不乱；忠臣确实有才能，然后才敢于接受所任的职位，是为了使自己不陷入困窘。

[3] 分不乱于上，能不穷于下，治辩之极也。

——《荀子·儒效》

【译文】君主安排等级名分不混乱，臣子按能力接受官职不陷入困窘，这就是治理政事的最高境界了。

[4] 礼者，人主之所以为群臣寸、尺、寻、丈检式也。

——《荀子·儒效》

【译文】礼，是君主用来衡量群臣优劣的尺度和标准。

[5] 贤能不待次而举，罢不能不待须而废，元恶不待教而诛，中庸不待政而化。

——《荀子·王制》

【译文】有德有才的人要破格任用，懦弱无能的人要立即罢免，首恶分子不用进行教育就应处死，普通老百姓不用经过治理就可以感化。

[6] 以类行杂，以一行万。始则终，终则始，若环之无端也，舍是而天下以衰矣。

——《荀子·王制》

【译文】用各类事物的总原则来统率纷杂的事物，用礼义这个一贯的原则来统率万物。起点就是终点，终点便是起点，好比一个圆环首尾衔接没有终点。

如果舍弃这一原则，天下就会因此衰乱。

[7] 听政之大分：以善至者待之以礼，以不善至者待之以刑。

——《荀子·王制》

【译文】处理政事的关键在于：用礼节对待那些道德高尚的人，用刑罚对待那些道德卑下的人。

[8] 公平者，听之衡也；中和者，听之绳也。其有法者以法行，无法者以类举，听之尽也。

——《荀子·王制》

【译文】公平是处理政事的标准，宽严得当是处理政事的准绳。有法令规定的事情，要依法去办理；没有法令规定的事情，要按照法令以类相推去处理，这是处理政事最好的办法。

[9] 分均则不偏，执齐则不一，众齐则不使。

——《荀子·王制》

【译文】名分相等，就会不分上下而无法统属；权势地位相同，就不可能统一；大家地位都一样，就谁也不能役使谁了。

[10] 有良法而乱者，有之矣；有君子而乱者，自古及今，未尝闻也。

——《荀子·王制》

【译文】有好的法令而政治混乱，这种情况是存在的；有了君子而政治混乱，这种情况从古到今，还不曾听说过。

[11] 君人者，欲安，则莫若平政爱民矣；欲荣，则莫若隆礼敬士矣；欲立功名，则莫若尚贤使能矣。是人君之大节也。

——《荀子·王制》

【译文】作为君主要想王位坐得安稳，没有比改善政治，爱护人民更好的；要想国家强盛而有声望，没有比尊崇礼义、敬重有才能的士人更好的；要想建功立业，没有比推崇道德高尚的人、任用有才能的人更好的。这些是君主治国的重要原则。

[12] 修礼者王，为政者强，取民者安，聚敛者亡。

——《荀子·王制》

【译文】能实行礼义的君主，才能一统天下；善于处理政事的人能使国家强大；能获得民心的君主可使国家安定；搜刮民财的君主必然灭亡。

[13] 王者富民，霸者富士，仅存之国富大夫，亡国富筐箧，实府库。

——《荀子·王制》

【译文】统一天下的君主使人民富足，富国强兵的霸主使有军功的人富足，仅能保存下来的国家使官吏富足，亡国之君中饱私囊，充实国库。

[14] 聚敛者，召寇、肥敌、亡国、危身之道也，故明君不蹈也。

——《荀子·王制》

【译文】聚敛财物，是招致盗寇、养肥敌人、灭亡国家、危及自身的途径。所以明智的君主是不会走这条路的。

[15] 王夺之人，霸夺之与，强夺之地。夺之人者臣诸侯，夺之与者友诸侯，夺之地者敌诸侯。

——《荀子·王制》

【译文】王者争取人心，霸者争取交好邻国，好战的国家夺取别国的土地。争取人心的王者使诸侯臣服，争取友邻国家的霸主与诸侯为友，夺取别国土地的则与诸侯为敌。

[16] 臣诸侯者王，友诸侯者霸，敌诸侯者危。

——《荀子·王制》

【译文】能使诸侯臣服的人就可以称王，与诸侯为友的就可以称霸，与诸侯为敌的国家必然危险。

[17] 知强大者不务强也，虑以王命，全其力，凝其德。

——《荀子·王制》

【译文】懂得强国之道的君主不务求强盛，大抵都以王天下作为自己的使命，极力保全自己的实力，最终完成自己的德业。

[18] 王者之人：饰动以礼义，听断以类，明振毫末，举措应变而不穷，夫是之谓有原。是王者之人也。

——《荀子·王制》

【译文】称王天下的君主，能用礼仪规范约束自己的行动，以法令为准绳处理决断政事，政治的清明使最细微的事物都能发挥其作用，政治措施能随机应变而不至于束手无策，这就叫做懂得政事的根本。这样就是能统一天下的王者。

[19] 王者之论：无德不贵，无能不官，无功不赏，无罪不罚。

——《荀子·王制》

【译文】王者用人的方针是：没有德行的人不使他有显贵的地位，没有才能的人不授予他官职，没有功劳的人不给予奖赏，没有犯罪的人不施加刑罚。

[20] 王者之法：等赋、政事、财万物，所以养万民也。

——《荀子·王制》

【译文】王者的法令：按等级征收赋税，处理好政事，利用万物，用来养育百姓。

[21] 天之所覆，地之所载，莫不尽其美，致其用，上以饰贤良，下以养百姓而安乐之。夫是之谓大神。

——《荀子·王制》

【译文】苍天覆盖的一切，大地负载的一切，没有一样东西不竭尽它们的美妙，对上能用来装饰贤良人的生活，对下能养育百姓，使他们享受安乐。这就叫做天下大治。

[22] 天地者，生之始也；礼义者，治之始也；君子者，礼义之始也。

——《荀子·王制》

【译文】天和地是生命的本源；礼义是治理天下的根本；君子是礼义的创始者。

[23] 为之，贯之，积重之，致好之者，君子之始也。故天地生君子，君子理天地；君子者，天地之参也，万物之总也，民之父母也。

——《荀子·王制》

【译文】实行礼义，贯彻礼义，不断积累礼义，在礼义上达到最为完美的地步，这就是君子的根本。所以，天地生养了君子，君子治理天地。君子能和天地的作用相配合，成为万物的总管，百姓的父母。

[24] 功名之所就，存亡安危之所堕，

必将于愉殷赤心之所。

——《荀子·王制》

【译文】建立功名的关键，造成国家存亡安危的原因，必定要看君主在国家强盛时志向立在什么基点上。

[25] 权谋倾覆之人退，则贤良知圣之士案自进矣。

——《荀子·王制》

【译文】玩弄阴谋诡计和搞颠覆破坏活动的人被清除，那么德才兼备之士就自然被提拔任用。

[26] 足国之道：节用裕民而善臧其余。节用以礼，裕民以政。

——《荀子·富国》

【译文】富国的方法：节约费用，富裕民众，而善于贮藏盈余。用礼制节约费用，用政令富裕民众。

[27] 礼者，贵贱有等，长幼有差，贫富、轻重者皆有称者也。

——《荀子·富国》

【译文】礼制，是指贵贱有一定的等级，长幼有一定的差别，贫富和人民负担的轻重都各得其宜。

[28] 由士以上，则必以礼乐节之；众庶百姓，则必以法数制之。

——《荀子·富国》

【译文】士以上，就用礼仪乐音来节制；群众百姓，就一定要用法和权术来控制。

[29] 赏不行，则贤者不可得而进也；罚不行，则不肖者不可得而退也。

——《荀子·富国》

【译文】奖赏不实行，那么贤人就不能被发现、提升；刑罚不实行，那么不贤的人也不能被发现、被罢免。

[30] 下贫则上贫，下富则上富。

——《荀子·富国》

【译文】百姓贫穷则君主也贫穷，百姓富有则君主也富有。

[31] 仁人之用国，将修志意，正身行，伉隆高，致忠信，期文理。

——《荀子·富国》

【译文】仁人治理国家，就要修磨意志，端正品行，追求高尚，发挥忠信，争取礼义合乎文理。

[32] 国者，天下之制利用也；人主者，天下之利执也。

——《荀子·王霸》

【译文】国家政权，是天下最有力的工具；君主，是天下最有权势地位的。

[33] 人主，天下之利执也，然而不能自安也，安之者必将道也。

——《荀子·王霸》

【译文】君主的地位是天下最有权势的地位，但是不能自动地安定天下，要使天下安定就必须实行正确的治国原则。

[34] 用国者，义立而王，信立而霸，权谋立而亡。

——《荀子·王霸》

【译文】治理国家的人，遵循礼义就可以称王于天下，确立信用就可以称霸于诸侯，玩弄权谋就会灭亡。

[35] 行一不义、杀一无罪而得天下，仁者不为也。

——《荀子·王霸》

【译文】做一件不合乎礼义的事，处死一个无罪的人而夺得天下，仁人不会这样做。

[36] 以国齐义，一日而白，汤武是也。

——《荀子·王霸》

【译文】用礼义来统一国家，名声很快就会显赫于天下。商汤和周武王就是这样的例子。

[37] 齐桓、晋文、楚庄、吴阖闾、越勾践，是皆僻陋之国也，威动天下，强殆中国，无它故焉，略信也。是所谓信立而霸也。

——《荀子·王霸》

【译文】齐桓公、晋文公、楚庄王、吴王阖闾、越王勾践，他们都是处于偏僻鄙陋地方的国君，可是他们的威望震动天下，他们的强大使中原国家感到危险，这没有什么别的原因，就是因为他们能取信于天下。这就是人们所说的确立信用就能称霸于诸侯。

[38] 国者，重任也，不以积持之则不立。

——《荀子·王霸》

【译文】国家，是最重的担子，不用长期积累起来的正确的治国原则去治理，国家就不能巩固。

[39] 彼持国者，必不可以独也，然则强固荣辱在于取相矣。

——《荀子·王霸》

【译文】那些掌握国家的君主，一定不能独自一人治理国家。既然这样，那么国家的强大、衰败、荣耀、耻辱，就全在于选择好卿相了。

[40] 与积礼义之君子为之则王，与端诚信全之士为之则霸，与权谋倾覆之人为之则亡。

——《荀子·王霸》

【译文】同长期积累礼义的君子一道治理国家就可以称王于天下；同品行端正诚实、坚守信用的人一道治理国家，就可以称霸于诸侯；同玩弄权术、反复无常的人一道治理国家，就会招致灭亡。

[41] 国者，天下之大器也，重任也，不可不善为择所而后错之，错险则危。

——《荀子·王霸》

【译文】国家，是天下最重要的器物，是最重的担子，不能不妥善地为它选择恰当的处所，然后安置它。把国家置于危险的处所，国家就会危险。

[42] 国者，巨用之则大，小用之则小；綦大而王，綦小而亡，小巨分流者存。

——《荀子·王霸》

【译文】国家，立足于大处来治理它，就强大；立足于小处来治理它，就弱小。强大到了极点时就可以称王于天下，弱小到了极点时就会灭亡，介于这两者之间就能保存国家。

[43] 国无礼则不正。

——《荀子·王霸》

【译文】国家没有礼仪、法则就不能得到治理。

[44] 国危则无乐君，国安则无忧民。乱则国危，治则国安。

——《荀子·王霸》

【译文】国家危殆就没有安乐的君主，国家安定就没有忧愁的百姓。社会混乱，国家就危殆；社会治平，国家就安定。

[45] 百乐者，生于治国者也；忧患者，生于乱国者也。急逐乐而缓治国者，

非知乐者也。

——《荀子·王霸》

【译文】许多的快乐，产生于社会治平的国家；许多的忧患，产生于社会混乱的国家。急于追逐享乐而缓于治理国家的君主，并不是真正懂得享乐的人。

[46] 明君者，必将先治其国，然后百乐得其中。闇君者，必将急逐乐而缓治国，故忧患不可胜校也，必至于身死国亡然后止也，岂不哀哉！

——《荀子·王霸》

【译文】明君，一定要先治理好他的国家，然后许多的快乐就都在里面了。昏君，必然急于追求享乐而缓于治理国家，所以忧愁多得数不尽，一定要到身死国亡才罢休。这难道不可悲吗？

[47] 治国有道，人主有职。

——《荀子·王霸》

【译文】治理国家有道理和规律，君主有他的职责。

[48] 若夫论一相以兼率之，使臣下百吏莫不宿道乡方而务，是夫人主之职

也。若是，则一天下，名配尧禹。

——《荀子·王霸》

【译文】至于选择一位宰相用来率领文武百官，让官吏都沿着正确的道路和方向努力，这就是君主的职责了。如果这样，就能统一天下，名声可与尧、禹齐名。

[49] 人主者，以官人为能者也；匹夫者，以自能为能者也。人主得使人为之，匹夫则无所移之。

——《荀子·王霸》

【译文】君主，以善于任用人为有能力；普通老百姓，以自己会做事为有能力。君主能役使别人做事，普通老百姓却不能把事情转移给别人。

[50] 论德使能而官施之者，圣王之道也，儒之所谨守也。

——《荀子·王霸》

【译文】选拔有道德的人，使用有才能的人，并委以官职，这是圣王的方法，也是儒者所严格遵守的原则。

[51] 取天下者，非负其土地而从之之

谓也，道足以一人而已矣。

——《荀子·王霸》

【译文】夺取天下，并不是说别人带着土地来听从君主你的意思，而是你的治国之道足以统一人心罢了。

[52] 聪明君子者，善服人者也。人服而执从之，人不服而执去之，故王者已于服人矣。

——《荀子·王霸》

【译文】聪明的君主，是善于使百姓顺从的人。百姓服从于是权势便随之而来，百姓不顺从于是权势便随之而去。所以称王天下的君主能做到使百姓顺从就可以了。

[53] 君人者，立隆政本朝而当，所使要百事者，诚仁人也，则身佚而国治，功大而名美，上可以王，下可以霸。

——《荀子·王霸》

【译文】君主，如果为本朝所确立的最高原则正确，所任用总领政事的宰相真正是仁人，那么他自身就安逸，国家也得到了很好的治理，功业伟大而且名声美好，上可以称王于天下，次之可以称霸诸侯。

[54] 能当一人而天下取，失当一人而社稷危。

——《荀子·王霸》

【译文】能恰当地任用一个人就可以取得天下，不能恰当地任用一个人国家就危殆。

[55] 主道治近不治远，治明不治幽，治一不治二。

——《荀子·王霸》

【译文】君主治理国家的办法，是治理近处的事，不治理远处的事；治理明显的事，不治理隐晦的事；治理主要的事，不治理繁杂的事。

[56] 明主好要，而闇主好详；主好要则百事详，主好详则百事荒。

——《荀子·王霸》

【译文】明君善于抓纲要，而昏君喜欢什么都管；君主善抓纲要，那么其他一切事务自然得到周详的处理，君主喜欢什么都管，反而所有的事情都荒废。

[57] 用国者，得百姓之力者富，得百

姓之死者强，得百姓之誉者荣。

——《荀子・王霸》

【译文】治理国家的人，能得到百姓尽力的就能使国家富有，能得到百姓为他拼死而战的就能使国家强盛，能得到百姓的称颂就能使自身有名望。

[58]小人尚民而威，以非所取于民而巧，是伤国之大灾也。

——《荀子・王霸》

【译文】让小人居于百姓之上耍威风，用不合礼法的手段从百姓身上巧取豪夺，这是危害国家的大灾难。

[59]有乱君，无乱国；有治人，无治法。

——《荀子・君道》

【译文】有造成国家混乱的君主，而没有必定混乱的国家；有能使国家安定的人才，而没有使国家自然安定的法则。

[60]法不能独立，类不能自行，得其人则存，失其人则亡。

——《荀子・君道》

【译文】法不能自己发挥作用，依法类推也不能自发地推行。有善于治国的人，法就能发挥作用；没有这样的人，法也就失去作用了。

[61]法者，治之端也；君子者，法之原也。

——《荀子·君道》

【译文】法制，是治理国家的根本；君子，则是实行法制的根本。

[62]明主急得其人，而闇主急得其执。

——《荀子·君道》

【译文】明君急于求得治国的人才，而昏君要迫切地夺取权势。

[63]君人者，劳于索之，而休于使之。

——《荀子·君道》

【译文】君主，求得人才时辛劳一些，使用人的时候就安逸了。

[64]请问为人君？曰：以礼分施，均遍而不偏。请问为人臣？曰：以礼侍君，忠顺而不懈。

——《荀子·君道》

【译文】请问怎样做君主？答道：用礼义治理国家，普遍实行而不偏废。请问如何做臣子？答道：用礼义侍奉君主，对君主忠诚顺服而不懈怠。

[65] 君者，仪也；民者，景也。仪正而景正。

——《荀子·君道》

【译文】君主好比日晷仪，百姓好比日影，仪器正直，日影就正直。

[66] 请问为国？曰：闻修身，未尝闻为国也。

——《荀子·君道》

【译文】请问如何治理国家？答道：只听说过加强自身修养，不曾听说过如何治理国家。

[67] 君者，民之原也；原清则流清，原浊则流浊。故有社稷者而不能爱民，不能利民，而求民之亲爱己，不可得也。

——《荀子·君道》

【译文】君主，是百姓的本源。本源清澈，那么支流也清澈；本源混浊，那么支流也混浊。所以掌管国家的君主如果不爱护百姓，不能有利于百姓，而要求百姓亲近、爱戴自己，这是不可能的。

[68] 君人者，爱民而安，好士而荣，两者无一焉而亡。

——《荀子·君道》

【译文】君主，只要爱护百姓就能安宁，喜好贤士就能荣耀，两方面都做不到就会灭亡。

[69] 君者，何也？曰：能群也。能群也者，何也？曰：善生养人者也，善班治人者也，善显设人者也，善藩饰人者也。

——《荀子·君道》

【译文】君主是什么呢？答道：能组织群众的人。能组织群众是什么意思？答道：善于养活百姓，善于治理百姓，善于显扬百姓，善于修饰百姓的衣着，从而区分不同的等级。

[70] 善生养人者人亲之，善班治人者人安之，善显设人者人乐之，善藩饰人者人荣之。

——《荀子·君道》

【译文】善于养活百姓的人，百姓就亲近他；善于治理百姓的人，百姓就使他安逸；善于显扬百姓的人，百姓就对他满意；善于处理人们等级关系的人，百姓就赞誉他。

[71] 人主不可以独也。卿相辅佐，人主之基杖也，不可不早具也。

——《荀子・君道》

【译文】君主不能独自一人治理国家。卿相的辅佐，好比是君主的基石、扶杖，不能不早安排好。

[72] 用圣臣者王，用功臣者强，用篡臣者危，用态臣者亡。

——《荀子・臣道》

【译文】用圣明的臣子治国，可以称王于天下；用能建立功业的臣子治国，国家就强盛；用篡逆之臣治国，国家就危险；用谄媚之臣治国，国家就会灭亡。

[73] 谏争辅拂之人，社稷之臣也，国君之宝也。明君之所尊厚也，而闇主惑君以为己贼也。

——《荀子・臣道》

【译文】能谏、能诤、能辅、能弼的人，是国家的重臣，君主的珍宝。明君尊敬与重用他们，而昏君却把他们视为自己的祸害。

[74] 明主好同而闇主好独，明主尚贤使能而飨其盛，闇主妒贤畏能而灭其功。

——《荀子·臣道》

【译文】明君善于跟得力的大臣协同统一，而昏君却喜欢独断专行；明君崇尚贤明的人，任用有能力的人，而且奖励慰劳他们的功绩，而昏君嫉妒贤明的人，怕用有能力的人，而且埋没他们的功绩。

[75] 川渊深而鱼鳖归之，山林茂而禽兽归之，刑政平而百姓归之，礼义备而君子归之。

——《荀子·致士》

【译文】河深渊深，鱼鳖就会归向它；山林茂密，禽兽就会归向它；刑法政治公平了，百姓就会归向它；礼义完备了，君子就会归向它。

[76] 无土则人不安居，无人则土不守，无道法则人不至，无君子则道不举。

——《荀子·致士》

【译文】没有土地，人民就不能安居乐业；没有人民，土地就没法守护；没有道义和法律，人民就不会归来；没有君子，道义和法律就无法实行。

[77] 人主之患，不在乎不言用贤，而在乎诚必用贤。

——《荀子·致士》

【译文】君主的毛病，不在于谈不谈使用贤才，而在于一定要诚心地使用贤才。

[78] 赏不欲僭，刑不欲滥。赏僭则利及小人，刑滥则害及君子。若不幸而过，宁僭勿滥。与其害善，不若利淫。

——《荀子·致士》

【译文】赏赐不要出现偏差，刑罚不要滥用。赏赐出现偏差，小人就会得利；滥用刑罚，就会祸及君子。如果不幸而发生错误，那就宁可赏赐出现偏差，也不要滥用刑罚。与其危害君子，不如让小人得点利益。

[79] 君者，国之隆也；父者，家之隆也。隆一而治，二而乱。自古及今，未有

二隆争重，而能长久者。

——《荀子·致士》

【译文】君主是国家的至尊，父亲是家庭的至尊。至尊唯一，国家得以治理；至尊有二，国家混乱。自古及今，没有两个至尊互相竞争而国家能维持长久的。

[80] 彼兵者，所以禁暴除害也，非争夺也。

——《荀子·议兵》

【译文】军队，是为了禁止强暴、除去祸害的，不是为了争夺。

[81] 仁人之兵，所存者神，所过者化，若时雨之降，莫不说喜。

——《荀子·议兵》

【译文】仁人的军队，所到之处就显示神威，所过之处即受其感化，好像及时雨降临，百姓没有不喜悦的。

[82] 刑一人而天下服。罪人不尤其上，知罪之在己也。是故刑罚省而威流，无它故焉，由其道故也。

——《荀子·议兵》

【译文】刑罚一个人而天下顺服。罪人不怨恨他的上司，知道罪过在自己。因此刑罚简省而威严施行，没有别的原因，由于遵循道义的缘故。

[83] 以德兼人者王，以力兼人者弱，以富兼人者贫。古今一也。

——《荀子·议兵》

【译文】用德行统一人民的，就可以称王于天下；以强力兼并人民的，就会衰弱；用富有兼并人民的，就会贫穷。古今都是这样。

[84] 善附民者，是乃善用兵者也。故兵要在乎善附民而已。

——《荀子·议兵》

【译文】善于使百姓归附的人，才是善于用兵的人，所以用兵的关键在善于使百姓归附。

[85] 道德之威，成乎安强；暴察之威，成乎危弱；狂妄之威，成乎灭亡也。

——《荀子·强国》

【译文】基于道德的威严，造成安定强盛；基于苛暴的威严，造成危险衰弱；基于狂妄的威严，造成灭亡。

[86]古者禹、汤本义务信而天下治，桀、纣弃义倍信而天下乱，故为人上者必将慎礼义、务忠信然后可。

——《荀子·强国》

【译文】古时候大禹、商汤以道义为本，致力于诚信，而天下太平；夏桀、商纣丢掉道义，违背诚信，而天下混乱。所以君主必须要谨慎地对待礼制和道义，致力于忠诚信实才可以治理好国家。

[87]天下归之之谓王，天下去之之谓亡。

——《荀子·正论》

【译文】天下人心都归向他，就叫做王，天下人心都背离他，就叫做灭亡。

[88]诛暴国之君，若诛独夫。

——《荀子·正论》

【译文】杀掉暴虐之国的君主，如同杀掉一个众叛亲离的人。

[89]乐中平则民和而不流，乐肃庄则民齐而不乱。民和齐则兵劲城固，敌

国不敢婴也。

——《荀子·乐论》

【译文】音乐适度平稳，百姓就和融而不淫纵；音乐严肃庄重，百姓就齐一而不乱。百姓和融齐一，就兵力强盛、城防坚固，敌国就不敢侵犯。

[90] 乐者，圣人之所乐也，而可以善民心。其感人深，其移风俗易。故先王导之以礼乐，而民和睦。

——《荀子·乐论》

【译文】音乐是圣人所喜欢的，而且可以改善民心。它感动人心非常深厚，它改善风俗非常容易。所以，先王用礼乐来引导百姓，而百姓得以和睦。

[91] 乐也者，和之不可变者也；礼也者，理之不可易者也。乐合同，礼别异，礼乐之统，管乎人心矣。

——《荀子·乐论》

【译文】音乐是调和性情的不可变动的事物；礼制是伦理道德中不可移易的事物。音乐是有助于调和协同的，礼制是区分贵贱的。礼乐系统，是约束人心的。

[92] 乐者，乐也。君子乐得其道，小人乐得其欲。以道制欲，则乐而不乱；以欲忘道，则惑而不乐。

——《荀子·乐论》

【译文】音乐，是使人愉悦的。君子愉悦的是音乐中包含的道，小人愉悦的是满足了他的欲望。用道来控制欲望，就愉悦而不混乱；因为欲望而忘记了道，那就惑乱而不愉悦。

[93] 凡语治而待去欲者，无以道欲而困于有欲者也。凡语治而待寡欲者，无以节欲而困于多欲者也。

——《荀子·正名》

【译文】凡是想靠去掉人们的欲望来讨论治理国家的人，是没有办法正确引导人们的欲望，反而成为被欲望所困的人。凡是想靠减少人们的欲望来讨论治理国家的人，是没有办法节制人们的欲望，反而成为被太多的欲望所困的人。

[94] 有欲无欲，异类也，生死也，非治乱也。

——《荀子·正名》

【译文】有欲望与没有欲望，是不同类型的，是有生命的物质与无生命的物质的差别，而不是国家安定或动乱的原因。

[95] 刑当罪则威，不当罪则侮；爵当贤则贵，不当贤则贱。

——《荀子·君子》

【译文】刑罚恰当其罪，就享有威名；罚不当罪，就被人轻慢。爵位与贤能相当，就显得尊贵；爵位和贤能不相当，就被人轻视。

[96] 尊圣者王，贵贤者霸，敬贤者存，慢贤者亡，古今一也。

——《荀子·君子》

【译文】尊重圣人的人成为王者，尊重贤者的人成为霸者，敬重贤者的人能保存国家，怠慢贤者的人就要灭亡。从古到今都是这样。

[97] 曷谓贤？明君臣，上能尊主爱下民。主诚听之，天下为一海内宾。

——《荀子·成相》

【译文】什么样的人叫做贤明？明确君臣之间的大义，对上能尊重君主，对下能爱护百姓。君主能诚心地听从他人的意见，天下就能统一，四海之内都会臣服。

[98]治之经，礼与刑，君子以修百姓宁。明德慎罚，国家既治四海平。

——《荀子·成相》

【译文】治国的根本原则，就是实行礼义与刑罚，君子修礼义，严刑罚，百姓因此得安宁。彰明美德，慎用刑罚，国家安定，四海太平。

[99]治之志，后执富，君子诚之好以待。处之敦固，有深藏之能远思。

——《荀子·成相》

【译文】治国的志向，不要把个人的权势和富有放在首位，君子要诚恳地以善意对待人民，既要淳朴地坚定这个志向，又要能深思熟虑。

[100]观往事，以自戒，治乱是非亦可识。

——《荀子·成相》

【译文】纵观往事，警惕自己，国家治乱，政治是非，便可以认识。

[101]君法明，论有常，表仪既设民知方。

进退有律，莫得贵贱孰私王？

——《荀子·成相》

【译文】君主法制严明，是非有一定的标准。榜样准则既然已经设立，百姓就知道了方向。任免官吏都有规则，君主不能随便使人富贵或贫贱，谁还敢私下讨好君主呢？

[102]臣谨循，君制变，公察善思论不乱。以治天下，后世法之成律贯。

——《荀子·成相》

【译文】臣下谨慎地遵循法令，君主掌握变更法制的权力，公正明察，思想原则不混乱。以此治理天下，后世的君主都效法它，成为规范，世代相传。

[103]臣下职，莫游食，务本节用财无极。事业听上，莫得相使一民力。

——《荀子·成相》

【译文】臣下坚守职责，不要白吃饭不工作，发展农业，节省开支，财物便会无穷无尽。一切事情听从君主的旨意，不擅自役使，民力便能统一。

[104]水行者表深，使人无陷；治民者

表乱，使人无失。礼者，其表也，先王以礼表天下之乱。

——《荀子·大略》

【译文】涉水的人，标出水的深度，使人不致溺水；治理民众的人，标出治乱的界限，使百姓没有过失。礼就是治乱的标志，先王用礼来表示天下治乱。

[105]《春秋》贤穆公，以为能变也。

——《荀子·大略》

【译文】《春秋》赞美穆公，因为他能改正自己的错误。

[106]不富，无以养民情；不教，无以理民性。

——《荀子·大略》

【译文】不富，就不能培养百姓的性情；不教诲，就不能理顺百姓的本性。

[107]以治伐乱，不待战而后知克。

——《荀子·大略》

【译文】政治清明的国家征伐政治混乱的国家，不等交战就知道能胜利。

[108] 主道知人，臣道知事。故舜之治天下，不以事诏，而万物成。

——《荀子·大略》

【译文】君主的职责在认识人才，臣下的职责在办事。所以舜治理天下，不讲具体事，可是万物都安排好了。

[109] 义胜利者为治世，利克义者为乱世。上重义则义克利，上重利则利克义。

——《荀子·大略》

【译文】道义胜过利益的时代为政治清明的时代，利益胜过道义的时代为乱世。君主重道义，那么道义胜过利益；君主重利益，那么利益就胜过道义。

[110] 天之生民，非为君也。天之立君，以为民也。

——《荀子·大略》

【译文】上天生育人民，不是为了君主；上天设立君主，却是为了人民。

[111] 以贤易不贤，不待卜而后知吉。

——《荀子·大略》

【译文】用贤人替换不贤的人，不用占卜就知道是吉祥的。

[112] 不亲贤用知，故身死国亡也。

——《荀子·尧问》

【译文】不亲近贤人任用智者，所以会落得身死国亡的下场。

[113] 人无礼则不生，事无礼则不成，国家无礼则不宁。

——《荀子·修身》

【译文】人没有礼义就不能生存，做事情没有礼义就办不成，国家没有礼义就不安宁。

《管子》

[1]凡有地牧民者，务在四时，守在仓廪。

——《管子·牧民》

【译文】凡是拥有封地、统治百姓的君主，务必致力于四季的农事，确保粮食的储备。

[2]国多财则远者来，地辟举则民留处；仓廪实则知礼节，衣食足则知荣辱。

——《管子·牧民》

【译文】国家财力充足，远方的人就会前来归顺；土地开发得好，百姓就会滞留安居；粮仓充实，人们就会懂得礼节；衣食丰足，人们就会懂得荣誉和耻辱。

[3]政之所兴，在顺民心；政之所废，在逆民心。

——《管子·牧民》

【译文】政令能够推行，在于它顺应民心；政令所以废弛，是因为它违背民心。

[4] 能佚乐之，则民为之忧劳；能富贵之，则民为之贫贱；能存安之，则民为之危坠。

——《管子·牧民》

【译文】能使百姓安逸快乐，百姓就会为此而任劳任怨；能使百姓富足显贵，百姓就会为之暂处贫贱；能使百姓生存安定，百姓就会为之赴汤蹈火。

[5] 授有德，则国安；务五谷，则食足；养桑麻、育六畜，则民富；令顺民心，则威令行。

——《管子·牧民》

【译文】把政权授予有德行的人，国家就会安定；致力于五谷的种植，粮食就会充足；种植桑麻、畜养六畜，百姓就会富裕；政令顺应民心，威信就会树立，政令也会得以执行。

[6] 御民之辔，在上之所贵；道民之门，

在上之所先；召民之路，在上之所好恶。

——《管子·牧民》

【译文】驾驭百姓的关键，在于君主重视什么；引导百姓的门径，在于君主提倡什么；号召百姓的途径，在于君主的好恶是什么。

[7]城郭沟渠，不足以固守；兵甲强力，不足以应敌；博地多财，不足以有众。

——《管子·牧民》

【译文】只凭借坚固的防御工事，不足以坚守城池；只凭借强大的装备、兵力，不足以抵抗敌人；只凭借土地的广博、财富的丰饶，不足以得到百姓的拥护。

[8]天下不患无臣，患无君以使之；天下不患无财，患无人以分之。

——《管子·牧民》

【译文】天下不怕没有贤能的臣子，只怕没有贤明的君主去任用他们；天下不怕没有财富，只怕没有精明的人去管理。

[9]莫乐之，则莫哀之；莫生之，则莫

死之。往者不至，来者不极。

——《管子 · 形势》

【译文】君主不能使百姓安居乐业，百姓就不会为他分忧；君主不能使百姓繁育，百姓就不会为他牺牲。君主不给予百姓好处，百姓就不会回报君主。

[10] 持满者与天，安危者与人。失天之度，虽满必涸；上下不和，虽安必危。

——《管子 · 形势》

【译文】保持强盛，就要顺从天道；安定危难，就要顺应人心。违背天的法则，强盛的也必然衰败；君主和臣民不和，安定的也必将危亡。

[11] 万乘之国，兵不可以无主；土地博大，野不可以无吏。

——《管子 · 权修》

【译文】拥有万辆兵车的大国，军队不可以没有主帅统领；领土广博，田野不可以没有官吏管理。

[12] 百姓殷众，官不可以无长；操民之命，朝不可以无政。

——《管子 · 权修》

【译文】 百姓众多，官府不可以没有常法；掌握百姓的命运，朝廷不可以没有政令。

[13] 末产不禁，则野不辟；赏罚不信，则民无取。

——《管子·权修》

【译文】 不禁止工商业，土地就得不到开垦；不兑现赏罚，百姓就缺乏督促。

[14] 野不辟，民无取，外不可以应敌，内不可以固守。

——《管子·权修》

【译文】 土地不开垦，百姓不督促，对外便不能对抗敌人，对内便不能固守国家。

[15] 欲为天下者，必重用其国；欲为其国者，必重用其民；欲为其民者，必重尽其民力。

——《管子·权修》

【译文】 要治理好天下，必须慎重地使用本国的国力；要治理好国家，必须慎重地对待百姓；要治理好百姓，必须慎重地使用民力。

[16] 取于民有度，用之有止，国虽小必安；取于民无度，用之不止，国虽大必危。

——《管子·权修》

【译文】君主对百姓征收有限度，使用民力有节制，国家虽然小必然安定；征收没有限度，使用民力没有节制，国家虽然大也必定危亡。

[17] 野不积草、府不积货、市不成肆、朝不合众，治之至也。

——《管子·权修》

【译文】田野无杂草，官府不积聚货物，市场店铺不排列成行，朝廷不聚众议事，是治理国家的最高境界。

[18] 地之守在城，城之守在兵，兵之守在人，人之守在粟。

——《管子·权修》

【译文】国土的保障在于城池，城池的保障在于军队，军队的保障在于人民，而人民的保障在于粮食。

[19] 必先顺教，万民乡风，旦暮利之，

众乃胜任。取人以己，成事以质。

——《管子·版法》

【译文】一定要先给予教训，万民才能趋从教化；经常给予利益，百姓才能顺利地承担起自己的责任。用人要先审察自己，成事要先树立标准。

[20] 用财不可以啬，用力不可以苦。用财啬则费，用力苦则劳。

——《管子·版法》

【译文】君主用财于民不可以吝啬，使用民力不可以过度。用财吝啬就会使百姓懈怠，使用民力过分就会导致人民的疲劳。

[21] 得人之道，莫如利之。利之之道，莫如教之以政。

——《管子·五辅》

【译文】争取人心的方法，最好是给予百姓利益。让百姓得到利益的方法，最好是用正道教导百姓。

[22] 凡国之亡也，以其长者也；人之自失也，以其所长者也。故善游者死

于梁池，善射者死于中野。

——《管子·枢言》

【译文】凡是国家的败亡，往往因其长处；人的自失，也往往是因为自身的特长。所以善于游泳的人常死在并不危险的梁池，善于射猎的人常死在原野之中。

[23]法制不议，则民不相私；刑杀毋赦，则民不偷于为善；爵禄毋假，则下不乱其上。

——《管子·法禁》

【译文】法制不容私下议论，百姓就不会相互营私；刑杀不容宽赦，百姓就不会苟且行善；爵禄不超出常规赐予，臣下就不会对君主作乱。

[24]凡君国之重器，莫重于令。令重则君尊，君尊则国安；令轻则君卑，君卑则国危。

——《管子·重令》

【译文】君主治理国家的重要工具，没有比法令更重要的了。法令威重君主就有尊严，君主有尊严国家就会安定；法令没有力量君主就卑微，君主卑微国家就会危险。

[25] 安国在乎尊君，尊君在乎行令，行令在乎严罚。

——《管子·重令》

【译文】使国家安定在于君主有尊严，使君主有尊严在于施行法令，要施行法令在于严明刑罚。

[26] 罚严令行，则百吏皆恐；罚不严令不行，则百吏皆喜。故明君察于治民之本，本莫要于令。

——《管子·重令》

【译文】刑罚严明，法令施行，百官就会畏法尽职；刑罚不严明，法令不施行，百官就会玩忽职守。所以英明的君主明察治民的根本，没有比法令更重要的了。

[27] 不法法，则事毋常；法不法，则令不行。

——《管子·法法》

【译文】不以法推行法治，国事就没有常规；推行法治不以合法的手段，政令就不能实施。

[28] 上无固植，下有疑心；国无常经，

民力必竭，数也。

——《管子·法法》

【译文】君主没有坚定的意志，下面就会有疑心；国家没有常法，民力必定枯竭，这是规律。

［29］凡赦者，小利而大害者也，故久而不胜其祸；毋赦者，小害而大利者也，故久而不胜其福。

——《管子·法法》

【译文】大凡施行赦免，是有小利却有大害的事，长期施行就会祸害无穷；不施行赦免，是有小害却有大利的事，长期施行就会受益无穷。

［30］惠者多赦者也，先易而后难，久而不胜其祸；法者先难而后易，久而不胜其福。

——《管子·法法》

【译文】恩惠就是多实行赦免，施行起来先容易而后困难，长久施行祸害无穷；法治施行起来先困难而后容易，长久施行就会受益无穷。

［31］法立令行，则民之用者众矣；法

不立，令不行，则民之用者寡矣。

——《管子·法法》

【译文】法律完善、政令畅行，那么为君主所用的百姓就多；法律不完善，政令不畅行，为其所用的百姓就少。

[32] 令重于宝，社稷先于亲戚；法重于民，威权贵于爵禄。

——《管子·法法》

【译文】政令重于宝物，国家要优先于亲戚；法律重于百姓，威势和权力比爵禄珍贵。

[33]不为重宝轻号令，不为亲戚后社稷，不为爱民枉法律，不为爵禄分威权。

——《管子·法法》

【译文】不能为了看重宝物而轻视号令，不能为了亲戚而把国家利益放在后面，不能为了爱民而歪曲法律，不能为了爵禄而分散威势和权力。

[34] 古之隳国家陨社稷者，非故且为之也，必少有乐焉，不知其陷于恶也。

——《管子·中匡》

【译文】古代那些毁坏国家、灭绝祭祀的君主，也并非是故意而为，必然是从偶然的淫乐开始，不知不觉地陷入了罪恶的深渊。

[35] 沉于乐者洽于忧，厚于味者薄于行，慢于朝者缓于政，害于国家者危于社稷。

——《管子·中匡》

【译文】沉溺于享乐就会带来忧患，重视口味就会轻视德行，怠慢于听朝的国君就会放松朝政，有害于国家就会危及社稷。

[36] 昔者圣王之治其民也，参其国而伍其鄙，定民之居，成民之事，以为民纪。

——《管子·小匡》

【译文】从前圣王治理百姓，将国都分为三部分，边远地区划为五部分，以安定人民的居处，成就百姓的职事，以此作为治民的体制。

[37] 修旧法，择其善者，举而严用之。慈于民，予无财，宽政役，敬百姓，

则国富而民安矣。

——《管子·小匡》

【译文】修正旧法，选择其中好的，拿来严格执行。对百姓仁慈，救济贫困的人，放宽赋税和劳役，敬重百姓，国家就会富裕，民心就会安定。

[38] 争天下者，必先争人。明大数者得人，审小计者失人。得天下之众者王，得其半者霸。

——《管子·霸言》

【译文】争夺天下，必须先争夺人心。懂得天下大道理的得人心，只知道小计谋的失人心。得到天下人的拥护，就能成就王业，得到天下半数人的拥护，就能成就霸业。

[39] 天下皆理已独乱，国非其国也；诸侯皆令已独孤，国非其国也；邻国皆险已独易，国非其国也。

——《管子·霸言》

【译文】天下都已治理而独独自己动乱，就不能保全国家；各诸侯国都友好而独独自己孤立，就不能保全国家；邻国都有险要之地可守而独独自己毫无准备，就不能保全国家。

[40] 观国者观君，观军者观将，观备者观野。

——《管子·霸言》

【译文】看一个国家，只要看它的国君如何；看一支军队，只要看它的将领如何；看一国的军备，只要看它的农田如何。

[41] 霸王之所始也，以人为本。本理则国固，本乱则国危。

——《管子·霸言》

【译文】霸王之业的开始，是以百姓为根本。百姓治理良好则国家稳固，百姓动乱则国家危亡。

[42] 上明则下敬，政平则人安，士教和则兵胜敌，使能则百事理。

——《管子·霸言》

【译文】君主英明则臣下敬服，政治清平则人心安定，教化和谐则士兵奋勇胜敌，使用贤能则百事得以治理。

[43] 饮食者也，侈乐者也，民之所愿也。足其所欲，赡其所愿，则能用之耳。

——《管子·侈靡》

【译文】饮食是百姓的欲求，侈乐是百姓的愿望。满足他们的欲求和愿望，民众就会为国家所用。

[44] 故法而守常，尊礼而变俗，上信而贱文，好缘而好驵，此谓成国之法也。

——《管子·侈靡》

【译文】巩固法制而恪守常规，尊崇礼制而变革习俗，重视诚信而轻贱虚伪，爱好温顺而摒弃粗暴，这才是立国的法则。

[45] 为国者，反民性，然后可以与民戚。民欲佚，而教以劳；民欲生，而教以死。

——《管子·侈靡》

【译文】治理国家的君主，要违反百姓的习性进行教育，然后才能与百姓亲近。百姓追求享乐，就要教育他们要勤劳；百姓贪生怕死，就要教育他们有献身的精神。

[46] 百姓无宝，以利为首，一上一下，唯利所处。利然后能通，通然后成国。

——《管子·侈靡》

【译文】百姓没有别的宝物，只以财利为重，上下奔波，唯利所趋。有财利然后才能有流通，有流通然后才能成为城市。

[47]轻国位者国必败，疏贵戚者谋将泄。

——《管子·侈靡》

【译文】看轻君位的君主，其国家必然败亡；疏远贵戚的君主，其谋略必然泄漏。

[48]毋仕异国之人，是为失经；毋数变易，是为败成；大臣得罪，勿出封外，是为漏情。

——《管子·侈靡》

【译文】不可任用异国之人为官，那是背离常道的；不要频繁地更改政令，那将会败坏成业；大臣犯了罪，不要将其驱逐出境，那将会泄漏国家机密。

[49]心安是国安也，心治是国治也。治也者心也，安也者心也。

——《管子·心术下》

【译文】国君的心安定了，国家也就安定了；国君的心治理了，国家也就治理了。国家的治理在于国君的心，国家的安定也在于国君的心。

[50] 治心在于中，治言出于口，治事加于民。故功作而民从，则百姓治矣。

——《管子·心术下》

【译文】治心在内，治言就会从口中说出来，好事就会施加在百姓身上。所以事业振兴而百姓顺从，那么百姓就算治理好了。

[51] 货之不足以为爱，刑之不足以为恶。货者爱之末也，刑者恶之末也。

——《管子·心术下》

【译文】赏赐不足以表现喜爱，刑罚不足以表现厌恶。赏赐和刑罚只不过是爱与恶最微末的表现而已。

[52] 天不为一物枉其时，明君圣人亦不为一人枉其法。

——《管子·白心》

【译文】上天不会为了一物的需要改变它的节令，明君圣人也不会为一个人的要求就改变国家的法度。

[53] 唯圣人知四时。不知四时，乃失国之基；不知五谷之故，国家乃路。

——《管子·四时》

【译文】只有圣人了解四时。不了解四时，就会失掉立国的根本；不了解五谷生长的规律，国家就会败亡。

[54] 使能之谓明，听信之谓圣，信明圣者，皆受天赏。

——《管子·四时》

【译文】使用有才能的人叫做明察，听信有才能的人的意见叫做圣智，能真正明察圣智的君主，就会得到上天的赏赐。

[55] 道生德，德生正，正生事。是以圣王治天下，穷则反，终则始。

——《管子·四时》

【译文】道产生德，德产生政令，政令产生事功。所以圣明的君主治理天下，走到极端就返回来，走到尽头就重新开始。

[56] 兽厌走，而有伏网罟。一偃一侧，不然不得。

——《管子·势》

【译文】野兽极力奔跑，前面可能就有暗设的罗网。为政也必须一张一弛，有进有退，否则就行不通。

[57] 刑以甡之，政以命之，法以遏之，德以养之，道以明之。

——《管子·正》

【译文】用刑律进行裁断，用政权推行法令，用法律遏止邪恶，用道德教养人民，用大道启发百姓。

[58] 致政其民，服信以听；致德其民，和平以静；致道其民，付而不争。

——《管子·正》

【译文】施之以刑罚，百姓就会敬畏而顺应；施之以德政，百姓就会平和而安静；施之以大道，百姓就会亲附而不争夺。

[59] 法者不可恒也，存亡治乱之所从出。圣君所以为天下大仪也，君臣上下贵贱皆发焉，故曰法。

——《管子·任法》

【译文】法制能不能持久，是治乱存亡的根源。这是圣明君主用来治理天下的最高标准，无论君臣、上下、贵贱都必须遵守，所以称作法制。

[60] 法者，上之所以一民使下也。私者，

下之所以侵法乱主也。故圣君置仪设法而固守之。

——《管子·任法》

【译文】法制，是君主用来统一人民行动和使用臣下的。徇私，是臣下用来侵害法度扰乱君主的。所以圣明的君主设置法制并坚决地维护它。

[61]生法者君也，守法者臣也，法于法者民也。君臣上下贵贱皆从法，此谓为大治。

——《管子·任法》

【译文】制定法律的是君主，维护法制的是群臣，遵照法制行事的是百姓。君臣、上下、贵贱都服从法制，这就是国家的大治。

[62]先王之治国也，不淫意于法之外，不为惠于法之内也。

——《管子·明法》

【译文】先代圣王治理国家，不在法律之外浪费心机，不在法律之内私行小惠。

[63]威不两错，政不二门，以法治国，

则举错而已。

——《管子·明法》

【译文】君权不能授予两个人，政令不能出自两个门径，以法治国，不过是一切都按法制来处理而已。

[64] 所死者非罪，所起者非功也。然则为人臣者重私而轻公矣。

——《管子·明法》

【译文】被杀的人无罪而遭死，发迹的人无功而起家。那么大臣们就会重视私交而轻视公法。

[65] 法立令行，故群臣奉法守职，百官有常。法不繁匿，万民敦悫反本而俭力。

——《管子·正世》

【译文】法度立而政令畅行，群臣就会奉行法令而坚守自己的职分，百官也就有法可依。法律不允许邪恶蔓延，百姓就会敦厚诚实，安心农业而节俭勤劳。

[66] 赏必足以使，威必足以胜，然后下从。

——《管子·正世》

【译文】赏赐必须足以使人从善，威令必须足以镇压邪恶，然后百姓才会服从。

[67] 圣人设厚赏，非侈也；立重禁，非戾也。赏薄，则民不利；禁轻，则邪人不畏。

——《管子·正世》

【译文】圣人设置丰厚的赏赐，并非是奢侈；确立严格的禁令，并非是暴戾。赏赐太少，百姓就得不到实利；禁令太轻，邪恶的人就不会畏惧。

[68] 设人之所不利，欲以使，则民不尽力；立人之所不畏，欲以禁，则邪人不止。

——《管子·正世》

【译文】赏赐不足以给人以勉励，想要使百姓做事，百姓就不会效力；禁令不足以震慑奸邪，想要禁止人们作恶，邪恶就不会平息。

[69] 民者服于威杀然后从，见利然后用，被治然后正，得所安然后静者也。

——《管子·正世》

【译文】百姓畏服刑杀然后才能听从，得到利益然后才肯效力，得到治理然后才行为端正，安居乐业然后才能平静无事。

［70］利莫大于治，害莫大于乱。夫五帝三王所以成功立名显于后世者，以为天下致利除害也。

——《管子·正世》

【译文】利益没有比安定更大的了，危害没有比动乱更大的了。五帝三王之所以成功立名显于后世，就是因为替天下人兴利除害。

［71］凡治国之道，必先富民。民富则易治也，民贫则难治也。

——《管子·治国》

【译文】大凡治国的方法，一定要先使百姓富裕。百姓富裕就容易治理，百姓贫困就难以治理。

［72］富国多粟，生于农，故先王贵之。凡为国之急者，必先禁末作文巧。

——《管子·治国》

【译文】国富粮多是来源于农业，所以先代的圣王重视农业生产。大凡治理国家的当务之急，是要先禁止工商业中奢侈品的制作和营销。

[73]事农，则田垦。田垦，则粟多。粟多，则国富。国富者兵强，兵强者战胜，战胜者地广。

——《管子·治国》

【译文】百姓从事农业则土地得到开垦，土地开垦则粮食增加，粮食增加则国家富足，国富则兵力强大，兵强则战争可以取胜，战胜则土地就会广阔。

[74]先王知众民强兵，广地富国之必生于粟也。故禁末作，止奇巧，而利农事。

——《管子·治国》

【译文】先代圣王深知要使人口多、兵力强、土地广、国家富，必须以粮食生产为基础。所以都禁止奢侈性的工商业，禁止奢侈品的制作，以利于农业生产。

[75]粟也者，民之所归也；粟也者，财之所归也；粟也者，地之所归也。粟多则天下之物尽至矣。

——《管子·治国》

【译文】粮食，可以使百姓归附；粮食，可以使财富聚集；粮食，可以使土地广大。粮食多，天下的物资都会源源不断地到来。

[76] 粟者，王之本事也，人主之大务，有人之途，治国之道也。

——《管子·治国》

【译文】粮食，是成就王业的根本大事，是国君的重大政务，是招徕百姓的途径，是治理国家的根本。

[77] 凡牧民者，必知其疾，而忧之以德，勿惧以罪，勿止以力。慎此四者，足以治民也。

——《管子·小问》

【译文】凡是治理百姓的君主，必须了解百姓的疾苦，考虑厚施德惠，不能用刑罚来恐吓，不能用强力来禁止。谨慎地解决这四个方面的问题，就能治理好百姓。

[78] 胜民之为道，非天下之大道也。使民畏公，而不见亲，祸亟及于身。

——《管子·小问》

【译文】压服百姓的方法，不是治国的根本方法。使百姓害怕而不亲近君主，祸患很快就要危及君主自身。

［79］君法则主位安，臣法则货赂止，而民无奸。

——《管子·七臣七主》

【译文】君主以法治国，君位就会安定；大臣守法，贿赂就会禁止；百姓也不会有奸邪之事。

［80］以有刑至无刑者，其法易而民全；以无刑至有刑者，其刑烦而奸多。

——《管子·禁藏》

【译文】从用刑罚发展到不用刑罚，法律就会简易而百姓也会得到保全；从不用刑罚发展到不得不用刑罚，法律就会繁琐而犯法的人就会越来越多。

［81］不法法则治。法者，天下之仪也，所以决疑而明是非也，百姓所县命也。

——《管子·禁藏》

【译文】对不法的人以法制裁就能治理好国家。法制，是天下的准则，是用来解决疑难问题、明辨是非的，与百姓命运攸关。

[82] 春仁夏忠，秋急冬闭，顺天之时，约地之宜，忠人之和。

——《管子·禁藏》

【译文】春天万物萌生，夏天万物生长，秋天赶快收获，冬天封闭贮藏。要顺应天时，依靠地利，实现人和。

[83] 人主之所以令则行，禁则止者，必令于民之所好，而禁于民之所恶也。

——《管子·形势解》

【译文】君主之所以能够做到令行禁止的原因，是因为他的命令是百姓所喜好的，而他的禁令也正是百姓所厌恶的。

[84] 民之情莫不欲生而恶死，莫不欲利而恶害。故上令于生利人，则令行，禁于杀害人，则禁止。

——《管子·形势解》

【译文】人之常情，没有不热爱生命而厌恶死亡，喜欢利益而恐惧祸患的。所以君主的命令有利于促进百姓的生存和福利，就会推行；君主所禁止的是杀人和害人，就会实现。

[85] 人主之所以使下尽力而亲上者，必为天下致利除害也。

——《管子·形势解》

【译文】君主之所以能够做到使臣民尽心尽力、亲附自己，一定是因为为天下人谋利益、除祸害。

[86] 明主之治天下也，静其民而不扰，佚其民而不劳。不扰，则民自循；不劳，则民自试。

——《管子·形势解》

【译文】英明的君主治理天下，让百姓安居乐业而不受干扰，让百姓休养生息而不至劳累。不受干扰，百姓就会自动守法；不至劳累，百姓就会自由发展。

[87] 主之所以为罪者，贫弱也。故国贫兵弱，战则不胜，守则不固。

——《管子·形势解》

【译文】君主最大的过错就是使国家贫弱。国贫兵弱，进攻就不能取得胜利，防守也不能坚固。

[88] 莅民如父母，则民亲爱之。道之纯厚，遇之有实，虽不言曰吾亲民，

而民亲矣。

——《管子·形势解》

【译文】治理百姓好像父母对待儿女一样，百姓就会亲近爱戴君主。用淳厚来治理他们，用实惠来对待他们，虽然口中不说亲近百姓，百姓也自然会亲近君主。

[89]莅民如仇雠，则民疏之。道之不厚，遇之无实，诈伪并起，虽言曰吾亲民，民不亲也。

——《管子·形势解》

【译文】对待百姓如同对待仇敌，百姓就会疏远君主。治理他们不以厚道，对待他们没有实惠，欺诈和虚伪就会发生。虽然口中说亲近百姓，百姓也自然会疏远君主。

[90]与天下同利者，天下持之；擅天下之利者，天下谋之。

——《管子·版法解》

【译文】与天下同享利益的君主，天下人就拥护他；想独占天下利益的君主，天下人就图谋他。

[91]天下所谋，虽立必隳。天下所持，虽高不危。故曰安高在乎同利。

——《管子·版法解》

【译文】被天下人所图谋的君主，即使暂时兴盛，也必遭倾覆。被天下人所拥戴的君主，即使身居高位，也没有危险。所以说巩固统治地位在于与民同利。

[92]战国修其城池之功，故其国常失其地用。王国，则以时行也。

——《管子·乘马数》

【译文】好战的国家往往把他们的国力放在修建城池上，所以这些国家的农业生产往往会受影响。成就王业的国家则根据因地制宜的原则行事。

[93]天以时为权，地以财为权，人以力为权，君以令为权。失天之权，则人地之权亡。

——《管子·山权数》

【译文】天以时令的调节作为权衡，地以物产的多少作为权衡，人以能力的高低作为权衡，君主以政令能否执行作为权衡。君主若是不能掌握天的权衡，那么人、地的权衡也就无从掌握。

［94］水激而流渠，令疾而物重。先王理其号令之徐疾，内守国财，而外因天下矣。

——《管子·地数》

【译文】水流激荡则流势湍急，政令急迫则物价上涨。先代圣王掌握号令的缓急，对内据守国财，对外顺应天下。

［95］君求之，则臣得之；君嗜之，则臣食之；君好之，则臣服之；君恶之，则臣匿之。

——《管子·牧民》

【译文】君主想要的东西，臣下就会去寻求；君主爱吃的食物，臣下就会去品尝；君主喜欢的事物，臣下就会去实行；君主厌恶的事物，臣下就会去藏匿。

［96］君不君则臣不臣，父不父则子不子。上失其位，则下逾其节。上下不和，令乃不行。

——《管子·形势》

【译文】君主不像君主的样子，臣子当然就不像臣子的样子；父亲不像父亲的样子，儿子自然就不像儿子的样子。君主的行为与身份不相称，臣子的行为就会超越规范。君臣不和，政令就难以实行。

[97]衣冠不正，则宾者不肃；进退无仪，则政令不行；且怀且威，则君道备矣。

——《管子·形势》

【译文】君主的衣冠不端正，礼宾人员就不会严肃；君主的举止不合法度，政令就不能推行；既关怀百姓，又运用威势，为君之道，才算完备。

[98]国有德义未明于朝者，则不可加于尊位；功力未见于国者，则不可授以重禄。

——《管子·立政》

【译文】对于德义没有在朝廷中显露出来的人，不能给予尊贵的爵位；功绩能力没有在国内表现出来的人，不能授予优厚的俸禄。

[99]无为者帝，为而无以为者王，为而不贵者霸。

——《管子·乘马》

【译文】能够做到无为而治的君主可以成就帝业，治理有方而不需要亲自操劳的君主可以成就王业，有所作为而不妄自尊大的君主可以成就霸业。

[100] 不自以为所贵，则君道也；贵而不过度，则臣道也。

——《管子·乘马》

【译文】不自高自大、自恃尊贵，是做君主的准则；地位虽高却不逾越等级名分，是当臣子的准则。

[101] 君知臣，臣亦知君知己也，故臣莫敢不竭力俱操其诚以来。

——《管子·乘马》

【译文】君主了解臣下，臣下也知道君主了解自己，所以臣下没有敢不尽心竭力，怀着忠诚之心为君主效力的。

[102] 世主所贵者，宝也；所亲者，戚也；所爱者，民也；所重者，爵禄也。

——《管子·七法》

【译文】当代一般君主所看重的是珍宝，亲近的是亲属，爱护的是百姓，重视的是爵位俸禄。

[103] 古之圣王，所以取明名广誉，厚功大业，显于天下，不忘于后世，非得人者，未之尝闻。

——《管子·五辅》

【译文】古代圣王，之所以能够取得盛大的名声、广泛的赞誉，丰功伟绩，显赫于天下，不为后世所忘，从来没有听说过不是由于得到人民拥护的。

[104] 明王之务，在于强本事，去无用，然后民可使富；论贤人，用有能，而民可使治。

——《管子·五辅》

【译文】圣明君主的要务，在于加强农业生产，禁止奢侈品的生产，然后才可以使百姓富裕；选拔贤才，任用能臣，然后才能治理好百姓。

[105] 君出令，正其国而无齐其欲，一其爱而无独与是；王施而无私，则海内来宾矣。

——《管子·宙合》

【译文】君主发号施令，是为了匡正国家而不是为了划齐百姓的喜好，是为了统一百姓的爱憎而不是用一种方法达到目的。公正施德，没有偏私，则四海归服。

[106] 臣任力，同其忠而无争其利，不失其事而无有其名，分敬而无妒，则夫妇和勉矣。

——《管子·宙合》

【译文】人臣任事出力，是为了与百姓共患难而不是与民争利，是为了使事业没有失误而不是为了自谋名声，互相尊敬而不嫉妒，那么天下的夫妻都将和谐共勉。

[107] 君失音，则风律必流，流则乱败。臣离味，则百姓不养，百姓不养，则众散亡。

——《管子·宙合》

【译文】君主出令不协调，则教化的结果必然流失，国家就会混乱败亡。人臣行事不协调，那么百姓就会无法生活下去，百姓生活不下去，就会离散逃亡。

[108] 强言以为戮，而功泽不加。进伤为人君严之义，退害为人臣者之生。

其为不利弥甚。

——《管子·宙合》

【译文】强谏带来杀身之祸，而功效全无。进一步说是伤害了人君的尊严，退一步说是伤害了人臣自己的生命。为害是十分严重的。

[109] 毋访于佞，言毋用佞人也。用佞人，则私多行。毋蓄于谄，言毋听谄。听谄则欺上。

——《管子·宙合》

【译文】“毋访于佞”，这是说不要任用奸佞之人。任用奸佞之人，就会行私。“毋蓄于谄”，就是说不要听取奉承的话。听信奉承的话，君主就会受欺骗。

[110] 爱之，利之，益之，安之，四者道之出，帝王者用之，而天下治矣。

——《管子·枢言》

【译文】爱惜百姓，有利于百姓，使百姓得益，使百姓安定，这四个方面都是从道中产生的，成就帝王之业的君主运用它们，天下就安定了。

[111] 帝王者，审所先所后：先民与地，

则得矣；先贵与骄，则失矣。是故先王慎贵，在所先所后。

——《管子·枢言》

【译文】成就帝王之业的君主，慎重地看待何事为先、何事为后的问题：把百姓和土地放在首位，就能得到天下；把高贵与骄傲放在首位，就会失去天下。所以先代的圣王慎重地看待这个问题。

[112] 国有宝，有器，有用。城郭、险阻、蓄藏，宝也；圣智，器也；珠玉，末用也。

——《管子·枢言》

【译文】国家总是有宝物，有器具，有财用。内城外郭，山川险地，粮食贮藏，是国家的宝物；圣明智慧，是国家的器具；珠玉居末位，算做财用。

[113] 王主积于民，霸主积于将战士，衰主积于贵人，亡主积于妇女珠玉，故先王慎其所积。

——《管子·枢言》

【译文】成王业的国君积聚百姓，成霸业的国君积聚将士，衰落的国君积聚官僚贵族，亡国之君积聚美女与珠宝。所以先代的圣王十分慎重地看待积聚什么这个问题。

[114] 欲知者知之，欲利者利之，欲勇者勇之，欲贵者贵之。

——《管子·枢言》

【译文】百姓想要得到知识的国君就让他们得到知识，想要得利益的就让他们得到利益，想要勇气的就让他们有勇气，想要得到尊贵地位的就让他们得到尊贵地位。

[115] 彼欲贵，我贵之，人谓我有礼；彼欲勇，我勇之，人谓我恭；彼欲利，我利之，人谓我仁。

——《管子·枢言》

【译文】百姓想要得到尊贵地位，君主使他们得到，百姓就会认为君主有礼节；百姓想要勇气，君主使他们得到，百姓就会认为君主谦恭；百姓想要得到利益，君主使他们得到，百姓就会认为君主仁爱。

[116] 贵之所以能成其贵者，以其贵而事贱也。贤之所以能成其贤者，以其贤而事不肖也。

——《管子·枢言》

【译文】高贵者之所以高贵，是因为他能以高贵的身份从事低贱。贤人之所以贤明，是因为他能以贤能的资质去从事平凡之事。

[117]恶者，美之充也；卑者，尊之充也；贱者，贵之充也，故先王贵之。

——《管子·枢言》

【译文】丑陋是美的根本；卑下是崇高的根本；低贱是高贵的根本，所以先代的圣王重视它们。

[118]日益之而患少者惟忠，日损之而患多者惟欲。多忠少欲，智也，为人臣者之广道也。

——《管子·枢言》

【译文】每天都有增长而唯恐太少的是忠心，每天都有减少而唯恐增多的是欲望。增多忠心，减少私欲，是明智的表现，是为人臣的宽广道路。

[119]明君者，闭其门，塞其途，弇其迹，使民毋由接于淫非之地。

——《管子·八观》

【译文】英明的君主，总是关闭犯罪的大门，堵塞犯罪的道路，消灭犯罪的迹象，使百姓不能接触为非作歹的环境。

[120] 昔者圣王之治人也，不贵其人博学也，欲其人之和同以听令也。

——《管子·法禁》

【译文】从前圣明的君主选拔人才，不看重他是否博学，而要求他能与自己协调一致，服从法令。

[121] 圣王之治民也，进则使无由得其所利，退则使无由避其所害。必使反乎安其位。

——《管子·法禁》

【译文】圣明的君主治理百姓，对越职求私利的，使他们无法得到利益；对失职而推卸责任的，使他们无法逃避惩罚。必定要使他们回到正常的道路上来，安心于自己的职位。

[122] 逾其官而离其群者，必使有害。不能其事而失其职者，必使有耻。

——《管子·法禁》

【译文】对于超越自己职权、脱离同事的人，必须使他有害；对于不胜任而失职的人，必须使他感到耻辱。

[123] 圣王之教民也，以仁错之，以耻使之，修其能，致其所，成而止。

——《管子·法禁》

【译文】圣明的君主教导百姓，是用仁爱来鼓励他们，用羞耻感来督促他们，提高他们的能力而使他们有所成就而已。

[124] 凡民从上也，不从口之所言，从情之所好者也。上好勇，则民轻死；上好仁，则民轻财。

——《管子·法法》

【译文】百姓追随君主，不是追随他口中所说的，而是追随他的性情喜好。君主喜好勇武，百姓就看轻死亡；君主喜好仁义，百姓就看轻钱财。

[125] 为人臣者，不尽力于君，则不亲信。不亲信，则言不听。言不听，则社稷不定。

——《管子·大匡》

【译文】做人臣的，不对国君尽力就得不到亲信。得不到国君亲信，进言就不会被采纳。臣下的进言不被采纳，国家就不会安定。

[126] 有土之君，不勤于兵，不忌于辱，不辅其过，则社稷安；勤于兵，忌于辱，辅其过，则社稷危。

——《管子·大匡》

【译文】有封地的国君，不频繁发动战争，不忌恨受耻辱，不助长自己的过错，那么国家就会安定；经常用兵，忌恨受耻辱，助长自己的过错，国家就要危险。

[127] 诸侯之君，不贪于土。贪于土，必勤于兵。勤于兵，必病于民。民病则多诈。

——《管子·大匡》

【译文】作为诸侯国的国君，不能贪图土地。贪图土地，必然频繁使用武力。频繁使用武力，必然会有害于百姓。百姓受害，必然会多施行巧诈。

[128] 先王必有置也，而后必有废也；必有利也，而后必有害也。

——《管子·中匡》

【译文】先代的圣王必先有所设立，然后才能有所废弃；必有所利，然后才能有所害。

[129] 为君不君，为臣不臣，乱之本也。

——《管子·小匡》

【译文】做国君的不像国君，做臣子的不像臣子，是国家混乱的根源。

[130] 人君唯优与不敏为不可。优则亡众，不敏不及事。

——《管子·小匡》

【译文】国君只有优柔寡断与不勤奋于事是不能被允许的。优柔寡断就会没有人拥护，不勤奋于事就不能办成事。

[131] 圣王卑礼以下天下之贤而王之，均分以钓天下之众而臣之。

——《管子·霸言》

【译文】圣明的君主总是谦卑有礼地对待天下的贤士而加以任用，均分利禄而吸引天下的民众而进行统治。

[132] 使国常无患，而名利并至者，神圣也。国在危亡，而能寿者，明圣也。

——《管子·霸言》

【译文】使国家经常没有忧患而名利兼得的君主，可称为神圣。国家在危亡之中而能够保全的君主，可称为明圣。

[133]明王之所轻者，马与玉；其所重者，政与军。

——《管子·霸言》

【译文】英明的君主总是看轻骏马与珠玉，他们所看重的是政权和军队。

[134]为人君者，修官上之道，而不言其中。为人臣者，比官中之事，而不言其外。

——《管子·君臣上》

【译文】做君主的，要讲究统领百官的方法，而不干预百官的具体职责。做大臣的，要处理职责以内的事，而不能超越自己的职权范围。

[135]能象其道于国家，加之于百姓，而足以饰官化下者，明君也。

——《管子·君臣上》

【译文】能有一套治国治民的方法，作用于百姓；能够整饬百官、教化民众的，就称得上是明君。

[136]能上尽言于主，下致力于民，而足以修义从令者，忠臣也。

——《管子·君臣上》

【译文】能上对君主言无不尽，下为百姓尽心尽力，遵循法度服从政令的，就称得上是忠臣。

[137]为人君者，因其业，乘其事，而稽之以度。

——《管子·君臣上》

【译文】做君主的要根据官员的职务和政绩，用法度来考察他们。

[138]有善者，赏之以列爵之尊，田地之厚，而民不慕也。

——《管子·君臣上》

【译文】表现杰出的官员，即使用尊贵的爵位和丰厚的田产进行奖励，百姓也不会嫉妒。

[139]有过者，罚之以废亡之辱，僇死

之刑，而民不疾也。

——《管子·君臣上》

【译文】对于犯错误的官员，即使用撤职的羞辱和处死的极刑进行处罚，百姓也不会嫉恨抱怨。

[140] 上之畜下不妄，则所出法制度者明也。下之事上不虚，则循义从令者审也。

——《管子·君臣上》

【译文】君主对待臣下真诚，因而颁布法令、制定法度就显明。臣下侍奉君主实在，因而遵循法度、服从政令就审慎。

[141] 君人也者，无贵如其言。人臣也者，无爱如其力。言下力上，而臣主之道毕矣。

——《管子·君臣上》

【译文】做君主的，最重要的是号令。做臣子的，最珍惜的是才力。对下颁布号令，对上贡献才力，君臣之道就完备了。

[142] 有道之君，正其德以莅民，而不

言智能聪明。

——《管子·君臣上》

【译文】有道之君，总是端正自己的道德来领导人民，而不讲究智能和聪明。

[143] 智能聪明者，下之职也。所以用智能聪明者，上之道也。

——《管子·君臣上》

【译文】智能和聪明之类，是臣下的职责所要求的。如何使用臣下的智能和聪明，才属于为君之道。

[144] 国未尝乏于胜任之士，上之明适不足以知之。是以明君审知胜任之臣者也。

——《管子·君臣上》

【译文】国家实际上并不缺少能胜任职事的人才，只是君主的明察还不能够知道他们。所以英明的君主总是审慎地察访那些胜任职事的臣子。

[145] 主道得，贤材遂，百姓治，治乱在主而已矣。

——《管子·君臣上》

【译文】君道正确，贤才得以任用，百姓得到治理，国家治乱的关键在于君主。

［146］君据法而出令，有司奉命而行事，百姓顺上而成俗，著久而为常。

——《管子·君臣上》

【译文】君主根据法令来颁布命令，大臣接受命令而执行公务，百姓顺从而成为风俗，久而久之成为常规。

［147］明君顺人心，安情性，而发于众心之所聚，是以令出而不稽，刑设而不用。

——《管子·君臣上》

【译文】英明的君主顺从人心，安定人性，一切从众人的心愿出发。因而命令发出而不会滞留，刑罚设置却不必使用。

［148］先王善与民为一体。与民为一体，则是以国守国，以民守民也，然则民不便非矣。

——《管子·君臣上》

【译文】先代的圣王善于与百姓合为一体。与民一体，那就是用国家保卫国家，用百姓保卫百姓，这样百姓自然也不会为非作歹。

[149] 明君之举其下也，尽知其短长，知其所不能益，若任之以事。

——《管子·君臣上》

【译文】英明的君主任用臣下时，总是全面了解他的短处和长处，了解他才能的极限，然后才委任给他适当的职务。

[150] 贤人之臣其主也，尽知短长与身力之所不至，若量能而授官。

——《管子·君臣上》

【译文】贤能的人侍奉君主的时候，总是全面了解自身的短处和长处，以及自己力所不及之处，然后才按能力来接受官职。

[151] 下不戴其上，臣不戴其君，则贤人不来。贤人不来，则百姓不用。百姓不用，则天下不至。

——《管子·君臣下》

【译文】下层不拥戴上层，臣下不拥戴君主，贤人就不来辅佐。贤人不来辅佐，百姓就不肯效力。百姓不肯效力，天下就不会归顺。

［152］德侵则君危，论侵则有功者危，令侵则官危，刑侵则百姓危。

——《管子·君臣下》

【译文】施行德政的权力被侵夺，君主就会危险；论功行赏的权力被侵夺，有功之臣就会危险；发号施令的权力被侵夺，百官就会危险；制订刑罚的权力被侵夺，百姓就会危险。

［153］有道之君者执本，相执要，大夫执法，以牧其群臣。群臣尽智竭力，以役其上。

——《管子·君臣下》

【译文】有道的国君要掌握治国的根本，宰相要掌握重要政策，大夫执行法令以管理群臣，群臣尽心竭力为君主服务。

［154］昔者圣王本厚民生，审知祸福之所生。是故慎小事微，违非索辩以根之。

——《管子·君臣下》

【译文】古时候，圣明的君主总是把提高百姓的生活作为治理天下的根本，慎重地了解祸福产生的原因。所以，对于微小的事情都十分谨慎，并努力辨明是非，追根穷源。

[155]中央之人，以缓为急，急可以取威；以急为缓，缓可以惠民。威惠迁于下，则为人上者危矣。

——《管子·君臣下》

【译文】左右近臣把缓办的命令改为急办，就可以向百姓显示权威；把急办的命令改为缓办，就可以对人民表示恩惠。君主的权威和恩惠都转移到左右近臣的手中，那君主就危险了。

[156]善罪身者，民不得罪也；不能罪身者，民罪之。

——《管子·小称》

【译文】善于责备自身的君主，百姓不会责备他；不能责备自身的君主，百姓就会责备他。

[157]明王有过，则反之于身；有善，则归之于民。

——《管子·小称》

【译文】明君有过失自己承担，有善行归功于百姓。

[158] 高予之名而举之，重予之官而危之，因责其能以随之。

——《管子·侈靡》

【译文】给以崇高的荣誉来表彰提拔，给予重要的职位使他们身居高位，这是根据官员的才能来区别对待。

[159] 犹戚则疏之，毋使人图之；犹疏则数之，毋使人曲之。此所以为之也。

——《管子·侈靡》

【译文】由贵戚中提拔的大臣，君主要疏远些，以免使人嫉妒陷害；由生疏之人提拔的大臣，君主要多与其亲近，以免使人产生误解。这都是用来保护良臣的措施。

[160] 心之在体，君之位也。九窍之有职，官之分也。心处其道，九窍循理。

——《管子·心术上》

【译文】心在人体之中，就像国君的地位。九窍的功能，就像百官的职能各有区分。心处道义，九窍就能按各自的功能起作用。

[161] 昔者明王之爱天下，故天下可附；暴王之恶天下，故天下可离。

——《管子·心术下》

【译文】从前圣明的君主热爱天下的百姓，所以天下的百姓都来归附；暴戾的君主恶戾天下的百姓，所以天下的百姓都叛离。

[162] 上见成事而贵功，则民事接劳而不谋。上见功而贱，则为人下者直，为人上者骄。

——《管子·四时》

【译文】人君看到事业的成就而重视百姓的功劳，百姓就愿意承担烦劳的事务，勤而无悔。君主轻视百姓的功劳，臣民就会懒惰，君主也会进一步地骄傲起来。

[163] 圣君任法而不任智，任数而不任说，任公而不任私，任大道而不任小物，然后身佚而天下治。

——《管子·任法》

【译文】圣明的君主依靠法制而不依靠智谋，依靠道理而不依靠空说，依靠公心而不依靠私情，依靠大道而不依靠小事，结果是自身安逸而天下太平。

[164] 明王之所恒者二：一曰明法固守之，二曰禁民私而收使之。

——《管子·任法》

【译文】 圣明的君主要长期坚持两条原则：一是明确法制并坚决地维护它，二是禁止百姓行私而使他们服从命令。

[165] 为人主者，不重爱人，不重恶人。重爱曰失德，重恶曰失威。威德皆失，则主危也。

——《管子·任法》

【译文】 做君主的，不能擅自重赏所喜爱的人，也不能擅自重罚所厌恶的人。擅自重赏所喜爱的人叫做失去恩德，擅自重罚所厌恶的人叫做失去刑威。恩德和刑威都失去了，君主也就危险了。

[166] 所谓治国者，主道明也；所谓乱国者，臣术胜也。

——《管子·明法》

【译文】 所谓治理得好的国家，是因为为君之道显明；所谓动乱的国家，是因为臣子擅自主张而胜过了国君。

[167] 为人君者，莫贵于胜。所谓胜者，法立令行之谓胜。

——《管子·正世》

【译文】作为君主，没有比制止住暴乱更重要的了。所谓制止住暴乱，就是要做到法度确立而政令畅行。

[168] 皆要审，则法令固；赏罚必，则下服度；不备待而得和，则民反素也。

——《管子·七臣七主》

【译文】事事抓住要点，法令就稳定；赏罚坚决，百姓就遵守法度；不采用强硬手段而以道德亲和百姓，百姓就会变得朴实。

[169] 一人之治乱在其心，一国之存亡在其主。天下得失，道一人出。

——《管子·七臣七主》

【译文】一个人的治乱取决于他的心，一国的存亡则取决于它的君主。天下的得失，都是从君主那里开始的。

[170] 主好本则民好垦草莱，主好货则人贾市，主好宫室则工匠巧，主好文采则女工靡。

——《管子·七臣七主》

【译文】君主重视农业，百姓就去开垦荒地；君主喜好财货，百姓就多去经商；君主喜好宫室，工匠就追求技巧；君主喜好装饰，女工就讲求靡丽。

[171] 凡私之所起，必生于主。夫上好本，则端正之士在前；上好利，则毁誉之士在侧。

——《管子·七臣七主》

【译文】大凡私弊的兴起，必由君主开始。君主崇尚道德，品德端正的人就在眼前；君主崇尚财利，毁谤虚夸的人就在左右。

[172] 上多喜善赏，不随其功，则士不为用；数出重法，而不克其罪，则奸不为止。

——《管子·七臣七主》

【译文】君主经常随意奖赏，而不是论功行赏，士人就不肯效力；屡次出台苛刻的法令，但不能审核罪行，奸行就不会禁止。

［173］明王不美宫室，非喜小也；不听钟鼓，非恶乐也；为其伤于本事而妨于教也。

——《管子·禁藏》

【译文】明主不建造华丽的宫殿，并不是喜欢简陋；不听钟鼓之音，也不是因为厌恶音乐。是因为这些会影响农业生产，妨碍教化的推行。

［174］人主，天下之有威者也；得民则威立，失民则威废。

——《管子·形势解》

【译文】君主是天下有威势的人，得到百姓拥护，他的威势才得以确立；失去百姓，他的威势就没有了。

［175］海不辞水，故能成其大；山不辞土石，故能成其高；明主不厌人，故能成其众。

——《管子·形势解》

【译文】海不拒绝水，因而能成为大海；山不拒绝土石，所以能成为高山；明主不嫌弃百姓，因而他的国家能成为大国。

［176］明主之举事也，任圣人之虑，用众人之力，而不自与焉，故事成而福生。

——《管子·形势解》

【译文】明君做事，采用圣贤的智谋，使用众人的力量，自己却不参与，因而事业有成，福佑降临。

［177］乱主自智也，而不因圣人之虑；矜奋自功，而不因众人之力；专用己，而不听正谏。

——《管子·形势解》

【译文】昏君自恃聪明，不用圣贤的智谋；自以为勤勉有功，不依靠众人的力量；一意孤行，不听从别人的劝谏。

［178］平吏之治官也，行法而无私，则奸臣不得其利焉，此奸臣之所务伤也。

——《管子·明法解》

【译文】公正的官吏办事，执行国法而无所偏私，奸臣就不能得到好处，这就是奸臣竭力中伤他们的原因。

[179] 奸臣之败其主也，积渐积微，使主迷惑而不自知也。上则相为候望于主，下则买誉于民。

——《管子·明法解》

【译文】奸臣败坏君主的事业，总是从细微处逐渐积累起来的，使君主迷惑而不自察觉。他们在上面不断侦察君主的动向，在下面则收买百姓、沽名钓誉。

[180] 明主操术任臣下，使群臣效其智能，进其长技。故智者效其计，能者进其功。

——《管子·明法解》

【译文】明君运用法度任用臣下，使群臣贡献出他们的智慧才能，发挥出他们的专长。所以有智慧的便献出他们的计策，有才能的便发挥他们的作用。

[181] 民夺之则怒，予之则喜，民情固然。先王知其然，故见予之所，不见夺之理。

——《管子·轻重乙》

【译文】百姓，剥夺他们的利益就发怒，给予他们好处就欢喜，人情本来就是这样。先代的圣王懂得这个道理，因而彰显给予他们好处的形迹，掩盖从他们身上获取利益的本质。

《韩非子》

[1] 以乱攻治者亡，以邪攻正者亡，以逆攻顺者亡。

——《韩非子·初见秦》

【译文】混乱的国家去进攻安定的国家，就会自取灭亡；邪恶的国家去进攻正义的国家，就会自取灭亡；倒行逆施的国家去进攻顺乎天理的国家，就会自取灭亡。

[2] 战者，万乘之存亡也。

——《韩非子·初见秦》

【译文】战争关系到军事大国的生死存亡。

[3] 一人奋死可以对十，十可以对百，百可以对千，千可以对万，万可以克天下矣。

——《韩非子·初见秦》

【译文】一个人奋勇拼命可以抵挡十个人，十个人可以抵挡一百个人，一百个人可以抵挡一千个人，一千个人可以抵挡一万个人，一万个人就可以攻取天下了。

[4] 兵者，凶器也。不可不审用也。

——《韩非子·存韩》

【译文】武器是凶残的东西，不能不慎重使用啊。

[5] 爱臣太亲，必危其身；人臣太贵，必易主位；主妾无等，必危嫡子；兄弟不服，必危社稷。

——《韩非子·爱臣》

【译文】宠臣过于亲近，必定危及国君的性命；臣子地位太高，必定取代君位；妻妾不分等级，必定危及嫡子，兄弟互不服气，必定危害国家。

[6] 道者，万物之始，是非之纪也。是以明君守始以知万物之源，治纪以知善败之端。

——《韩非子·主道》

【译文】道是万物的本源，是非的准则。因此，英明的君主把握这个本源以了解万物的由来，研究这个准则以了解成败的原因。

[7] 有智而不以虑，使万物知其处；有行而不以贤，观臣下之所因；有勇而不以怒，使群臣尽其武。

——《韩非子·主道》

【译文】（君主）有智慧也不用来思虑，从而使万物自然处在它适当的位置上；有德行也不自以为贤，从而观察臣下何所因依；有勇气也不用来逞威风，从而使臣下充分发挥他们的勇武。

[8] 人主之道，静退以为宝。不自操事而知拙与巧，不自计虑而知福与咎。

——《韩非子·主道》

【译文】君主的统治原则，以“静退”为法宝。自己不操劳具体事务而知道臣下办事是拙是巧，自己不谋划具体事情而知道臣下的谋划是福是祸。

[9] 为人臣者，譬之若手，上以修头，下以修足；清暖寒热，不得不救入；镆铘傅体，不敢弗搏。

——《韩非子·有度》

【译文】做臣子的，好像手一样，上面用来整理头，下面用来修治脚；遇到凉暖寒热侵袭身体的时候，不得不护卫；遇到宝剑逼近身体的时候，不敢不格斗。

[10] 贵贱不相逾，愚智提衡而立，治之至也。

——《韩非子·有度》

【译文】贵和贱不超越名分界限，愚者和智者以法为标准而各自得到应得的待遇，这是统治的最高境界。

[11] 越王好勇而民多轻死；楚灵王好细腰而国中多饿人；齐桓公妒而好内，故竖刁自宫以治内。

——《韩非子·二柄》

【译文】越王崇尚勇猛，所以民众都不怕死；楚灵王喜欢细腰，所以国内很多人甘愿忍受饥饿；齐桓公性情妒忌而爱好女色，所以竖刁自宫来治理宫内的事。

[12] 去好去恶，群臣见素。群臣见素，则大君不蔽矣。

——《韩非子·二柄》

【译文】（君主）不表现出自己的好恶感情，群臣就会显露出他们的本来面目。群臣显露出本来面目，君主就不会受蒙蔽了。

[13] 君见恶，则群臣匿端；君见好，则群臣诬能。

——《韩非子·二柄》

【译文】君主流露出厌恶的情绪，群臣就会把这方面的事隐藏起来；君主流露出喜好的情绪，群臣就会吹嘘有这方面的才能。

[14] 物者有所宜，材者有所施，各处其宜，故上下无为。

——《韩非子·扬权》

【译文】万物都有它适宜的用处，才能都有它施展的地方，各自处在适当的位置上，所以君臣就可以无为而治了。

[15] 使鸡司夜，令狸执鼠，皆用其能，上乃无事。

——《韩非子·扬权》

【译文】让公鸡掌管报晓，让狸猫捕捉老鼠，如果都能像这样各用其才，君主就可以无为而治了。

[16] 主失其神，虎随其后。主上不知，虎将为狗。主不蚤止，狗益无已。虎成其群，以弑其母。

——《韩非子·扬权》

【译文】君主如果不能神妙莫测，老虎就会跟随其后。君主如果仍不察觉，老虎就会伪装成狗。君主如果不能及早制止，“狗”将不断繁衍增加。等到老虎成了群，将会群起而弑君。

[17] 彼求我予，假仇人斧；假之不可，彼将用之以伐我。

——《韩非子·扬权》

【译文】他们提出要求，我就给予满足，这就等于借给仇人斧头。借给仇人斧头是不可以的，仇人将会用它来砍我。

[18] 凡听之道：以其所出，反以为之入。故审名以定位，明分以辩类。

——《韩非子·扬权》

【译文】君主听取言论的方法是：根据臣下发表的言论，反过来看看他们的实效是否符合他的言论。所以要审核名分来确定职位，弄清是非界限来辨析臣下的类别。

[19] 黄帝有言曰：“上下一日百战。”

——《韩非子·扬权》

【译文】黄帝曾经说过：“君主和臣下一天之内就有上百次的冲突。”

[20] 耽于女乐，不顾国政，则亡国之祸也。

——《韩非子·十过》

【译文】沉溺于女子歌舞，不关心国家政事，这是亡国的祸害。

[21] 圣人之治，藏于臣不藏于府库，务修其教不治城郭。

——《韩非子·十过》

【译文】圣人治理国家，粮食财货藏于民，而不藏于国家仓库；努力教化百姓而不单纯修缮城郭。

[22] 贪愎喜利，则灭国杀身之本也。

——《韩非子·十过》

【译文】贪心固执，喜欢私利，这是亡国杀身的根源。

[23] 智术之士，必远见而明察，不明察不能烛私；能法之士，必强毅而劲直，

不劲直不能矫奸。

——《韩非子·孤愤》

【译文】通晓“智术”的人，一定有远见卓识并且能明察秋毫，不明察秋毫就不能洞察隐私；能推行法制的人，一定坚定果断并且刚劲正直，不刚劲果断，就不能矫正奸邪。

[24] 与死人同病者，不可生也；与亡国同事者，不可存也。

——《韩非子·孤愤》

【译文】与死人得同样的病症，生命就很难保全了；与亡国有同样的情况，国家就很难保全了。

[25] 圣人之治国也，固有使人不得不爱我之道，而不恃人之以爱为我也。

——《韩非子·奸劫弑臣》

【译文】圣人治理国家，本来就有使人不得不爱我的办法，而不依赖别人出于爱而为我效力。

[26] 圣人者，审于是非之实，察于治乱之情也。

——《韩非子·奸劫弑臣》

【译文】圣人能够清楚地了解是非的实际，明白地察觉治乱的实情。

[27] 人主诚明于圣人之术，而不苟于世俗之言，循名实而定是非，因参验而审言辞。

——《韩非子·奸劫弑臣》

【译文】君主真正懂得圣人的治术，而不迁就世俗的言论，按照名实是否相符来判定是非，根据办事效果审查言辞是否正确。

[28] 缓心而无成，柔茹而寡断，好恶无决而无所定立者，可亡也。

——《韩非子·亡征》

【译文】办事拖沓而没有成效，软弱胆怯而优柔寡断，好坏不分而没有主见的，国家就可能灭亡了。

[29] 变褊而心急，轻疾而易动发，心悁忿而不訾前后者，可亡也。

——《韩非子·亡征》

【译文】性情偏激而急躁，处理事情轻率而好冲动，积忿易怒而不思前虑后的，国家就可能灭亡了。

[30] 利君死者众，则人主危。

——《韩非子·备内》

【译文】认为君主死亡对自己有利的人多，那么君主就危险了。

[31] 明于治之数，则国虽小，富；赏罚敬信，民虽寡，强。

——《韩非子·饰邪》

【译文】如果明白治理国家的道理和方法，那么国家虽然小，也会富有；奖赏惩罚谨慎守信，那么民众虽然人数少，国家也会富强。

[32] 身以积精为德，家以资财为德，乡国天下皆以民为德。

——《韩非子·解老》

【译文】身体以积蓄精气为德，家庭以积蓄财产为德，乡国和天下都以保养民众为德。

[33] 以有余补不足，以长续短，之谓明主。

——《韩非子·观行》

【译文】能够用多余的来补充不足的，以长的来接续短的，这就叫做英明的君主。

[34] 甚病之人利在忍痛，猛毅之君以福拂耳。

——《韩非子・安危》

【译文】得重病的人为痊愈而忍住病痛，勇猛刚毅的君主为得福而听逆耳的话。

[35] 安危在是非，不在于强弱；存亡在虚实，不在于众寡。

——《韩非子・安危》

【译文】国家的安危在于能否分清是非，而不在于力量的强弱；国家的存亡在于君主是徒有虚名还是握有实权，而不在于人数的多少。

[36] 善之生如春，恶之死如秋，故民劝极力而乐尽情，此之谓上下相得。

——《韩非子・守道》

【译文】好事物像春草层出不穷，坏事物像秋草枯萎凋谢，所以民众勤勉竭力，乐于尽忠，这就叫君臣相得。

[37]至治之国，君若桴，臣若鼓，技若车，事若马。

——《韩非子·功名》

【译文】治理得最好的国家，君主好比鼓槌，臣子好比鼓，技能好比车子，事情好比马。

[38]非天时，虽十尧不能冬生一穗；逆人心，虽贲、育不能尽人力。

——《韩非子·功名》

【译文】不顺应天时，即使有十个尧一样贤明的君主也不能使庄稼在冬天结出一个穗儿；违背人心，即使是孟贲、夏育这样的大力士也不肯多出力气。

[39]大人寄形于天地而万物备，历心于山海而国家富。

——《韩非子·大体》

【译文】君主要像天地那样遍覆毕载而使万物齐备，心胸要像高山大海那样不立好恶、不择大小而使国家富强。

[40]国君好内则太子危，好外则相室危。

——《韩非子·内储说下六微》

【译文】君主宠爱姬妾，太子就危险；宠信近臣，宰相就危险。

［41］明主之论也，国害则省其利者，臣害则察其反者。

——《韩非子·内储说下六微》

【译文】明君断事：国家受害，就要考虑那些中饱私囊的人；臣下受害，就要考察那些与他利害关系相反的人。

［42］利之所在民归之，名之所彰士死之。

——《韩非子·外储说左上》

【译文】利益在什么地方，民众就趋向什么地方；宣扬什么好名声，士人就拼命为之奋斗。

［43］小信成则大信立，故明主积于信。

——《韩非子·外储说左上》

【译文】在小事上讲究信用，就能在大事上建立信用，所以明智的君主要在信用上积累声望。

［44］良药苦于口，而智者劝而饮之，知其入而已己疾也。忠言拂于耳，而

明主听之，知其可以致功也。

——《韩非子·外储说左上》

【译文】好药喝起来很苦，但聪明的人却鼓励自己去喝，因为他知道喝下去能使自己的疾病痊愈。忠诚的话语听起来不顺耳，但明智的君主愿意听取，因为他知道能获得好的功业。

[45] 人主多无用之辩，而少无易之言，此所以乱也。

——《韩非子·外储说左上》

【译文】君主重视没有用处的辩论，而看轻无可变易的老实话，这是引起祸乱的原因之一。

[46] 信名则群臣守职，善恶不逾，百事不怠；信事则不失天时，百姓不逾；信义则近亲劝勉，而远者归之矣。

——《韩非子·外储说左上》

【译文】在名位上守信用，那么群臣就会恪尽职守，不跨越善恶的界限，所有的工作都不懈怠；在政事上守信用，就会顺应天时，赢得民心；在道义上守信用，亲近的人就会勤勉工作，远方的人也会来归附了。

[47] 孔子曰："为人君者犹盂也，民犹水也，盂方水方，盂圜水圜。"

——《韩非子·外储说左上》

【译文】孔子说："做君主的人好像水盂，民众好像水。盂是方的，水也就是方的；盂是圆的，水也就是圆的。"

[48] 朋党相和，臣下得欲，则人主孤；群臣公举，下不相和，则人主明。

——《韩非子·外储说左下》

【译文】臣下朋党勾结，互相应和，他们的私欲就会得逞，君主就会孤立；群臣都为公推举人才，下面不勾结拉拢，君主就能明察而不受蒙蔽。

[49] 主贤明则悉心以事之，不肖则饰奸而试之。

——《韩非子·外储说左下》

【译文】君主贤明，就尽心侍奉他；君主不贤明，就掩饰起坏念头去试探他。

[50] 外举不避仇，内举不避子。

——《韩非子·外储说左下》

【译文】举荐外人不回避仇敌，举荐自己人不回避儿子。

[51] 善持势者，蚤绝奸之萌。

——《韩非子·外储说右上》

【译文】善于掌握权势的人，要及早杜绝奸邪的苗头。

[52] 好恶见则下有因，而人主惑矣；辞言通则臣难言，而主不神矣。

——《韩非子·外储说右上》

【译文】君主如果表现出明显的爱憎，臣下便会投其所好，这样君主就会受迷惑。君主如果把听到的话泄漏出去，臣下就难以向君主进言，君主就会因耳目闭塞而丧失神明。

[53] 赏之誉之不劝，罚之毁之不畏，四者加焉不变，则除之。

——《韩非子·外储说右上》

【译文】奖赏、称赞不能使他努力，惩罚、谴责不能使他畏惧，赏、誉、罚、毁加到身上他都无动于衷，就应当开除他。

[54] 近贤而远不肖，治其烦乱，缓其刑罚，振贫穷而恤孤寡，行恩惠而给不足，民将归君。

——《韩非子·外储说右上》

【译文】亲近贤人，疏远小人，整顿混乱的局面，放宽刑罚，救济贫穷，抚恤孤寡，施行恩惠，资助不富足的人，民众就会归心于君主。

[55]凡奸者，行久而成积，积成而力多，力多而能杀，故明主蚤绝之。

——《韩非子·外储说右上》

【译文】凡是奸人，阴谋活动时间长了，势力就有所积累；积累多了，力量就大；力量大了，就能够谋杀君主，所以英明的君主应该及早消灭他们。

[56]乱臣者必重人，重人者，必人主所甚亲爱也。

——《韩非子·外储说右上》

【译文】作乱的臣子，一定是握有大权的人；握有大权的人，一定是君主异常亲信爱护的人。

[57]为人主而漏其群臣之语，是犹无当之玉卮也，虽有圣智，莫尽其术，为其漏也。

——《韩非子·外储说右上》

【译文】如果贵为君主而把群臣的言论泄漏出去，那就好像没有底儿的玉杯一样，即使臣下聪明才智，也无法充分贡献谋略，因为总要被泄漏出去。

[58]申子曰："独视者谓明，独听者谓聪。能独断者，故可以为天下主。"

——《韩非子·外储说右上》

【译文】申子说："能独立观察问题的叫明，能独立听取意见的叫聪。能独立决断的，就可以做天下的君主。"

[59]夫痤疽之痛也，非刺骨髓，则烦心不可支也；非如是，不能使人以半寸砥石弹之。今人主之于治亦然。

——《韩非子·外储说右上》

【译文】痈疽的疼痛，并不像针刺骨髓，但心里的烦苦就支持不住；如果不是这样，也不肯让人用半寸长的石针去刺它。现在君主治理国家也是这样。

[60]主卖官爵，臣卖智力。故曰：自恃无恃人。

——《韩非子·外储说右下》

【译文】君主出售爵位给臣子，臣子出售智力给君主。

所以说只能自己依靠自己，不能依靠别人。

[61] 人主不佯憎爱人，佯爱人不得复憎也，佯憎人不得复爱也。

——《韩非子·外储说右下》

【译文】君主不假装憎恨人，也不假装爱人。因为假装爱某人之后，就不好再恨他；假装恨某人之后，就不好再爱他了。

[62] 救火者令吏挈壶瓮而走火，则一人之用也；操鞭棰指麾而趣使人，则制万夫。是以圣人不亲细民，明主不躬小事。

——《韩非子·外储说右下》

【译文】救火时，如果让官吏提着水壶水罐跑去救火，就只能起到一个人的作用；如果让他们拿着鞭子、短棍指挥百姓，就能驱使上万人去救火。因此，圣明的君主不亲自管理民众，不亲自过问小事。

[63] 国者，君之车也；势者，君之马也。无术以御之，身虽劳犹不免乱；有术以御之，身处佚乐之地，又致帝王之

功也。

——《韩非子·外储说右下》

【译文】国家是君主的车，权势是君主的马。如果君主没有技术驾驭车马，那么即使自己很辛苦，仍然不免于混乱；如果掌握了驾驭车马的技术，自己不但安逸轻松，而且能够取得统一天下的帝王功业。

[64] 上有积财，则民臣必匮乏于下；宫中有怨女，则有老而无妻者。

——《韩非子·外储说右下》

【译文】宫中积聚大量的财富，那么民众一定穷困匮乏；宫中有大量幽怨的宫女，那么民间一定有许多人老而无妻。

[65] 焚林而田，偷取多兽，后必无兽；以诈遇民，偷取一时，后必无复。

——《韩非子·难一》

【译文】焚烧树林打猎，暂时能够多猎取野兽，以后定然没有野兽；用欺诈的办法对待民众，能够取得一时的利益，以后民众就不会再服从了。

[66]君有道，则臣尽力而奸不生；无道，

则臣上塞主明而下成私。

——《韩非子·难一》

【译文】君主有正确的治国原则，臣下就尽力为君主效劳，奸邪也不会产生；君主没有正确的治国原则，臣下就会对上蒙蔽君主而在下谋取私利。

[67] 布衣之士不轻爵禄，无以易万乘之主；万乘之主不好仁义，亦无以下布衣之士。

——《韩非子·难一》

【译文】平民百姓中的士人不看轻爵禄，就不会轻视大国的君主；大国的君主不爱好仁义，也不能谦卑地对待平民百姓中的士人。

[68] 君者壤地也，臣者草木也，必壤地美然后草木硕大，亦君之力也，臣何力之有？

——《韩非子·难二》

【译文】君主好比土地，臣子好比草木。一定是土地肥沃，然后草木才茂盛。这是君主的力量，臣子有什么力量呢？

[69] 君人者劳于索人，佚于使人。

——《韩非子·难二》

【译文】君主寻求人才时很费力，使用人才时就安逸了。

[70] 明君见小奸于微，故民无大谋；行小诛于细，故民无大乱。

——《韩非子·难三》

【译文】英明的君主能从细枝末节中发现奸谋的迹象，因此民众不会有叛变君主的大阴谋；从琐细的小事中施行小的惩罚，因此民众没有大的叛乱。

[71] 为君不能禁下而自禁者谓之劫，不能饰下而自饰者谓之乱，不节下而自节者谓之贫。

——《韩非子·难三》

【译文】做国君的不能禁止臣下而只是约束自己的，叫做灾难；不能整治臣下而只是检点自己的，叫做混乱；不能节制臣下而只是节制自己的，叫做穷困。

[72] 申子曰："治不逾官，虽知不言。"

——《韩非子·难三》

【译文】申子说："办事情不要超越自己的职责，分外的事情就是知道也不说。"

[73]管子曰："言于室，满于室；言于堂，满于堂。是谓天下王。"

——《韩非子·难三》

【译文】管子说："在室内讲话，满室的人都能听到；在堂上讲话，满堂的人都能听到。这就叫做天下的君王。"

[74]君明而严则群臣忠，君懦而暗则群臣诈。

——《韩非子·难四》

【译文】君主明察而严厉，群臣就会忠顺；君主懦弱而昏庸，群臣就会奸诈。

[75]非贤而贤用之，与爱而用之同。贤诚贤而举之，与用所爱异状。

——《韩非子·难四》

【译文】不是贤人而作为贤人来任用，和由于宠爱而任用他是一样的。君主所认为的贤人确是真正的贤人而提拔他，和君主用自己所宠爱的人是不一样的。

[76] 势治者则不可乱，而势乱者则不可治也。

——《韩非子·难势》

【译文】政治势力有条有理就不可能混乱，而政治势力混乱也不可能治理好。

[77] 乱世之听言也，以难知为察，以博文为辩；其观行也，以离群为贤，以犯上为抗。

——《韩非子·问辩》

【译文】乱世听取言论，以隐蔽难辨为明察，以博学多文为雄辩；观察行为，以远离社会为贤能，以违抗君主为刚直。

[78] 谄谀之臣，唯圣王知之。而乱主近之，故至身死国亡。

——《韩非子·说疑》

【译文】阿谀奉承的臣子，只有圣明的君主才能察知。而昏乱的君主却去亲近他们，所以落到身死国亡的地步。

[79] 小之名卑地削，大之国亡身死，

不明于用臣也。

——《韩非子·说疑》

【译文】小到声名卑贱地位削弱，大到国家灭亡自身不保，是因为不知道怎样明智地使用臣下。

[80] 群臣居则修身，动则任力，非上之令不敢擅作疾言诬事，此圣王之所以牧臣下也。

——《韩非子·说疑》

【译文】群臣居家的时候修身养性，工作的时候尽心尽力，不是君主的命令不敢随便说话、造谣生事，这是圣明的君主驱使臣下的方法。

[81] 内宠并后，外宠贰政，枝子配适，大臣拟主，乱之道也。

——《韩非子·说疑》

【译文】后宫宠爱的妃子与王后并列，外朝宠爱的臣子与卿相分权，庶子和嫡子不分上下，大臣自比君主，都是走向祸乱的途径。

[82] 圣人之所以为治道者三：一曰利，二曰威，三曰名。夫利者所以得民也，

威者所以行令也，名者上下之所同道也。

——《韩非子·诡使》

【译文】圣人治理国家的原则有三条：一是利禄，二是威权，三是名分。利禄是用来得民心的，威权是用来施行政令的，名分是上下所共同遵循的原则。

[83] 世之所以不治者，非下之罪，上失其道也。

——《韩非子·诡使》

【译文】社会之所以不安宁，不是臣下的罪过，而是君主丧失了治国的原则。

[84] 古者有谚曰："为政犹沐也，虽有弃发必为之。"

——《韩非子·六反》

【译文】古代有句谚语说："办理政事就好像是洗头发，虽然有掉落的头发，但还是一定要去做。"

[85] 夫奸，必知则备，必诛则止；不知则肆，不诛则行。

——《韩非子·六反》

【译文】奸臣肯定会被察觉，他才会戒惧；肯定会受到惩罚，他才不敢活动。不会被察觉，他就会放肆；不会受惩罚，他便会横行。

[86] 使民以力得富，以事致贵，以过受罪，以功致赏，而不念慈惠之赐，此帝王之政也。

——《韩非子・六反》

【译文】使民众因自己的力量得到富裕，因对国家办事有功而获得尊贵，因过失而受到惩罚，因立功而获得奖赏，而不考虑仁慈恩惠的赏赐，这才是帝王的治国之道。

[87] 任人以事，存亡治乱之机也。无术以任人，无所任而不败。

——《韩非子・八说》

【译文】任用什么人办理政事，是国家治乱存亡的关键。没有办法任用人，没有一次任用是不失败的。

[88] 下君尽己之能，中君尽人之力，上君尽人之智。

——《韩非子・八经》

【译文】最普通的君主竭尽自己的才能；稍明智的君主竭尽别人的力量；最圣明的君主竭尽别人的智慧。

[89] 以一得十者下道也，以十得一者上道也。明主兼行上下，故奸无所失。

——《韩非子·八经》

【译文】用一人察觉十人的阴谋活动，是揭露下面阴谋活动的办法；用十人察觉一人的阴谋活动，是揭露上面阴谋活动的办法。英明的君主兼用上下两种办法，所以不会遗漏任何坏人。

[90] 事因于世，而备适于事。

——《韩非子·五蠹》

【译文】政事随着时代的变化而变化，措施必须适应已经变化了的政事。

[91] 世异则事异；事异则备变。

——《韩非子·五蠹》

【译文】时代不同了，事情就要跟着变化；情况变化了，措施就要跟着改变。

[92] 圣人不期修古，不法常可，论世之事，因为之备。

——《韩非子·五蠹》

【译文】圣人不期望复古，不效法永恒不变的法规，而是研究当代的形势，从而采取相应的措施。

[93] 今欲以先王之政治当世之民，皆守株之类也。

——《韩非子·五蠹》

【译文】现在还想用先王的政治来治理当代的民众，就像守株待兔一样可笑。

[94] 人之于让也，轻辞古之天子，难去今之县令者，薄厚之实异也。

——《韩非子·五蠹》

【译文】人们在让位这件事上，可以轻易地辞掉古代的王位，却难以舍弃今天县官的职位，是因为利益大小不同。

[95] 上古竞于道德，中世逐于智谋，当今争于气力。

——《韩非子·五蠹》

【译文】上古时在道德方面竞争，中世时在智谋方面角逐，当今则在力量方面较量。

[96] 古今异俗，新故异备，如欲以宽缓之政治急世之民，犹无辔策而御馯马，此不知之患也。

——《韩非子·五蠹》

【译文】古代和现在的社会风俗是不一样的，新旧时代的政治措施是不同的。假如想用宽大和缓的仁政去治理处在急剧变动时代的民众，就好像没有缰绳和鞭子而去驾驭烈马一样，这是不明智地施用恩惠。

[97] 国平养儒侠，难至用介士，所利非所用，所用非所利。

——《韩非子·五蠹》

【译文】国家太平时养儒士和侠士，灾难到来时用的却是甲士。国家给予利益的人，不是国家所要用的人；国家所要用的人，却得不到国家的利益。

[98] 百人事智而一人用力，事智者众则法败，用力者寡则国贫，此世之所以乱也。

——《韩非子·五蠹》

【译文】许多人从事脑力劳动，极少的人从事体力劳动。从事脑力劳动的人多了，法治就会败坏；从事体力劳动的人少了，国家就会贫困，这就是社会所以混乱的原因。

[99] 所谓明君者，能畜其臣者也；所谓贤臣者，能明法辟，治官职，以戴其君者也。

——《韩非子·忠孝》

【译文】所谓英明的君主，就是能够驯服自己臣子的人；所谓贤能的臣子，就是能够彰明法度、忠于职守来拥戴自己君主的人。

[100] 马之所以能任重引车致远道者，以筋力也。万乘之主，千乘之君，所以制天下而征诸侯者，以其威势也。

——《韩非子·人主》

【译文】骏马之所以能负重拉车到达很远的地方，靠的是它的筋力。大国和中等国家的君主之所以能统治天下、征伐诸侯，靠的是他们的威势。

[101] 智者决策于愚人，贤士程行于不肖，则贤智之士奚时得用，而人主之明塞矣。

——《韩非子·人主》

【译文】聪明人的主张由愚蠢的人来决断，贤人的行为由品德不好的人来衡量，那么贤智之士何时才能得到任用？而君主的明智也就被阻塞了。

[102] 以力攻者，出一取十；以言攻者，出十丧百。

——《韩非子·饬令》

【译文】国家凭实力去进攻敌人，出一分力量可以取得十分的成果；凭空话去进攻敌人，出十分力量反而会遭到百分的损失。

[103] 圣人之治民，度于本，不从其欲，期于利民而已。

——《韩非子·心度》

【译文】圣人治理民众，用法度作为衡量一切的根本，不放纵他们的欲望，只期望有利于民众罢了。

[104] 治民者禁奸于未萌，而用兵者服

战于民心。

——《韩非子·心度》

【译文】治理民众，要把奸邪禁止在还没有萌芽之时；用兵作战，要使民众的思想适应于战争。

[105] 王道在所闻，在所塞，塞其奸者必王。

——《韩非子·心度》

【译文】称王天下的途径在于了解和知道什么，阻止什么。能够阻止奸邪行为的，必能称王天下。

[106] 国治则民安，事乱则邦危。

——《韩非子·制分》

【译文】国家治理得好百姓就安定；国家政事混乱、赏罚不明，国家就会有灭亡的危险。

图书在版编目（CIP）数据

悦读丛书．国学篇／《悦读丛书》编委会编．—济南：山东友谊出版社，2015.12

ISBN 978-7-5516-0938-8

Ⅰ．①悦… Ⅱ．①悦… Ⅲ．①丛书—中国—现代②国学—通俗读物 Ⅳ．①Z121.7 ②Z126-49

中国版本图书馆 CIP 数据核字（2015）第 319104 号

主管单位：山东出版传媒股份有限公司
出版发行：山东友谊出版社
地　　址：济南市英雄山路 189 号　邮政编码：250002
电　　话：出版管理部（0531）82098756
　　　　　市场营销部（0531）82098035（传真）
印　　刷：山东省东营市新华印刷厂
版　　次：2016 年 1 月第 1 版
印　　次：2016 年 1 月第 1 次印刷
规　　格：103mm × 171mm
印　　张：21.25
字　　数：280 千字
定　　价：55.00 元（全五卷）

悦读丛书

·国学篇·

哲理

《悦读丛书》编委会　编

本卷主编　王恒展

山东友谊出版社

目录

《论语》

[1] 攻乎异端，斯害也已。

——《论语·为政第二》

【译文】埋头钻研异端邪说，这是有害的啊。

[2] 非其鬼而祭之，谄也。见义不为，无勇也。

——《论语·为政第二》

【译文】祭祀不应该祭祀的鬼神，是谄媚。见到应该挺身而出的事情却袖手旁观，这是怯懦。

[3] 君子之于天下也，无适也，无莫也，义之与比。

——《论语·里仁第四》

【译文】君子对于天下的事情，并没有规定要怎么做，也没有规定不要怎么做，而是怎么做合乎义就怎么做。

[4] 朝闻道，夕死可矣。

——《论语·里仁第四》

【译文】早上知道了真理，让我当晚死去都可以。

[5] 季文子三思而后行。子闻之，曰：“再，斯可矣。”

——《论语·公冶长第五》

【译文】季文子每件事情都是考虑三次才行动。孔子听到后说：“想两次也就可以了。”

[6] 务民之义，敬鬼神而远之，可谓知矣。

——《论语·雍也第六》

【译文】把心思专一地放在使人民趋“义”上，尊敬鬼神，但并不接近它，就可以叫做智慧了。

[7] 逝者如斯夫！不舍昼夜。

——《论语·子罕第九》

【译文】消逝的时光如同大河中的流水，日夜不停地向前流去。

[8] 岁寒，然后知松柏之后凋也。

——《论语·子罕第九》

【**译文**】到了严寒的季节，才知道松柏树是最后落叶的。

[9] 苗而不秀者有矣夫！秀而不实者有矣夫！

——《论语·子罕第九》

【**译文**】庄稼生长了，却不吐穗开花，有过吧！吐穗开花了，却又不结果实，有过吧！

[10] 君子居之，何陋之有？

——《论语·子罕第九》

【**译文**】有君子在那里住，还有什么简陋呢？

[11] 吾有知乎哉？无知也。有鄙夫问于我，空空如也。我叩其两端而竭焉。

——《论语·子罕第九》

【**译文**】我有知识吗？没有。有一个乡下人问我问题，我本是一点也不知道；我从他那个问题的正反两面去询问，就有了完全的答案。

[12] 子贡问："师与商也孰贤？"子曰："师也过，商也不及。"曰："然

则师愈与？”子曰：“过犹不及。”

——《论语·先进第十一》

【译文】子贡问孔子说：“颛孙师和卜商，哪一个人更好些呢？”孔子说：“颛孙师做起事情来，常常过分；卜商做起事情来，常常不到火候。”子贡接着又问：“那么，是不是可以说颛孙师比卜商好一点呢？”孔子说：“不见得，事情做过了头和欠火候是一样的。”

[13] 未能事人，焉能事鬼？

——《论语·先进第十一》

【译文】活人还不能服侍，怎么能去服侍鬼神呢？

[14] 未知生，焉知死？

——《论语·先进第十一》

【译文】人生的道理我还没弄明白，怎么能懂得死呢？

[15] 不得中行而与之，必也狂狷乎！狂者进取，狷者有所不为也。

——《论语·子路第十三》

【译文】如果不能同合乎中庸的人交往，那就一定要和志气高和操守廉洁的人交往。志气高的人一意进取，操守廉洁的人能控制住自己，不去干坏事。

[16] 君子疾没世而名不称焉。

——《论语·卫灵公第十五》

【译文】 君子最担心到死而名声不被人称赞。

[17] 人能弘道，非道弘人。

——《论语·卫灵公第十五》

【译文】 人能够把道发扬光大，不是道弘扬个人。

[18] 众恶之，必察焉；众好之，必察焉。

——《论语·卫灵公第十五》

【译文】 即使众人都讨厌他，也不要随声附和，一定要自己考察一番；即使众人都喜欢他，也一定要自己考察一番。

[19] 见利思义，见危授命，久要不忘平生之言，亦可以为成人矣。

——《论语·宪问第十四》

【译文】 看见有利可图而想到道义，遇到危难能献出生命，长久穷困也能恪守平生的誓言，这也可以说是全人了。

[20]何以报德？以直报怨，以德报德。

——《论语·宪问第十四》

【译文】用什么来报答恩德呢？用正直来报答怨恨，用恩德来报答恩德。

[21]天何言哉？四时行焉，百物生焉，天何言哉？

——《论语·阳货第十七》

【译文】天说了些什么呢？一年四季照样运行，人间的各种生物照样生长。天又说了些什么呢？

《孟子》

[1]惟仁者为能以大事小，是故汤事葛，文王事昆夷。惟智者为能以小事大，故太王事獯鬻，勾践事吴。

——《孟子·梁惠王下》

【译文】只有仁爱的人才能以大国的身份来服侍小国，所以商汤服侍葛伯，文王服侍昆夷。只有聪明的人才能以小国的身份服侍大国，所以太王服侍獯鬻，勾践服侍夫差。

[2]以大事小者，乐天者也；以小事大者，畏天者也。乐天者保天下，畏天者保其国。

——《孟子·梁惠王下》

【译文】以大国的身份服侍小国的，是无往而不快乐的人；以小国的身份服侍大国的，是谨慎畏天的人。无往而不快乐的人足以安定天下，谨慎畏天的人足以保护自己的国家。

[3] 行，或使之；止，或尼之。行止，非人所能也。

——《孟子·梁惠王下》

【译文】一个人要干什么事情，是有一种力量推动他；有时停止不干，也有一种力量阻止他。干与不干，不是单凭人力所能做到的。

[4] 苟为善，后世子孙必有王者矣。君子创业垂统，为可继也。

——《孟子·梁惠王下》

【译文】要是一个君主实行仁政，即使他本人不能成功，他的后代子孙也一定有成为帝王的。君子创立功业，传之子孙，正是为了一代一代地能继承下去。

[5] 圣人之于民，亦类也。出于其类，拔乎其萃，自生民以来，未有盛于孔子也。

——《孟子·公孙丑上》

【译文】圣人对于百姓也是同类。但是远远地超出他那一类，大大高出他那一群，从有人类以来没有比孔子还要伟大的。

[6] 人皆有不忍人之心。

——《孟子·公孙丑上》

【译文】每个人都有怜恤别人的心理。

[7] 五百年必有王者兴，其间必有名世者。

——《孟子·公孙丑下》

【译文】每过五百年便有一位明君兴起，而且肯定有闻名于世的人才涌现出来。

[8] 由周而来，七百有余岁矣。以其数，则过矣；以其时考之，则可矣。夫天未欲平治天下也；如欲平治天下，当今之世，舍我其谁也？

——《孟子·公孙丑下》

【译文】从周武王到现在，已经七百多年了。论年数，超过了五百年；论时势，正该是圣君出来的时候。上天不想使天下太平了吧；如果想使天下太平，在今日的社会，除了我，还有谁呢？

［9］夫道一而已矣。

——《孟子·滕文公上》

【译文】天下的道理只有这么一个。

［10］顺天者存，逆天者亡。

——《孟子·离娄上》

【译文】顺从天命的生存，违背天命的灭亡。

［11］是故诚者，天之道也；思诚者，人之道也。至诚而不动者，未之有也；不诚，未有能动者也。

——《孟子·离娄上》

【译文】所以诚是天的规律；追求诚是做人的规律。极端诚心而不能感动别人，是不曾有过的；没有诚心，没有能感动别人的。

［12］昔者，尧荐舜于天，而天受之；暴之于民，而民受之；故曰，天不言，以行与事示之而已矣。

——《孟子·万章上》

【译文】从前，尧将舜推荐给上天，上天接受了；又把舜公开介绍给百姓，百姓也接受了。所以说，天不说话，用行动和事物来表示罢了。

[13] 使之主祭，而百神享之，是天受之；使之主事，而事治，百姓安之，是民受之也。天与之，人与之，故曰，天子不能以天下与人。

——《孟子·万章上》

【译文】 叫他主持祭祀，所有的神明都来享用，这就是天接受了；叫他主持事务，事务做得很好，百姓很满意他，这就是百姓接受了。天授予他，百姓授予他，所以说，天子不能拿天下授予人。

[14] 莫之为而为者，天也；莫之致而至者，命也。

——《孟子·万章上》

【译文】 没有人有意去做竟做了，就是天意；没有人去招致竟来了，就是命运。

[15] 人性之善也，犹水之就下也。人无有不善，水无有不下。

——《孟子·告子上》

【译文】 人性善良，正像水向低处流。人没有不善良的，水没有不向低处流的。

[16] 今夫水，搏而跃之，可使过颡；激而行之，可使在山。是岂水之性哉？其势则然也。人之可使为不善，其性亦犹是也。

——《孟子·告子上》

【译文】拍水使它跳起来，可以高过额头；阻遏水势，可以引上高山。这难道是水的本性吗？形势使它如此的。人可以受别人驱使做坏事，人性的改变也正像这样。

[17] 食色，性也。

——《孟子·告子上》

【译文】饮食男女，这是人的本性。

[18] 乃若其情，则可以为善矣，乃所谓善也。若夫为不善，非才之罪也。

——《孟子·告子上》

【译文】从天生的资质看，可以使他善良，这就是我所说的本性善良。至于有些人不善良，这不能归罪于他的资质。

[19]富岁，子弟多赖；凶岁，子弟多暴，非天之降才尔殊也，其所以陷溺其心者然也。

——《孟子·告子上》

【译文】丰收年成，少年子弟多半懒惰；荒灾年成，少年子弟多半强暴。不是因为天生的资质不同，而是因为环境使他们的心情改变的缘故。

[20]凡同类者，举相似也，何独至于人而疑之？圣人与我同类者。

——《孟子·告子上》

【译文】一切同类事物，无不大体相同，为什么一讲到人就怀疑了呢？圣人也是我们的同类。

[21]存乎人者，岂无仁义之心哉？其所以放其良心者，亦犹斧斤之于木也，旦旦而伐之，可以为美乎？

——《孟子·告子上》

【译文】在某些人身上，难道没有仁义之心吗？他们之所以丧失善良之心，也正像斧子对于树木一般，每天去砍伐它，能茂盛吗？

[22] 苟得其养，无物不长；苟失其养，无物不消。孔子曰：“操则存，舍则亡；出入无时，莫知其乡。”惟心之谓与？

——《孟子·告子上》

【译文】假如得到滋养，没有东西不生长；如果失掉滋养，没有东西不消亡。孔子说过：“抓住它，就存在；放弃它，就亡失；出出进进没有一定时间，也不知道它何去何从。”这是指人心而言的吧？

[23] 有天爵者，有人爵者。仁义忠信，乐善不倦，此天爵也；公卿大夫，此人爵也。

——《孟子·告子上》

【译文】有自然爵位，有社会爵位。仁义忠信，乐于行善而不知疲倦，这是自然爵位；公卿大夫，这是社会爵位。

[24] 欲贵者，人之同心也。人人有贵于己者，弗思耳矣。人之所贵者，非良贵也。

——《孟子·告子上》

【译文】希望尊贵，这是人的共同心理。每个人都有可尊贵的东西，只是不去思考它罢了。别人所给予的尊贵，不是真正的尊贵。

[25] 五谷者，种之美者也；苟为不熟，不如荑稗。夫仁，亦在乎熟之而已矣。

——《孟子·告子上》

【译文】五谷是庄稼中的好品种，假若不成熟，反而不及稊米和稗子。仁，也在于使它成熟。

[26] 存其心，养其性，所以事天也。殀寿不贰，修身以俟之，所以立命也。

——《孟子·尽心上》

【译文】保持人的本心，培养人的本性，这就是对待天命的方法。短命也好，长寿也好，我都不三心二意，只是培养本心，等待天命，这就是安身立命的方法。

[27] 莫非命也，顺受其正；是故知命者不立乎岩墙之下。尽其道而死者，正命也；桎梏死者，非正命也。

——《孟子·尽心上》

【译文】无一不是命运，顺理而行，便是正命；所以懂得命运的人不站在有崩塌危险的悬崖、高墙下。

尽力行道而死的人是正命，犯罪而死的人不是正命。

［28］求则得之，舍则失之，是求有益于得也，求在我者也。求之有道，得之有命，是求无益于得也，求在外者也。

——《孟子·尽心上》

【译文】有些东西，探求便会得到，放弃便会失掉，这是有益于收获的探求，因为所探求的东西存在于自身之内。探求有一定的方式，得到与否却听从命运，这是无益于收获的探求，因为所探求的东西存在于自身之外。

［29］待文王而后兴者，凡民也。若夫豪杰之士，虽无文王犹兴。

——《孟子·尽心上》

【译文】一定要等到文王出来而后奋起的，是一般百姓。至于豪杰之士，即使没有文王，也能奋起。

［30］杨子取为我，拔一毛而利天下，不为也。墨子兼爱，摩顶放踵利天下，为之。子莫执中，执中为近之。

——《孟子·尽心上》

【译文】杨子主张为我，拔一根汗毛而有利于天下，都不肯干。墨子主张兼爱，摩秃头顶，走破脚跟，只要对天下有利，一切都干。子莫就主张中道，主张中道便差不多了。

[31]执中无权，犹执一也。所恶执一者，为其贼道也，举一而废百也。

——《孟子·尽心上》

【译文】主张中道如果没有灵活性，不懂得变通，仍如执著一点。为什么厌恶执著一点呢？因为它有害于仁义之道，执著一点便废弃了其余的东西。

[32]居移气，养移体，大哉居乎！

——《孟子·尽心上》

【译文】环境改变气度，奉养改变体质，环境真是重要啊！

[33]仁也者，人也。合而言之，道也。

——《孟子·尽心下》

【译文】“仁”的意思就是“人”，“仁”和“人”合并起来说就是道。

[34]口之于味也，目之于色也，耳之

于声也，鼻之于臭也，四肢之于安佚也，性也，有命焉。君子不谓性也。

——《孟子·尽心下》

【译文】口对于美味，眼对于美色，耳对于好听的声音，鼻对于芬芳的气味，手足四肢喜欢舒服，这些爱好都是天性，但是得到与否，却属于命运。君子不认为它们是天性，因而不去强求。

[35] 仁之于父子也，义之于君臣也，礼之于宾主也，智之于贤者也，圣人之于天道也，命也，有性焉，君子不谓命也。

——《孟子·尽心下》

【译文】仁在父子之间，义在君臣之间，礼在主宾之间，智慧对于贤者，圣人对于天道，能够实现与否，属于命运，却也是天性。君子不认为它们属于命运，因而努力去顺从天性，努力追求。

[36] 可欲之谓善，有诸己之谓信，充实之谓美，充实而有光辉之谓大，大而化之之谓圣，圣而不可知之之谓神。

——《孟子·尽心下》

【译文】值得喜欢便叫做好；好处实际存在于他身上便叫做诚信；好处充满他全身便叫做美；充实而且有光辉叫做大；既光辉地表现出来，又能融会贯通，便叫做圣；圣德到了神妙不可测度的境界便叫做神。

［37］人皆有所不忍，达之于其所忍，仁也；人皆有所不为，达之于其所为，义也。

——《孟子·尽心下》

【译文】每个人都有不忍心的事情，把它扩充到忍心的事情上，就是仁；每个人都有不肯干的事情，把它扩充到肯干的事情上，就是义。

［38］君子行法，以俟命而已矣。

——《孟子·尽心下》

【译文】君子依法度而行，结果如何，就等待命运了。

［39］权，然后知轻重；度，然后知长短。物皆然，心为甚。

——《孟子·梁惠王上》

【译文】称一称，才知道轻重；量一量，才知道长短。什么东西都是如此，人心更是如此。

［40］填然鼓之，兵刃既接，弃甲曳兵而走。或百步而后止，或五十步而后止。以五十步笑百步，则何如？

——《孟子·梁惠王上》

【译文】打仗的时候，战鼓咚咚一响，枪尖刀锋一接触，有些士兵就抛下盔甲拖着兵器向后逃跑。有跑了一百步的，有跑了五十步的。那些跑五十步的士兵竟然耻笑跑一百步的士兵，说他胆子太小，行不行？

［41］虽有智能，不如乘势；虽有镃基，不如待时。

——《孟子·公孙丑上》

【译文】虽然有智慧，不如利用形势；虽然有锄头，不如等待农时。

［42］饥者易为食，渴者易为饮。

——《孟子·公孙丑上》

【译文】肚子饥饿的人不苛求食物，口舌干渴的人不苛求饮料。

［43］以为无益而舍之者，不耘苗者也；

助之长者，揠苗者也——非徒无益，而又害之。

——《孟子·公孙丑上》

【译文】以为无益而放弃不干的，就是种庄稼不锄草的懒汉；违背规律去帮助禾苗生长的就是拔苗助长的人。这种助长行为，不但无益，反而会伤害它。

[44] 祸福无不自己求之者。

——《孟子·公孙丑上》

【译文】祸害或幸福没有不是自己找来的。

[45] 矢人岂不仁于函人哉？矢人唯恐不伤人，函人唯恐伤人。巫匠亦然。故术不可不慎也。

——《孟子·公孙丑上》

【译文】造箭的人难道比造甲的人本性要残忍吗？如果不是这样，为什么造箭的人生怕他的箭不能伤人，而造甲的人生怕他的甲不能抵御刀剑呢？巫师和木匠也是如此，巫师唯恐自己的法术不灵，病人不得痊愈；木匠唯恐病人好了，棺材卖不出去。可见一个人选择职业不可以不谨慎。

[46] 吾闻出于幽谷迁于乔木者，未闻下乔木而入于幽谷者。

——《孟子·滕文公上》

【译文】我只听说过鸟飞出深暗山沟迁往高大树木的，没有听说过离开高大树木飞进深暗山沟的。

[47] 书曰：“若药不瞑眩，厥疾不瘳。”

——《孟子·滕文公上》

【译文】《尚书》上说：“如果药物不能使人头晕眼花，那病也治不好。”

[48] 一齐人傅之，众楚人咻之，虽日挞而求其齐也，不可得矣；引而置之庄岳之间数年，虽日挞而求其楚，亦不可得矣。

——《孟子·滕文公下》

【译文】一个齐国人教他，却有许多楚国人在打扰，纵使每天鞭打他，逼他说齐国话，也是做不到的；假如带领他在临淄街里的闹市住上几年，纵使每天鞭打他逼他说楚国话，也是做不到的。

[49] 如知其非义，斯速已矣，何待来年？

——《孟子·滕文公下》

【译文】如果知道这种行为不合道理，就赶快停止算了，为什么要等到明年呢？

[50] 为高必因丘陵，为下必因川泽。

——《孟子·离娄上》

【译文】筑高台一定要凭借山陵，挖深池一定要凭借沼泽。

[51] 沧浪之水清兮，可以濯我缨；沧浪之水浊兮，可以濯我足。

——《孟子·离娄上》

【译文】沧浪的水清呀，可以洗我的帽缨；沧浪的水浊呀，可以洗我的双脚。

[52] 不得乎亲，不可以为人；不顺乎亲，不可以为子。

——《孟子·离娄上》

【译文】不能得到父母的欢心，不可以做人；不能顺从父母的旨意，不能做儿子。

[53]离娄之明、公输子之巧，不以规矩，不能成方圆；师旷之聪，不以六律，不能正五音。

——《孟子·离娄上》

【译文】就是有离娄的目力，公输般的技巧，如果不用圆规和曲尺，也不能正确地画出方形和圆形；就是有师旷审音的耳力，如果不用六律，也不能校正五音。

[54]仲尼不为已甚者。

——《孟子·离娄下》

【译文】孔子是做什么事都不过火的人。

[55]西子蒙不洁，则人皆掩鼻而过之；虽有恶人，齐戒沐浴，则可以祀上帝。

——《孟子·离娄下》

【译文】如果西施身上沾染了肮脏的东西，别人从她身边走过的时候，也会捂着鼻子；纵是相貌丑陋的人，如果他斋戒沐浴，那么也可以祭祀上帝。

[56]天下之言性也，则故而已矣。故者以利为本。

——《孟子·离娄下》

【译文】天下的人讨论人性，只要推求其所以然就行了。推求其所以然，基础在于顺其自然之道。

[57] 禹之行水也，行其所无事也。如智者亦行其所无事，则智亦大矣。

——《孟子·离娄下》

【译文】禹使水运行，就是顺其自然，因势利导。假使聪明人也能顺其自然，那就是大聪明。

[58] 天之高也，星辰之远也，苟求其故，千岁之日至，可坐而致也。

——《孟子·离娄下》

【译文】天极高，星辰极远，只要推求其所以然，一千年以后的冬至，都可以坐着推算出来。

[59] 龙子曰：“不知足而为屦，我知其不为蒉也。”屦之相似，天下之足同也。

——《孟子·告子上》

【译文】龙子说过：“不看清脚样去编鞋，我知道不会编成筐子。”草鞋的相似，是因为每个人的脚大体相同。

［60］口之于味也，有同耆焉；耳之于声也，有同听焉；目之于色也，有同美焉。至于心，独无所同然乎？心之所同然者何也？谓理也，义也。

——《孟子·告子上》

【译文】口对于味道，有相同的嗜好；耳对于声音，有相同的听觉；眼睛对于容色，有相同的美感。谈到心，就独独没有相同之处吗？心的相同之处是什么？是理，是义。

［61］虽有天下易生之物，一日暴之，十日寒之，未有能生者也。

——《孟子·告子上》

【译文】纵使有一种天下最容易生长的植物，晒它一天，冻它十天，没有能生长的。

［62］羿之教人射，必志于彀；学者亦必志于彀。大匠诲人必以规矩，学者亦必以规矩。

——《孟子·告子上》

【译文】羿教人射箭，一定要拉满弓；学射箭的人也一定致力于拉满弓。高明的木匠教导人，一定依循圆规和曲尺，学木工的人也一定要依循圆规和曲尺。

[63] 不揣其本，而齐其末，方寸之木可使高于岑楼。

——《孟子·告子下》

【译文】如果不揣度地基的高低是否一致，而只比较顶端，那一寸厚的木块，放在高处，可以使它比高楼还高。

[64] 有诸内，必形诸外。

——《孟子·告子下》

【译文】里面有了什么，一定会表现在外面。

[65] 天将降大任于是人也，必先苦其心志，劳其筋骨，饿其体肤，空乏其身，行拂乱其所为，所以动心忍性，曾益其所不能。

——《孟子·告子下》

【译文】天将要把重大任务落到某个人身上，一定先要苦恼他的心志，劳动他的筋骨，饥饿他的肠胃，穷困他的身体，使他做什么都不顺利，这样，便可以激励他的心意，坚韧他的性情，增加他的能力。

［66］人恒过，然后能改；困于心，衡于虑，而后作；征于色，发于声，而后喻。

——《孟子·告子下》

【译文】一个人，错误常常发生，然后才能改正；心意困苦，思虑堵塞，然后才能有所奋发、创造；表现在面色上，谈吐在言语中，才能被人了解。

［67］入则无法家拂士，出则无敌国外患者，国恒亡。然后知生于忧患而死于安乐也。

——《孟子·告子下》

【译文】一个国家，国内没有守法的大臣和辅弼的士人，国外没有相与抗衡的邻国和外患的忧惧，经常会灭亡。然后才知道忧愁祸患足以生存，安逸快乐足以灭亡的道理。

［68］有为者辟若掘井，掘井九轫而不及泉，犹为弃井也。

——《孟子·尽心上》

【译文】做一件事情譬如挖井，挖到六七丈深还不见泉水，仍然是一口废井。

［69］于不可已而已者，无所不已。于所厚者薄，无所不薄也。其进锐者，其退速。

——《孟子·尽心上》

【译文】对于不可以停止的工作却停止了，那就没有什么不可以停止的了；对于应该厚待的人却薄待，那就没有谁不可以薄待了。前进太猛的人，后退也会快。

［70］知者无不知也，当务之为急；仁者无不爱也，急亲贤之为务。

——《孟子·尽心上》

【译文】智者没有不该知道的，但应急于当前的重要工作；仁者没有不爱的，但是务必先爱亲人和贤者。

［71］梓匠轮舆能与人规矩，不能使人巧。

——《孟子·尽心下》

【译文】木工以及专做车轮或者车箱的人能把制作的规矩准则传授给别人，却不能使别人掌握技巧，那是要自己去寻求的。

[72] 山径之蹊间，介然用之而成路。为间不用，则茅塞之矣。

——《孟子·尽心下》

【译文】山坡的小路只有一点点宽，走的人多了，便成了路；荒废起来没人走，就会被茅草堵塞。

《老子》

[1] 道可道，非常道；名可名，非常名。

——《老子·第一章》

【译文】道，如果可以认识、说得出的，就不是永恒的道了；名，如果是可以表述名称的，就不是永恒的名了。

[2] 无，名天地之始；有，名万物之母。

——《老子·第一章》

【译文】无，是天地万物的元始；有，是天地万物的根源。

[3] 常无，欲以观其妙；常有，欲以观其徼。此两者，同出而异名，同谓之玄。

——《老子·第一章》

【译文】从永恒的无，可以观测到宇宙万物未形无名的微妙。从永恒的有，可以观测到宇宙万物始形有名的极限。永恒的有和永恒的无，是同出一源而名称各异，同样称之为玄妙。

［4］玄之又玄，众妙之门。

——《老子·第一章》

【译文】玄妙而又玄妙的道境，是宇宙万物一切奥妙的出处。

［5］天下皆知美之为美，斯恶已；皆知善之为善，斯不善已。

——《老子·第二章》

【译文】天下都知道美之所以为美，是有丑的存在；都知道善之所以为善，是有不善的存在。

［6］有无相生，难易相成，长短相形，高下相盈，音声相和，前后相随，恒也。

——《老子·第二章》

【译文】有无在对立中相互生长，难易在对立中互相转化，长短在对立中互相显现，高下在对立中互相依存，音声在对立中互相应和，前后在对立中互相跟随，这些是天地万物的永恒法则。

［7］圣人处无为之事，行不言之教；万物作而弗始，生而弗有，为而弗恃，功成而弗居。夫唯弗居，是以不去。

——《老子·第二章》

【译文】圣人依据自然无为的原则办事，实行不用言词的教化；万物兴起而不倡导，生成万物而不据为己有，做事而不自恃有为，办事成功而不居功。正因他不居功，所以才不会失去成功。

［8］谷神不死，是谓玄牝。玄牝之门，是谓天地根。绵绵若存，用之不勤。

——《老子·第六章》

【译文】深谷中的谷神是永恒存在的，这叫做玄牝。玄牝的门户，就是天地万物孕化、繁衍的根基。它绵绵不绝地生息繁衍，自然无痕，若存若无，造化天地万物的作用无穷无尽。

［9］道冲，而用之或不盈。渊兮，似万物之宗。

——《老子·第四章》

【译文】大道空虚无形，而它的作用却无穷无尽。它是那样的深邃啊，好像是万物的主宰。

[10] 挫其锐，解其纷，和其光，同其尘。湛兮，似或存。吾不知谁之子，象帝之先。

——《老子·第四章》

【译文】收敛自己的锋芒，排解自己的纷杂；隐蔽自己的光辉，把自己混同于尘俗之中。它是那样的无形无象，但似乎无所不在。我不知道它是从哪里产生的，似乎有天帝以前就存在了。

[11] 有之以为利，无之以为用。

——《老子·第十一章》

【译文】实用的器物能给人便利，器物的虚空才发挥作用。

[12] 视之不见，名曰夷；听之不闻，名曰希；搏之不得，名曰微。此三者不可致诘，故混而为一。

——《老子·第十四章》

【译文】看它看不见就称它为“夷”；听它听不到就称它为“希”；摸它摸不着就称它为“微”。这三种特性都不能追究明察，它们原本就是浑融完整的一体。

[13] 其上不皦，其下不昧。绳绳兮不可名，复归于无物。是谓无状之状，无物之象，是谓惚恍。迎之不见其首，随之不见其后。

——《老子·第十四章》

【译文】它的上面并不显得光亮，下面也不显得阴暗。它绵绵不绝地生息繁衍却不可名状，复归到空虚无形的原始境界。这叫做没有形状的形状，没有物象的形象，这叫做恍惚。迎着它看不见它的头，跟在后面看不见它的背。

[14] 唯之与阿，相去几何？美之与恶，相去若何？人之所畏，不可不畏。

——《老子·第二十章》

【译文】顺从与斥责，相差有多少呢？美好与丑恶，距离有多远呢？别人所害怕的不可不怕。

[15] 孔德之容，惟道是从。

——《老子·第二十一章》

【译文】感悟大道之人的行动，只是以道为转移。

[16] 道之为物，惟恍惟惚。惚兮恍兮，

其中有象；恍兮惚兮，其中有物。窈兮冥兮，其中有精；其精甚真，其中有信。

——《老子·第二十一章》

【译文】大道作为一种物象，混沌无态，微妙莫测。恍惚一团，微妙莫测，其中却存在物象。恍恍惚惚啊，恍惚之中，却有实体。深远暗昧啊，深远暗昧之中，却孕育着微妙的精气；这精气很实在，里面包含着具体的内容。

[17] 自今及古，其名不去，以阅众甫。吾何以知众甫之状哉？以此。

——《老子·第二十一章》

【译文】从今到古，道的名字永远不能消逝，依据它才能认识万物的起源。我根据什么知道万物起源的情状呢？就凭这个。

[18] 有物混成，先天地生。寂兮寥兮，独立而不改，周行而不殆，可以为天地母。吾不知其名，强字之曰道，强为之名曰大。大曰逝，逝曰远，远曰反。

——《老子·第二十五章》

【译文】有一团混沌、模糊的东西，在天地形成以前就存在。听不见它的声音也看不见它的形体，它独立长存而永不衰竭，循环运行而生生不息，它可以成为天地万物的本源。我不知道它的名字，勉强把它叫做道，勉强给它取个名字叫做大。大就运行不止，运行不止就广阔辽远，广阔辽远就能返回自己的本源。

[19] 道大，天大，地大，人亦大。域中有四大，而人居其一焉。

——《老子·第二十五章》

【译文】道大，天大，地大，人也大。宇宙间有四种东西可以称为大，人就是其中的一种。

[20] 人法地，地法天，天法道，道法自然。

——《老子·第二十五章》

【译文】人以地为法则，地以天为法则，天以道为法则，道以它自身的本性为法则。

[21] 譬道之在天下，犹川谷之于江海。

——《老子·第三十二章》

【译文】道存在于天下，好比河谷之水流入江海一样。

[22] 大道氾兮，其可左右。万物恃之以生而不辞，功成而不有。衣养万物而不为主，常无欲，可名于小；万物归焉而不为主，可名为大。

——《老子·第三十四章》

【译文】大道非常广泛，它可以无所不在。万物依靠它生存，它并不推辞。有所成就而不自以为有功。养育万物却不自命为主宰，永远没有私欲，可以称得上精微；万物都归附它，却不知道谁是主宰，它的名字可以称之为浩大。

[23] 执大象，天下往。往而不害，安平太。

——《老子·第三十五章》

【译文】谁要是掌握了道，天下人都会归附他。归附他而不互相伤害，天下就太平了。

[24] 乐与饵，过客止。道之出口，淡乎其无味。视之不足见，听之不足闻，用之不足既。

——《老子·第三十五章》

【译文】音乐和美食，能使过路的人停步。大道用言辞表达出来，人们感到平淡无味。看不值得一看，听不值得一听，用起来却永远用不完。

[25]昔之得一者：天得一，以清；地得一，以宁；神得一，以灵；谷得一，以盈；万物得一，以生。

——《老子·第三十九章》

【译文】自古以来获得一的：天得到一，因而清明；地得到一，因而稳定；神得到一，因而灵验；溪谷得到一，因而充盈；万物得到一，因而生长。

[26]贵以贱为本，高以下为基。

——《老子·第三十九章》

【译文】贵必定以贱为根本，高必定以下为基础。

[27]至誉无誉。是故不欲琭琭如玉，珞珞如石。

——《老子·第三十九章》

【译文】最高的声誉是没有声誉。因此不愿像玉那样尊贵华美，宁可如石块般那样坚实。

[28]其致之也，谓天无以清，将恐裂；地无以宁，将恐发；神无以灵，将恐

歇；谷无以盈，将恐竭；万物无以生，将恐灭；侯王无以正，将恐蹶。

——《老子·第三十九章》

【译文】推而言之，假如说天没有这样清明，恐怕就要破裂；地没有这样稳定，恐怕就要崩裂；神没有这样灵验，恐怕就要消失；溪谷没有这样充盈，恐怕就要枯竭；万物不能保持生长，恐怕就要毁灭。侯王不能保持清静，恐怕就要灭亡。

[29] 反者道之动；弱者道之用。

——《老子·第四十章》

【译文】道的运动是循环的，道的状态是柔弱的。

[30] 天下万物生于有，有生于无。

——《老子·第四十章》

【译文】天下万物都生于具体的事物，而具体的事物是由无形的道产生。

[31] 万物负阴而抱阳，冲气以为和。

——《老子·第四十二章》

【译文】万物背阴而向阳，阴阳两气互相激荡而形成新的和谐体。

[32] 道生一，一生二，二生三，三生万物。

——《老子·第四十二章》

【译文】大道生化出氤氲混沌的元始精气团，氤氲混沌的元始精气团生化出阴阳二气，阴阳二气生化出第三种新生事物，各类第三种新生事物繁衍出天地万物。

[33] 大成若缺，其用不弊。

——《老子·第四十五章》

【译文】最圆满的东西好像仍有残缺，但是它的作用永远不会衰竭。

[34] 大盈若冲，其用不穷。

——《老子·第四十五章》

【译文】最充实的东西好像空虚一样，但是它的作用永远不会枯竭。

[35] 大直若屈，大巧若拙，大辩若讷。

——《老子·第四十五章》

【译文】最端直的东西好像弯曲一样，最灵巧的东西好像笨拙一样，最卓越的辩才好像口拙一样。

[36] 静胜躁，寒胜热，清静为天下正。

——《老子·第四十五章》

【译文】宁静战胜浮躁，寒冷战胜炎热，清静无为可以作为天下的准则。

[37] 道生之，德畜之，物形之，器成之。是以万物莫不尊道而贵德。

——《老子·第五十一章》

【译文】大道生成万物，大德养育万物，物质构成万物的形态，器物完成万物的定型。因此万物都尊崇大道而重视大德。

[38] 道之尊，德之贵，夫莫之爵，而常自然。

——《老子·第五十一章》

【译文】道之所以被尊崇，德之所以珍贵，并没有谁给它们高贵的地位，而是它们本来就顺应自然。

[39] 道生之，德畜之，长之育之，亭之毒之，盖之覆之。生而不有，为而不恃，长而不宰，是谓玄德。

——《老子·第五十一章》

【译文】道生成万物，德养育万物，使万物生长、发育，使万物结籽、成熟，对万物抚养、保护。生成万物而不据为己有，帮助万物而不自恃有功，滋长万物而不主宰万物，这就叫高尚的德行。

[40] 祸兮福之所倚，福兮祸之所伏。

——《老子·第五十八章》

【译文】灾祸是幸福依存的地方，幸福是灾祸潜伏的地方。

[41] 正复为奇，善复为妖。人之迷，其日固久。

——《老子·第五十八章》

【译文】正常的可以变为反常，善良的可以化为妖孽。人们的迷惑，已经很久了。

[42] 天下难事，必作于易。

——《老子·第六十三章》

【译文】天下困难的事情，必须先从容易的做起。

[43] 天下大事，必作于细。

——《老子·第六十三章》

【译文】天下的大事，必须先从细微处做起。

[44] 圣人终不为大，故能成其大。

——《老子·第六十三章》

【译文】圣人始终不自以为大，因此能够成就大事。

[45] 夫轻诺必寡信，多易必多难。是以圣人犹难之，故终无难矣。

——《老子·第六十三章》

【译文】轻易许诺必定很少守信用，经常把事情看得很容易必定多遭厄难。因此圣人总把事情考虑得很困难，所以他们最后就没有厄难了。

[46] 合抱之木，生于毫末。

——《老子·第六十四章》

【译文】合抱的大树，是从细小的萌芽生长起来的。

[47] 千里之行，始于足下。

——《老子·第六十四章》

【译文】千里远行，是从脚下的第一步开始走的。

[48] 九层之台，起于累土。

——《老子·第六十四章》

【译文】九层的高台，是从一块一块的泥土建筑起来的。

[49] 江海之所以能为百谷王者，以其善下之，故能为百谷王。

——《老子·第六十六章》

【译文】江海所以能成为许多河流汇聚的地方，是因为它善于处在低下的地位，所以能成为众多河流之王。

[50] 天下皆谓我：道大，似不肖。夫唯大，故似不肖。若肖，久矣其细也夫！

——《老子·第六十七章》

【译文】天下人都对我说：道广大，却不像任何具体的东西。正因为它广大，所以不像任何具体的东西。如果它像的话，早就变得渺小了。

[51] 勇于敢则杀，勇于不敢则活。此两者，或利或害。天之所恶，孰知其故？

——《老子·第七十三章》

【译文】勇于敢就要被消灭，勇于不敢就能保存自己。这两种勇敢的行为，有的带来好处，有的带来灾害。天道所厌恶的，谁知道它是什么缘故呢？

［52］天之道，不争而善胜，不言而善应，不召而自来，绰然而善谋。

——《老子·第七十三章》

【译文】自然规律，不斗争而善于取胜，不说话而善于应对，不召唤而自动来到，胸怀坦然而善于谋划。

［53］天网恢恢，疏而不失。

——《老子·第七十三章》

【译文】自然的范围广大无边，稀疏而不会有一点漏失。

［54］人之生也柔弱，其死也坚强。

——《老子·第七十六章》

【译文】人初生的时候身体柔嫩、细弱，死亡的时候就变得十分僵硬。

［55］草木之生也柔脆，其死也枯槁。

——《老子·第七十六章》

【译文】草木初生的时候枝叶柔嫩、脆弱，死亡以后就变得枯槁。

［56］坚强者死之徒，柔弱者生之徒。

——《老子·第七十六章》

【译文】坚强的事物属于死亡的一类，柔弱的事物属于生存的一类。

[57] 兵强则灭，木强则折。

——《老子·第七十六章》

【译文】用兵逞强就会招致灭亡，树木高大强壮就会遭到砍伐。

[58] 强大处下，柔弱处上。

——《老子·第七十六章》

【译文】坚强的事物处于下降、衰落的趋势，柔弱的事物处于上升、兴盛的趋势。

[59] 天下莫柔弱于水，而攻坚强者莫之能胜，以其无以易之。

——《老子·第七十八章》

【译文】天下没有比水更柔弱的，可是攻克坚强的东西却没有什么能胜过它，因为没有什么能代替它。

[60] 弱之胜强，柔之胜刚，天下莫不知，莫之能行。

——《老子·第七十八章》

【译文】弱可以胜强，柔可以克刚，天下没有人不知道，但是没有人能实行。

[61] 天道无亲，常与善人。

——《老子·第七十九章》

【译文】天道对谁都没有偏爱，经常和善人相伴。

[62] 天之道，其犹张弓欤？高者抑之，下者举之；有余者损之，不足者补之。

——《老子·七十七章》

【译文】自然之道，它不是很像拉弓射箭吗？高了就把它压低一点，低了就把它抬高一点，拉过了就把它放松一点，不足时就把它拉满一点。

[63] 天之道，损有余而补不足。人之道，则不然，损不足以奉有余。

——《老子·第七十七章》

【译文】自然规律是减少有余的来补给不足的。社会的法则就不是这样，是剥夺贫穷的人来供奉富有的人。

[64] 天地相合，以降甘露，民莫之令

而自均。

——《老子·第三十二章》

【译文】天地之间阴阳之气交合，就降下了甘露，人们没有谁去命令它而自然分布均匀。

《庄子》

[1] 大知闲闲，小知间间。大言炎炎，小言詹詹。

——《庄子·齐物论》

【译文】有大才智的人广博豁达，有点小聪明的人则斤斤计较；合于大道的言论气焰凌人，拘于智巧的言论唠叨不休。

[2] 日凿一窍，七日而浑沌死。

——《庄子·应帝王》

【译文】每天为混沌凿出一个孔窍，凿了七天混沌就死去了。（混沌是原始纯朴的人民的象征。）

[3] 彼其物无穷，而人皆以为有终；彼其物无测，而人皆以为有极。

——《庄子·在宥》

【译文】“至道”是没有穷尽的，然而人们却认为有终结；“至道”是不可能探测的，然而人们却认为有极限。

[4] 吾生也有涯，而知也无涯。以有涯随无涯，殆已；已而为知者，殆而已矣。

——《庄子·养生主》

【译文】人们的生命是有限的，而知识却是无限的。以有限的生命去追求无限的知识，势必非常疲惫。既然这样还要不停地追求知识，只能更加疲惫不堪罢了！

[5] 可以言论者，物之粗也；可以意致者，物之精也。言之所不能论，意之所不能致者，不期精粗焉。

——《庄子·秋水》

【译文】可以用言语来谈论的东西，是事物粗浅的表象；可以用心灵来感悟的，则是事物精微的内在本质。既不能用言语谈论，又不能以心意传达的，就不必区分什么精微粗浅了。

[6] 小知不及大知，小年不及大年。

——《庄子·逍遥游》

【译文】小聪明赶不上大智慧，寿命短的不能了解寿命长的。

［7］故大知观于远近。

——《庄子·秋水》

【译文】所以具有大智慧的人观察事物从不局限于一个方面、一个部分。

［8］大声不入于里耳，折杨、皇荂，则嗑然而笑。

——《庄子·天地》

【译文】高雅的音乐世俗人不可能欣赏，折杨、皇华之类的民间小曲，世俗人听了则会欣然而笑。

［9］是故高言不止于众人之心；至言不出，俗言胜也。

——《庄子·天地》

【译文】所以高雅的言论不可能留在世俗人的心里；至理名言不能显现，是因为它被流俗的言论掩盖了。

［10］六合之外，圣人存而不论；六合之内，圣人论而不议。

——《庄子·齐物论》

【译文】天地之外的事，圣人暂且悬置它不加探讨；天地之内的事，圣人只论述它而不加以主观评判。

[11] 夫知者不言，言者不知，故圣人行不言之教。

——《庄子·知北游》

【译文】知道“道”的人不说，说的人并不是真知道“道”，所以圣人施行的是不靠说教的教导。

[12] 圣人者，原天地之美而达万物之理。是故至人无为，大圣不作，观于天地之谓也。

——《庄子·知北游》

【译文】圣人探究天地之大美而通达万物的道理。所以至人顺应自然，大圣人不妄自造作，这是说他取法天地的缘故。

[13] 故知止其所不知，至矣；若有不即是者，天钧败之。

——《庄子·齐物论》

【译文】知识的探求停止于他所不能知晓的境域，就是极点了；如果不这样，自然的本性就要遭到亏损。

[14] 孰知不言之辩，不道之道？若有能知，此之谓天府。

——《庄子·齐物论》

【译文】谁能知道不用言说的高论，不用称道的大道？如果有谁能知道，这就叫做圣人的胸怀。

[15] 言者有言，其所言者特未定也。

——《庄子·齐物论》

【译文】善辩的人议论纷纭，他们所说的话也不曾有过定论。

[16] 道隐于小成，言隐于荣华。

——《庄子·齐物论》

【译文】大道被小小的成就所隐蔽，言论被浮华的辞藻所掩盖。

[17] 欲是其所非而非其所是，则莫若以明。

——《庄子·齐物论》

【译文】想要肯定对方所否定的东西而非难对方所肯定的东西，那么不如用澄明的心境去观察事物的本相。

[18] 知天之所为，知人之所为者，至矣。

——《庄子·大宗师》

【译文】知道什么是自然的，知道什么是人为的，这就是智慧的最高境界了。

[19] 夫盲者无以与乎眉目颜色之好，瞽者无以与乎青黄黼黻之观。

——《庄子·大宗师》

【译文】盲人没法与他观赏眉眼和容颜的美丽，也没法跟他共赏彩色锦绣的华美。

[20] 古之存身者，不以辩饰知，不以知穷天下，不以知穷德。

——《庄子·缮性》

【译文】古时讲究存身之道的人，不用辩说来巧饰智慧，不用智慧来困扰天下人，不用智慧来困扰德行。

[21] 博之不必知，辩之不必慧。

——《庄子·知北游》

【译文】博学的人不一定具有智慧，善于辩论的人不一定聪明。

[22] 不知深矣，知之浅矣；弗知内矣，知之外矣。

——《庄子·知北游》

【译文】说不知道的是深奥，说知道的则是浅薄；说不知道的是内行，说知道的才是外行。

[23] 我与若不能相知也，则人固受其黮闇，吾谁使正之？

——《庄子·齐物论》

【译文】我们不知道到底什么是对的，什么是错的，而世人都存在偏见，我们又能让谁来评判是非呢？

[24] 虽有至知，万人谋之。

——《庄子·外物》

【译文】一个人虽然有很高的智慧，也怕众人一起打他的主意。

[25] 无藏逆于得，无以巧胜人，无以谋胜人，无以战胜人。

——《庄子·徐无鬼》

【译文】不要背理贪求，不要用巧诈去战胜别人，不要用谋略去战胜别人，不要用战争去征服别人。

[26] 注焉而不满，酌焉而不竭，而不

知其所由来，此之谓葆光。

——《庄子·齐物论》

【译文】怎么倾注也装不满，怎么汲取也取不尽，而不知其来源，这就叫做隐藏他的光辉。

[27] 知与恬交相养，而和理出其性。

——《庄子·缮性》

【译文】才智与恬淡的性情相互保养，道德便在心中形成了。

[28] 所谓暖姝者，学一先生之言，则暖暖姝姝而私自说也，自以为足矣，而未知未始有物也，是以谓暖姝者也。

——《庄子·徐无鬼》

【译文】所谓沾沾自喜的人，就是只懂得了一家之言，就自鸣得意，自以为满足，而不知道自己其实并无所得，这就是沾沾自喜的人。

[29] 知有所困，神有所不及也。

——《庄子·外物》

【译文】机智也有困穷的时候，即使神灵也会有始料不及的事情。

［30］圣人以必不必，故无兵；众人以不必必之，故多兵。

——《庄子·列御寇》

【译文】圣哲的人对于必然的事物也不固执，所以总是没有争论；普通人把不是必然的东西看做必然，因而总是争论不休。

［31］人之于知也少，虽少，恃其所不知而后知天之所谓也。

——《庄子·徐无鬼》

【译文】人对于各种事物知道得很少，虽然少，依靠所不知道的而后才能知道自然的大道。

［32］知者之所不知，犹睨也。

——《庄子·庚桑楚》

【译文】具有智慧的人也会有不了解的知识，就像斜视一方，所看见的必定有局限。

［33］蘧伯玉行年六十而六十化，未尝不始于是之而卒诎之以非也。

——《庄子·则阳》

【译文】蘧伯玉活了六十岁，而六十年来与日俱进，往往开始时认为是对的而后来就觉得是错的了。

[34] 人皆尊其知之所知，而莫知恃其知之所不知而后知。

——《庄子·则阳》

【译文】人人都重视自己的才智所了解的知识，却不懂得凭借自己所不知道的而后知道别的道理。

[35] 是故丘山积卑而为高，江河合水而为大，大人合并而为公。

——《庄子·则阳》

【译文】所以说山丘积聚卑小的土石才成就其高，江河汇聚细流才成就其大，伟大的人物并合了众人的意见才成就其公。

[36] 古之人与其不可传也死矣，然则君之所读者，古人之糟粕已夫！

——《庄子·天道》

【译文】古时候的人跟他们不可言传的道理一块儿消失了，那么你所读的书，正是古人的糟粕啊！

[37] 三人行而一人惑，所适者犹可致也，

惑者少也；二人惑则劳而不至，惑者胜也。

——《庄子·天地》

【译文】三个人同行，其中一个人迷路，所要到的地方还是可以到达的，因为迷路的人少；要是两个人迷路就不能到达了，因为迷路的人占多数。

[38] 大惑者，终身不解；大愚者，终身不灵。

——《庄子·天地》

【译文】大迷惑的人，终身不能觉悟；大愚昧的人，终身不明白事理。

[39] 井蛙不可以语于海者，拘于虚也；夏虫不可以语于冰者，笃于时也；曲士不可以语于道者，束于教也。

——《庄子·秋水》

【译文】井里的青蛙，不可能跟它谈论大海，是因为受到生活空间的限制；夏天的虫子，不可能跟它谈论冰霜，是因为受到时令的限制；乡下的书生，不能和他谈论大道理，是因为他受了不同教育的束缚。

[40] 言者所以在意，得意而忘言。

——《庄子·外物》

【译文】言语是用来表达真意的，领会了真意就忘掉了言语。

[41] 不言则齐，其与言不齐，言与齐不齐也，故曰言无言。

——《庄子·寓言》

【译文】没有主观评论，事物的常理自然齐一。原本齐一的常理加上主观的言论就不齐一了。既然主观的言论加在自然之理上就不和谐了，所以要说没有主观成见的言论。

[42] 天下皆知求其所不知，而莫知求其所已知者；皆知非其所不善，而莫知非其所已善者，是以大乱。

——《庄子·胠箧》

【译文】天下人都知道追求他所不知道的，却不知道探索他所已经知道的；都知道非难他所认为不好的，却不知道否定他所赞同的，因此天下大乱。

[43]夫道，覆载万物者也，洋洋乎大哉！

君子不可以不刳心焉。

——《庄子·天地》

【译文】道，是覆盖万物的，浩瀚广大！君子不可以不抛弃成见去效法大道。

[44] 夫昭昭生于冥冥，有伦生于无形，精神生于道，形体生于精，而万物以形相生。

——《庄子·知北游》

【译文】明亮的东西产生于昏暗的东西，有形的东西产生于无形的东西，精神产生于道，形体产生于精气之中，万物都以各种形态互相产生。

[45] 其与万物接也，至无而供其求，时骋而要其宿；大小、长短、修远。

——《庄子·天地》

【译文】道无时无刻不与万物相联系，虽然它虚无至极，但能适应万物的需要，随时都在变化发展而成为万物的归宿，而且可大可小，可长可短，可近可远，以至于无限。

[46] 道不可有，有不可无。道之为名，所假而行。

——《庄子·则阳》

【译文】道不能执著于有形，也不能执著于无形。道之所以称作“道”，只不过是借了“道”的名义而已。

[47] 且道者，万物之所由也，庶物失之者死，得之者生。为事逆之则败，顺之则成。

——《庄子·渔父》

【译文】道是万物产生的根源，各种事物失去了它，就会死亡，得到了它，就能生存。做事情顺应了它，就能成功，违背了它，就会失败。

[48] 万物职职，皆以无为殖。故曰天地无为而无不为。

——《庄子·至乐》

【译文】万物繁多，都从无为的状态中繁殖出来。所以说天地虽然无心作为却又无所不生、无所不为。

[49] 天下有常然。常然者，曲者不以钩，直者不以绳，圆者不以规，方者不以矩，附离不以胶漆，约束不以纆索。

——《庄子·骈拇》

【译文】天下事物都各有它们固有的常态。所谓常态，就是弯曲的不依靠曲尺，笔直的不依靠墨线，圆的不依靠圆规，方的不依靠角尺，使分离的东西附着在一起不依靠胶和漆，将单个的事物捆束在一起不依靠绳索。

[50] 天地与我并生，万物与我为一。

——《庄子·齐物论》

【译文】天地与我一起生存，万物与我浑然一体。

[51] 不知周之梦为蝴蝶与，蝴蝶之梦为周与？

——《庄子·齐物论》

【译文】庄子梦见蝴蝶，梦醒后，搞不清是庄周梦见了蝴蝶呢，还是蝴蝶梦见了庄周呢？

[52] 天地一指，万物一马。

——《庄子·齐物论》

【译文】从事理相同的观点来看，天地只有一种元素，万物纷纷也只是一类。

[53] 万物一府，死生同状。

——《庄子·天地》

【译文】万物最终归结于同一，死与生也并不存在区别。

[54]指穷于为薪，火传也，不知其尽也。

——《庄子·养生主》

【译文】蜡烛有烧尽时候，而火种却世世代代传续下来，永远不会熄灭。

[55]物无非彼，物无非是。自彼则不见，自知则知之。故曰：彼出于是，是亦因彼。

——《庄子·齐物论》

【译文】各种事物无不存在它自身的对立面，各种事物也无不存在它自身的一面。从他方看就看不到这一面，从自身知道的这一面讲当然是知道的。所以说彼产生于此，此也因此依存于彼。

[56]方生方死，方死方生；方可方不可，方不可方可，因是因非，因非因是。

——《庄子·齐物论》

【译文】各种事物随起随灭，随灭随起，可以的可以变为不可，不可的又可以变为可以，是因非而出现，非因是而产生。

[57]天下莫大于秋豪之末，而大山为小。

——《庄子·齐物论》

【译文】天下没有什么比秋毫的末端更大，而泰山却是最小的。

[58]穷则反，终则始；此物之所有。

——《庄子·则阳》

【译文】物极必反，结束意味着新的开始，这是事物具有的共同规律。

[59]非彼无我，非我无所去。

——《庄子·齐物论》

【译文】没有对立面就没有我，没有我的对立面我也就无所呈现。

[60]本在于上，末在于下。

——《庄子·天道》

【译文】根本的东西是最重要的，末节的东西则处于不重要的地位。

[61]有天道，有人道。无为而尊者，天道也；有为而累者，人道也。

——《庄子·在宥》

【译文】有天道，有人道。无所作为却处于崇高地位的，就是天道；有所作为而劳累困苦的，就是人道。

[62] 祸福淳淳，至有所拂者而有所宜。

——《庄子·则阳》

【译文】祸福在不停地流转，出现违逆的一面同时也就存在相宜的一面。

[63] 安危相易，祸福相生，缓急相摩，聚散以成。

——《庄子·则阳》

【译文】安危相互变易，祸福相互生成，缓急相互交替，聚散因此而形成。

[64] 恶乎然？然于然。恶乎不然？不然于不然。

——《庄子·齐物论》

【译文】事物为什么是这样的，自然有它是这样的道理；事物为什么不是这样的，自然有它不是这样的道理。

[65] 是亦彼也，彼亦是也。彼亦一是非，

此亦一是非。

——《庄子·齐物论》

【译文】此即是彼，彼即是此。彼也有它的是非，此也有它的是非。

[66] 不以生生死，不以死死生。死生有待邪？皆有所一体。

——《庄子·知北游》

【译文】不是为了生才产生死，也不是为了死才终止生。生和死是相辅相成的对立面吗？生和死都是一体的。

[67] 天无为以之清，地无为以之宁，故两无为相合，万物皆化。

——《庄子·至乐》

【译文】天无为而自然清虚，地无为而自然宁静，天与地两个无为相互结合，万物就全都变化生长。

[68] 天地虽大，其化均也；万物虽多，其治一也；人卒虽众，其主君也。

——《庄子·天地》

【译文】天和地虽然很大，它们的演变却是均衡的；

万物虽然纷杂，它们的条理却是一致的；百姓虽然众多，他们的主宰却都是国君。

[69]天地者，万物之父母也，合则成体，散则成始。

——《庄子·达生》

【译文】天和地，是生养万物的父母，物质元素结合便形成万物的形态，物质元素一旦离散又成为另一物体产生的开始。

[70]杂乎芒芴之间，变而有气，气变而有形，形而有生。今又变而之死，是相与为春秋冬夏四时行也。

——《庄子·至乐》

【译文】夹杂在若有若无之间，变化而有元气，元气变化而有形体，形体变化而有生命。如今又回到死亡，生死的变化就跟春夏秋冬四季运行一样。

[71]泽及万世而不为仁，长于上古而不为老，覆载天地刻雕众形而不为巧，此所游已。

——《庄子·大宗师》

【译文】泽及万世却不以为仁，比上古还年长却不算老，覆载天地、雕刻出世间所有精巧的形象却不夸耀其技巧，这就是“道”的境界啊！

[72] 杀生者不死，生生者不生。

——《庄子·大宗师》

【译文】能够杀死所有生命的主宰者当然不会死，能够产生所有生命的主宰者当然也不存在诞生的问题。

[73] 夫物，量无穷，时无止，分无常，终始无故。

——《庄子·秋水》

【译文】世界上的事物，数量上是无穷无尽的，时间上是永不停止的，得与失没有一定的规则，终结和起始也没有原因。

[74] 明乎坦途，故生而不说，死而不祸：知终始之不可故也。

——《庄子·秋水》

【译文】明白生与死之间犹如一条没有阻隔的平坦大道，因而活着不会倍加欢喜，死亡也不觉得是祸患，这是因为明白了终结和开始是不会一成不变的。

[75] 夫天下也者，万物之所一也。得其所一而同焉，则四支百体将为尘垢，而死生终始将为昼夜而莫之能滑，而况得丧祸福之所介乎！

——《庄子·田子方》

【译文】天下万物都有共同性。了解他们的共同性而同等看待，那么人的四肢、躯体都可以视为尘垢，生死始终也可以看做昼夜的变化，没有什么能够扰乱内心，更不会在乎祸福得失。

[76] 天地有大美而不言，四时有明法而不议，万物有成理而不说。

——《庄子·知北游》

【译文】天地具有伟大的美德却不言说，四时有明显的法则却不自己表达，万物变化有永恒的规律却不讲出来。

[77] 彼为盈虚非盈虚，彼为衰杀非衰杀，彼为本末非本末，彼为积散非积散也。

——《庄子·知北游》

【译文】“道”使万物有盈虚而自身却没有盈虚，“道”使万物有衰杀而自身却没有衰杀，“道”使万物有本末而自身却没有本末，“道”使万物有聚散而自身却没有聚散。

[78]合则离，成则毁，廉则挫，尊则议，有为则亏，贤则谋，不肖则欺，胡可得而必乎哉。

——《庄子·山木》

【译文】有聚合就有离散，有成功就有毁败；锐利就会遭到挫折，尊崇就会遭受议论，有作为就会受亏损，贤能就会被谋算，而无能就会受到欺侮，怎么可以偏滞一方呢！

[79]道通。其分也成也，其成也毁也。

——《庄子·庚桑楚》

【译文】大道通达于万物。任何事物有分离就有新的形成，有形成就有毁灭。

[80]同类相从，同声相应，固天之理也。

——《庄子·渔父》

【译文】事物同类的就互相聚集，同声的就相互应和，本来就是自然的道理。

[81] 人之生，气之聚也；聚则为生，散则为死。若死生之徒，吾又何患！

——《庄子·知北游》

【译文】人的诞生，是气的聚合，气的聚合形成生命，气的离散便是死亡。如果死与生是同类相属的，那么对于死亡我又忧患什么呢?

[82] 凡物无成与毁，复通为一。

——《庄子·齐物论》

【译文】一切事物从总体来看，没有完成和毁灭，都复归于一个整体。

[83] 忘年忘义，振于无竟，故寓诸无竟。

——《庄子·齐物论》

【译文】忘掉生死年岁，忘掉是非仁义，遨游于无穷的境地，这样圣人就把自己寄托于无穷无尽的境域之中了。

[84] 因是已，已而不知其然，谓之道。

——《庄子·齐物论》

【译文】顺着自然的规律走而不知道为什么这样，这就叫做“道”。

[85] 奚旁日月，挟宇宙，为其吻合，置其滑涽，以隶相尊。

——《庄子·齐物论》

【译文】何不与日月同辉，胸怀宇宙，与万物合为一体，是非混淆而置之不问，把世俗的尊卑贵贱都看做等同。

《荀子》

[1] 相形不如论心，论心不如择术。形不胜心，心不胜术。

——《荀子·非相》

【译文】观察形貌不如评论人的思想；评论人的思想，不如考察他的行为。形貌不如思想说明问题，思想不如行为说明问题。

[2] 术正而心顺之，则形相虽恶而心术善，无害为君子也；形相虽善而心术恶，无害为小人也。

——《荀子·非相》

【译文】行为端正而思想与行为一致，因此形象虽然丑陋而思想行为善良，不妨碍他成为君子；形貌虽然美好，而思想行为丑陋，也不妨碍他成为小人。

[3] 君子之谓吉，小人之谓凶。故长短、

小大、善恶形相，非吉凶也。古之人无有也，学者不道也。

——《荀子·非相》

【译文】君子叫做吉，小人叫做凶。所以高矮、大小、美丑的形貌，都无关于吉凶。古人没有这种相术，学者也不谈这个。

[4] 古者桀、纣长巨姣美，天下之杰也，筋力越劲，百人之敌也，然而身死国亡，为天下大戮，后世言恶则必稽焉。是非容貌之患也，闻见之不众，议论之卑尔。

——《荀子·非相》

【译文】在古代，夏桀和纣王都是身躯高大英俊的英杰体健力强，足以抵挡一百个人。可是，他们身死国亡，成为天下最大的耻辱，后世谈到恶人，就一定把他们作为考察的对象。这并不是容貌丑陋所招致的祸患，而是由于他们见闻不广，认识卑下罢了。

[5] 人有三不祥：幼而不肯事长，贱而不肯事贵，不肖而不肯事贤，是人之三不祥也。

——《荀子·非相》

【译文】人有三种不祥的事情：年龄小的不肯侍奉年长的，地位低下的不肯侍奉地位高贵的，没有才能的人不肯侍奉有才能的人。这是人的三种不祥。

［6］水火有气而无生，草木有生而无知，禽兽有知而无义，人有气、有生、有知，亦且有义，故最为天下贵也。

——《荀子·王制》

【译文】水和火有气而没有生命，草木有生命而没有知觉，禽兽有知觉而没有道义。人有气、有生命、有知觉，也有道义，所以是天下最尊贵的。

［7］力不若牛，走不若马，而牛马为用，何也？曰：人能群，彼不能群也。

——《荀子·王制》

【译文】人的力气不如牛，奔跑不如马，而牛马都为人所用，这是为什么呢？因为人能团结，牛马不能团结。

［8］天行有常，不为尧存，不为桀亡。应之以治则吉，应之以乱则凶。

——《荀子·天论》

【译文】 自然的运行是有正常规律的，并不因为偏爱尧而存在，也不因为厌恶桀而消失。以合理的行为来适应自然规律就吉利，以不合理的行为来扰乱自然规律就凶险。

[9] 强本而节用，则天不能贫；养备而动时，则天不能病；修道而不贰，则天不能祸。

——《荀子·天论》

【译文】 人类加强农业生产而节约用度，则上天也不能使其贫困；养生之道周备而行为适应天时，则上天也不能使其患病；遵循道义而没有偏差，则上天也不能加祸于他。

[10] 本荒而用侈，则天不能使之富；养略而动罕，则天不能使之全；倍道而妄行，则天不能使之吉。

——《荀子·天论》

【译文】 农业荒废而用度奢侈，则上天也不能使他富有；养生之道欠缺而又懒惰，则上天也不能使他健全；违背道义而胡作非为，则上天也不能使他吉祥。

[11]天有其时，地有其财，人有其治，夫是之谓能参。

——《荀子·天论》

【译文】天有它的时节，地有它的财富，人有治理的能力，这就叫做能参豫天地。

[12]形具而神生，好恶、喜怒、哀乐臧焉，夫是之谓天情。

——《荀子·天论》

【译文】有了形体才有精神。所谓“天情”，是指人的精神活动，是人的自然生理的功能。而人的喜怒哀乐自然生理也是天生的。

[13]天不为人之恶寒也辍冬，地不为人之恶辽远也辍广，君子不为小人之匈匈也辍行。

——《荀子·天论》

【译文】天不会因为人们厌恶寒冷而废止冬季，大地不会因为人们厌恶路途遥远而缩小面积，君子不会因为小人气势汹汹地叫嚷而改变自己的行为。

[14]故君子敬其在己者，而不慕其在

天者；小人错其在己者，而慕其在天者。

——《荀子·天论》

【译文】君子重视自身的修养努力，而不指望天的赐予；小人放弃自身的修养努力，而指望得到天的赐予。

[15] 在天者莫明于日月，在地者莫明于水火，在物者莫明于珠玉，在人者莫明于礼义。

——《荀子·天论》

【译文】天上的事物没有比日月更明亮的了，地上的事物没有比水火更明亮的了，万物中没有比珠玉更明亮的了，人类社会中没有比懂得礼义的君子更明亮的了。

[16] 万物为道一偏，一物为万物一偏，愚者为一物一偏，而自以为知道，无知也。

——《荀子·天论》

【译文】各种事物都只是道的一个方面，一种事物又只是各种事物的一个方面。愚蠢的人只了解一种事物的一个方面，可他还自以为认识了道，这实在是太无知了。

［17］君子居必择乡，游必就士，所以防邪辟而近中正也。

——《荀子·劝学》

【译文】君子居住，一定选择风俗淳美的乡里；出外游学，一定选择有学问、有品行的贤士。这是为了防止邪辟、接近正直呀。

［18］材性知能，君子小人一也。好荣恶辱，好利恶害，是君子小人之所同也，若其所以求之之道则异矣。

——《荀子·荣辱》

【译文】才性和智能，君子和小人是一样的。爱好荣誉利益、厌恶耻辱危害，这也是君子和小人相同的地方，他们求取的方式却是不同的。

［19］凡人有所一同：饥而欲食，寒而欲暖，劳而欲息，好利而恶害，是人之所生而有也，是无待而然者也。

——《荀子·荣辱》

【译文】大凡人都有同一的地方：饿了就想吃，冷了就盼望暖和，劳累了就要休息，喜欢利益而憎恶灾害，这是人生下来就有的品性，是无需外界影响就如此的。

[20] 人之生固小人，无师无法则唯利之见耳。

——《荀子·荣辱》

【译文】人一生下来，本来就是小人，不经过老师教育，不经过学习，就只看到利益。

[21] 性也者，吾所不能为也，然而可化也；情也者，非吾所有也，然而可为也。

——《荀子·儒效》

【译文】本性，不是我们可以造作的，然而可以转化。性情，不是我们原本就具有的，但可以造作。

[22] 居楚而楚，居越而越，居夏而夏，是非天性也，积靡使然也。

——《荀子·儒效》

【译文】住在楚国，就是楚国的习惯；住在越国，就是越国的习惯；住在中夏，就是中夏的习惯。这并非他的本性，而是积习使他这样的。

[23] 性者，本始材朴也；伪者，文理隆盛也。无性则伪之无所加，无伪则

性不能自美。

——《荀子·礼论》

【译文】人的天性，是本来的生理素质，是天然的。人为，是礼义隆盛的结果。没有天然的生理素质，那么就没有人为加工的基础；没有人为的加工，人的天性也就不会自动地趋于完美。

[24]性者，天之就也；情者，性之质也；欲者，情之应也。以所欲为可得而求之，情之所必不免也；以为可得而道之，知之所以出也。

——《荀子·正名》

【译文】本性是天生的。情感是本性的质体，欲望是情感的反映。把欲望的东西当做能得到的东西去追求，这是人的感情所不能避免的。以为可以得到，便去实行，这是人的智慧必然的选择。

[25]生之所以然者谓之性。性之和所生，精合感应，不事而自然谓之性。

——《荀子·正名》

【译文】生来就是这样的叫做性。由本性的阴阳二气相和而产生感应，不经过人为的后天努力就自然这样的叫做性。

［26］人之性恶，其善者伪也。

——《荀子·性恶》

【译文】人的本性是恶的，那善良是出于人为。

［27］今人之性，生而有好利焉，顺是，故争夺生而辞让亡焉；生而有疾恶焉，顺是，故残贼生而忠信亡焉；生而有耳目之欲，有好声色焉，顺是，故淫乱生而礼义文理亡焉。

——《荀子·性恶》

【译文】今人的本性，生来就喜欢财利，顺着本性发展，所以就产生争夺，而辞让的事就没有了；生来就有嫉恨之心，顺着本性发展，所以就产生残害，而忠信的事就没有了；生来就有耳目声色的爱好，顺着本性发展，所以就产生淫乱，而礼仪制度就消亡了。

［28］从人之性，顺人之情，必出于争夺，合于犯分乱理而归于暴。故必将有师法之化，礼义之道，然后出于辞让，合于文理，而归于治。

——《荀子·性恶》

【译文】顺从人的本性，放纵人的情欲，一定会出现争夺，出现犯上作乱。所以一定要有师法的教化，礼义的引导，然后才出现礼让的行为，最后归于治理。

[29]今人之性恶，必将待师法然后正，得礼义然后治。

——《荀子·性恶》

【译文】今人的本性是恶的，一定要有师法的教化以后才能矫正，一定要有了礼义才能使社会得以治理。

[30]不可学、不可事而在人者谓之性，可学而能、可事而成之在人者谓之伪，是性、伪之分也。

——《荀子·性恶》

【译文】学不来、做不来，而是自然造成的，叫做本性；可以学而达到，可以做而成功的，叫做人为。这便是本性和人为的区别。

[31]圣人化性而起伪，伪起而生礼义，礼义生而制法度。

——《荀子·性恶》

【译文】圣人为了感化人的本性而发挥人为的作用。发挥人为的作用，就产生了礼义。礼义产生后，就制定制度。

[32] 夫人虽有性质美而心辩知，必将求贤师而事之，择良友而友之。

——《荀子·性恶》

【译文】一个人即使具有好的素质和辨别能力，也一定要跟着贤良的老师学习，选择好的朋友交往。

[33] 凡人之性者，尧、舜之与桀、跖，其性一也；君子之与小人，其性一也。

——《荀子·性恶》

【译文】大凡人的本性，尧、舜和夏桀、盗跖是一样的；君子和小人，他们的本性都是一样的。

[34] 圣人者，人之所积而致矣。

——《荀子·性恶》

【译文】圣人是人积累仁义礼智而达到的。

[35] 凡古今天下之所谓善者，正理平治也；所谓恶者，偏险悖乱也。是善恶之分也矣。

——《荀子·性恶》

【译文】凡是被古今天下人称作善的，是指合乎礼义法度、遵守社会秩序的；被称作恶的，是指偏邪险恶，违背社会秩序的。这是善与恶的区别。

[36] 天有常道矣，地有常数矣，君子有常体矣。君子道其常而小人计其功。

——《荀子·天论》

【译文】上天有一定的常规，大地有一定的法则，君子有一定的行为规范。君子称道常规，而小人却斤斤计较眼前的功利得失。

[37] 夫人之情，目欲綦色，耳欲綦声，口欲綦味，鼻欲綦臭，心欲綦佚。此五綦者，人情之所必不免也。

——《荀子·王霸》

【译文】人的性情是：眼睛想看最好看的颜色，耳朵想听最美的声音，嘴巴想尝最美的味道，鼻子想闻最香的气味，心里想追求最大的安逸。这五种最大的欲望，是人的性情不能避免的。

[38] 青，取之于蓝，而青于蓝；冰，水为之，而寒于水。

——《荀子·劝学》

【译文】靛青是从蓼蓝中提取出来的，但颜色比蓼蓝更深；冰是水凝固而成的，但比水寒冷。

[39] 不登高山，不知天之高也；不临深溪，不知地之厚也。不闻先王之遗言，不知学问之大也。

——《荀子·劝学》

【译文】不登上高山，不知道天的高度；不亲临深溪，不知道大地的厚度；不聆听前代圣王的遗言，就不知道学问的渊博。

[40] 神莫大于化道，福莫长于无祸。

——《荀子·劝学》

【译文】精神修养没有比融于圣贤的道德更高的了，幸福没有比无灾无祸更长久的了。

[41] 强自取柱，柔自取束。邪秽在身，怨之所构。

——《荀子·劝学》

【译文】坚强的东西自然被用作支柱，柔软的东西自然被用来捆束东西。邪恶污秽的东西存在于自身，是怨恨集结的原因。

[42] 声无小而不闻，行无隐而不形。玉在山而草木润，渊生珠而崖不枯。为善不积邪，安有不闻者乎？

——《荀子·劝学》

【译文】声音无论怎样小，没有不被听到的；行为无论怎样隐蔽，没有不显露出来的。宝石蕴藏在山中，山上的草木都会滋润；深潭里生了珍珠，潭边的崖岸都不显得干燥。总是坚持做好事不做坏事，哪有不扬名于世的呢？

[43] 骐骥一跃，不能十步；驽马十驾，功在不舍。锲而舍之，朽木不折；锲而不舍，金石可镂。

——《荀子·劝学》

【译文】骏马一跃，不能超过十步；劣马跑十天也可以达到千里，成功的原因在于不停地向前走。雕刻东西，如果半途放弃，即使是腐烂的木头也不能刻断；如果不停地刻下去，就连金属和石头都能镂空。

[44] 物类之起，必有所始。荣辱之来，必象其德。肉腐出虫，鱼枯生蠹。怠慢忘身，祸灾乃作。

——《荀子·劝学》

【译文】各种事物的发生，一定有它的根由；荣誉和耻辱的来临，必定和他德行的好坏相适应。肉腐烂了就生蛆，鱼枯死了就生虫。懈怠疏忽而忘记了自身，灾祸就要发生。

[45] 蓬生麻中，不扶而直；白沙在涅，与之俱黑。

——《荀子·劝学》

【译文】蓬草生在丛麻当中，不去扶植它也能挺直；白沙混入黑土中，会变得跟黑土一样黑。

[46] 行衢道者不至，事两君者不容。目不能两视而明，耳不能两听而聪。

——《荀子·劝学》

【译文】徘徊于歧路上的人不能到达目的地，同时侍奉两个君主的人，在道义上不能相容。眼睛不同时看两件东西，就看得清楚。耳朵不同时听两种声音，就听得明白。

[47] 蚓因无爪牙之利，筋骨之强，上食埃土，下饮黄泉，用心一也；蟹六跪而二螯，非蛇鳝之穴无可寄托者，

用心躁也。

——《荀子·劝学》

【译文】蚯蚓没有锐利的爪牙和强壮的筋骨，但它上能吃到地上的泥土，下能喝到地下的黄泉，这是因为它用心专一的缘故；螃蟹有八只脚两支螯，但如果没有蛇或鳝鱼所居住的洞穴就无处栖身，这是因为它用心浮躁的缘故。

[48] 无冥冥之志者，无昭昭之明；无惛惛之事者，无赫赫之功。

——《荀子·劝学》

【译文】一个人要没有潜心钻研的精神，就不能明辨事理，洞察一切；不专心致志地工作，就不可能有显赫的成就。

[49] 道虽迩，不行不至；事虽小，不为不成。其为人也多暇日者，其出人不远矣。

——《荀子·修身》

【译文】路程即使很近，但不走就不能到达；事情纵然很小，但不做就不能成功。那些整天闲荡不做事的人，不可能超过别人。

[50] 跬步而不休，跛鳖千里；累土而不辍，丘山崇成。

——《荀子·修身》

【译文】半步半步地走个不停，瘸腿的龟鳖也能走一千里；土累积起来没完，也能堆积成高高的山丘。

[51] 一进一退，一左一右，六骥不致。

——《荀子·修身》

【译文】一会儿前进，一会儿后退，一会儿向左，一会儿向右，骏马也达不到目的地。

[52] 公生明，偏生暗；端悫生通，诈伪生塞；诚信生神，夸诞生惑。

——《荀子·不苟》

【译文】公正产生明智，偏私产生昏暗；端庄产生通达，诈伪产生闭塞；诚信产生神明，夸诞产生疑惑。

[53] 君子洁其身，而同焉者合矣；善其言，而类焉者应矣。

——《荀子·不苟》

【译文】君子洁修自身，同道的人就来会聚；修好自己的言论，同类的人就来呼应。

[54] 操弥约而事弥大。五寸之矩，尽天下之方也。故君子不下室堂，而海内之情举积此者，则操术然也。

——《荀子·不苟》

【译文】操持愈简约，统管的事情愈广大。勾股五寸的曲尺，就能穷尽天下的方形。所以君子不离开居室，而天下的事情就都聚集在这里了。这就是由于操持简约而如此的。

[55] 见其可欲也，则必前后虑其可恶也者；见其可利也，则必前后虑其可害也者。

——《荀子·不苟》

【译文】见到值得喜欢的一面，就一定要前前后后考虑它可厌的一面；见到有利的一面，就一定要前前后后考虑其有害的一面。

[56] 兼权之，孰计之，然后定其欲恶取舍。如是，则常不陷也。

——《荀子·不苟》

【译文】全面地权衡一下，反复地考虑好，然后再决定其值得喜欢或是值得厌恶，是应该求取还是应该舍弃。这样去做，就常常不致陷于失败。

[57] 凡人之患，偏伤之也：见其可欲也，则不虑其可恶也者；见其可利也，则不顾其可害也者；是以动则必陷，为则必辱。是偏伤之患也。

——《荀子·不苟》

【译文】大凡人的祸患，都是思想片面造成的危害：见到值得喜欢的一面，不去考虑它可恶的一面；见到有利的一面，不再顾及它有害的一面；所以一行动就陷于失败，一施行就遭到耻辱。这就是思想片面给人带来的祸患。

[58] 与人善言，煖于布帛；伤人之言，深于矛戟。

——《荀子·荣辱》

【译文】和人说善良的话，让人比穿了棉衣还暖和；说伤人的话，比长矛刺人还厉害。

[59] 自知者不怨人，知命者不怨天；怨人者穷，怨天者无志。失之己，反之人，岂不迂乎哉！

——《荀子·荣辱》

【译文】了解自己的人不埋怨别人，晓得自己命运的人不埋怨上天；埋怨别人的人会身陷困窘，埋怨上天的人没有志气。自己有了过失反而怪罪于他人，难道不是迂腐吗？

[60]先义而后利者荣，先利而后义者辱。荣者常通，辱者常穷；通者常制人，穷者常制于人，是荣辱之大分也。

——《荀子·荣辱》

【译文】首先考虑道义而后考虑利益的人会得到荣誉，首先考虑利益而后考虑道义的人会受到屈辱。得到荣誉的人常常是处境通达，受到屈辱的人总是身陷困窘；通达的人常常制服别人，处于困窘中的人常常被人制服。这就是荣誉和耻辱的根本区别。

[61]材悫者常安利，荡悍者常危害；安利者常乐易，危害者常忧险；乐易者常寿长，忧险者常夭折。是安危利害之常体也。

——《荀子·荣辱》

【译文】有才干而又忠厚的人常常心安顺利，放荡而凶暴蛮横的人常常遭受危害；心安顺利的人常常欢乐平易，遭到危害的人常常忧愁而处于危险之中；

欢乐平易的人常常长寿，忧愁而处于危险中的人常常短命。这就是安危利害的常态。

[62] 陋也者，天下之公患也，人之大殃大害也。

——《荀子·荣辱》

【译文】浅陋无知，是天下人的通病，也是人们的大灾大难。

[63] 短绠不可以汲深井之泉，知不几者不可与及圣人之言。

——《荀子·荣辱》

【译文】短的绳索不能汲取深井中的泉水，没见识的人不可以同他谈及圣人的言论。

[64] 夫贵为天子，富有天下，是人情之所同欲也；然则从人之欲，则执不能容，物不能赡也。

——《荀子·荣辱》

【译文】高贵到成为天子，富裕得拥有天下的财富，这是人之常情所共同希望的；然而纵容人的欲望，从权势上来说是不能容忍的，就物质而言是无法满足的。

［65］闻之而不见，虽博必谬；见之而不知，虽识必妄；知之而不行，虽敦必困。不闻不见，则虽当，非仁也。

——《荀子·儒效》

【译文】听到了而没有亲眼看见，即使知道得广博，必定会出现错误；看见了而不知道，即使能记住也必定会有虚妄；知道了但不付诸实行，即使内容确实也将会陷入困境。没有听见，也没有看见，即使做对了，也不能算是仁。

［66］习俗移志，安久移质。

——《荀子·儒效》

【译文】风俗习惯可以改变人的思想，长久受风俗的影响就会改变人的气质。

［67］以从俗为善，以货财为宝，以养生为己至道，是民德也。

——《荀子·儒效》

【译文】以依从习俗为妥善，以货物钱财为珍宝，以保养身体为自己最高的标准，这是普通老百姓的德性。

［68］积微：月不胜日，时不胜月，岁不胜时。

——《荀子·强国》

【译文】积累微小：一月胜不过一天，一季胜不过一月，一年胜不过一季。

［69］善日者王，善时者霸，补漏者危，大荒者亡。

——《荀子·强国》

【译文】爱惜一天光阴的人，就会成为王者；爱惜一季光阴的人，就会成为霸者；弥补时间的人，就会危殆；荒度光阴的人，就会灭亡。

［70］好女之色，恶者之孽也；公正之士，众人之痤也；修道之人，污邪之贼也。

——《荀子·君道》

【译文】美女的姿色，在丑人看来是一种祸根；公正无私的人，在普通人看来是一种伤疤；遵循正道的人，在邪恶的人看来是祸害。

［71］仁者必敬人。

——《荀子·臣道》

【译文】仁德之人一定尊敬别人。

［72］知莫大乎弃疑，行莫大乎无过，事莫大乎无悔。事至无悔而止矣，成不可必也。

——《荀子·议兵》

【译文】明智没有比去除疑问更好的了，行为没有比没有过错更好的了，做事情没有比没有后悔更好的了。做事情到没有后悔就可以停止了，不一定非要成功。

［73］大巧在所不为，大智在所不虑。

——《荀子·天论》

【译文】最能干的人在于懂得什么是不能做和不应做的，最聪明的人在于他不去考虑那些不能考虑和不应考虑的事。

［74］人生而有欲，欲而不得，则不能无求；求而无度量分界，则不能不争；争则乱，乱则穷。

——《荀子·礼论》

【译文】人生下来就有欲望，欲望得不到满足，就不能没有索求；索求没有一定的限度和界限，就一定会发生争斗。争斗就会产生混乱，混乱就会导致穷困。

[75]天地合而万物生，阴阳接而变化起，性伪合而天下治。

——《荀子·礼论》

【译文】天与地相配合于是产生万物，阴阳二气接触交会于是产生了变化，人的本性与人为的努力相结合于是天下得到治理。

[76]天能生物，不能辨物也；地能载人，不能治人也；宇中万物、生人之属，待圣人然后分也。

——《荀子·礼论》

【译文】天能生育万物，但不能治理万物；地能养育人类，但不能治理人类；世界上的万物和人类，只有等待圣人制定礼法，然后才能各有其位。

[77]知者知人，仁者爱人。

——《荀子·子道》

【译文】聪明人了解人，仁德之人爱护人。

[78]知者自知，仁者自爱。

——《荀子·子道》

【译文】聪明人有自知之明，仁德之人自尊自爱。

［79］君者舟也，庶人者水也。水则载舟，水则覆舟，君以此思危，则危将焉而不至矣！

——《荀子·哀公》

【译文】君主好比船，老百姓好比水。水能使船运行，也能淹没船，君主因此居安思危，那么危险就不会降临了。

［80］善择之者制人，不善择之者人制之。

——《荀子·王霸》

【译文】善于选择人的人能制服别人，不善于选择人的人被别人制服。

［81］凡观物有疑，中心不定，则外物不清，吾虑不清，则未可定然否也。

——《荀子·解蔽》

【译文】大凡观察事物，有所疑虑，内心不定，那么外界事物就看不清楚，我们的思虑不清楚，那就不能确定是这样或不是这样。

[82] 祸之所由生也，生自纤纤也，是故君子蚤绝之。

——《荀子·大略》

【译文】祸患产生的根源，来自细微的地方，因此君子及早地消除隐患。

[83] 流丸止于瓯臾，流言止于知者。

——《荀子·大略》

【译文】滚动的圆球滚到低洼的地方就停。流言蜚语传到聪明人那儿就不起作用了。

[84] 无用吾之所短遇人之所长。

——《荀子·大略》

【译文】不要用自己的短处去对付别人的长处。

[85] 雨小，故潜。

——《荀子·大略》

【译文】雨下得小，所以能深深地渗入地下。

[86] 夫尽小者大，积微者箸。

——《荀子·大略》

【译文】尽量容纳，不拒细微，就能成为大的；积累微不足道的，就能成为显著的。

[87] 凡物，有乘而来。乘其出者，是其反者也。

——《荀子·大略》

【译文】大凡事物的出现，都有原因。人们行动的后果，原因都在自己以往的所作所为。

[88] 不知其子视其友，不知其君视其左右。

——《荀子·性恶》

【译文】不了解他的儿子，看看他儿子的朋友就清楚了；不了解他的君主，看看君主左右的近臣就清楚了。

[89] 善言古者必有节于今；善言天者必有征于人。凡论者，贵其有辨合、有符验。

——《荀子·性恶》

【译文】喜欢谈论古代事情的人，一定要有现在的事情做验证；喜欢谈论天道的人，一定要有人间的事情做验证。凡是谈论事情，以有证明、有根据为可贵。

《韩非子》

[1] 唇亡则齿寒。

——《韩非子·存韩》

【译文】嘴唇没有了，牙齿就会受冻。

[2] 腓大于股，难以趣走。

——《韩非子·扬权》

【译文】小腿比大腿粗，难以快步走路。

[3] 豺狼在牢，其羊不繁。

——《韩非子·扬权》

【译文】豺狼在羊圈里，羊就不会增多。

[4] 枝大本小，将不胜春风。

——《韩非子·扬权》

【译文】如果树枝粗而树干细，将会经不住春风。

[5] 掘其根本，木乃不神。

——《韩非子·扬权》

【译文】如果掘掉树根，那么树木就没有生气了。

[6] 事以密成，语以泄败。

——《韩非子·说难》

【译文】事情因为保密而成功，讲话由于泄密而失败。

[7] 其母好者其子抱。

——《韩非子·备内》

【译文】母亲美的，她的孩子就会受宠爱。

[8] 万物必有盛衰，万事必有弛张。

——《韩非子·解老》

【译文】世界上各种各样的事物都有兴盛和衰亡，各种各样的事情都有松弛和紧张。

[9] 藏大器而数徙之，则多败伤。

——《韩非子·解老》

【译文】收藏贵重器物而经常挪动，就会多有损毁。

[10] 深其根，固其柢，长生久视之道也。

——《韩非子·解老》

【译文】加深它的蔓根，巩固它的主根，是长久生存、保持活力的根本途径。

[11] 凡德者，以无为集，以无欲成，以不思安，以不用固。

——《韩非子·解老》

【译文】凡是德，都是以无来积聚，以无欲来成就，以不思虑得到安定，以不使用得到巩固的。

[12] 罪莫大于可欲。

——《韩非子·喻老》

【译文】罪过没有比可以引起欲望更大的了。

[13] 祸莫大于不知足。

——《韩非子·喻老》

【译文】祸害没有比不知满足更大的了。

[14] 天下之难事必作于易，天下之大事必作于细。

——《韩非子·喻老》

【译文】天下的难事一定开始于简易，天下的大事一定开始于微细。

[15] 千丈之堤，以蝼蚁之穴溃；百尺之室，以突隙之烟焚。

——《韩非子·喻老》

【译文】千里长堤，因为蝼蚁营造窟穴而导致溃决；百尺高屋，因为烟囱裂缝的漏火而导致焚毁。

[16] 智之如目也，能见百步之外而不能自见其睫。

——《韩非子·喻老》

【译文】智慧好比眼睛，能看见百步以外的东西，却看不见自己的睫毛。

[17] 欲不欲，而不贵难得之货。

——《韩非子·喻老》

【译文】把没有欲望当做欲望，不看重难得的财物。

[18] 巧诈不如拙诚。

——《韩非子·说林上》

【译文】智巧、诈伪比不上笨拙、诚实。

[19] 安则智廉生，危则争鄙起。

——《韩非子·安危》

【译文】平安的时候，睿智、清廉的人就会产生；危乱的时候，争夺、贪鄙的人就会涌现。

［20］一手独拍，虽疾无声。

——《韩非子·功名》

【译文】一只手掌单独来拍，虽然很快，但没有声音。

［21］右手画圆，左手画方，不能两成。

——《韩非子·功名》

【译文】右手画圆形，左手画方形，不能同时画成。

［22］利莫长于简，福莫久于安。

——《韩非子·大体》

【译文】好处没有比政令清简更大的，幸福没有比天下太平更久的。

［23］三人言而成虎。

——《韩非子·内储说上七术》

【译文】三人异口同声，没虎也能编造出一只虎来。

［24］火形严，故人鲜灼；水形懦，故人多溺。

——《韩非子·内储说上七术》

【译文】火的样子是严酷的，所以人们很少被烧伤；水的样子是柔和的，所以很多人被淹死。

[25] 深智一物，众隐皆变。

——《韩非子·内储说上七术》

【译文】深入了解一件事，许多隐情变化都能辨明。

[26]狡兔尽则良犬烹，敌国灭则谋臣亡。

——《韩非子·内储说下六微》

【译文】狡猾的兔子被猎尽了，优秀的猎犬就要被烹杀；敌对的国家灭亡了，善于谋划的臣子就会性命难保。

[27]以肉去蚁蚁愈多，以鱼驱蝇蝇愈至。

——《韩非子·外储说左下》

【译文】用肉去驱赶蚂蚁，蚂蚁就会越来越多；用鱼去驱赶苍蝇，苍蝇就会越聚越多。

[28] 仁义者，与天下共其所有而同其利者也。

——《韩非子·外储说右上》

【译文】所谓仁义，就是与天下的人共同享有自己所有的东西，共同享受自己的利益。

[29] 欲利而身，先利而君；欲富而家，先富而国。

——《韩非子·外储说右下》

【译文】要想自己得到利益，首先要使你的君主得到利益；要想家庭富有，首先使你的国家富有。

[30] 不可陷之楯，与无不陷之矛，不可同世而立。

——《韩非子·难一》

【译文】不能被刺穿的盾和没有什么不能刺穿的矛，是无法同时存在的。

[31] 矜伪不长，盖虚不久。

——《韩非子·难一》

【译文】弄虚作假，不会长久；掩盖真相，不会长久。

[32] 惜草茅者耗禾穗，惠盗贼者伤良民。

——《韩非子·难二》

【译文】爱惜茅草便会损坏庄稼，宽容盗贼便会伤害良民。

[33] 图难于其所易也，为大者于其所细也。

——《韩非子·难三》

【译文】做困难的事要从容易的地方着手，做大事要从细小的地方开始。

[34] 事以微巧成，以疏拙败。

——《韩非子·难四》

【译文】事情因为办得隐秘、巧妙而获得成功，因为办得疏漏、笨拙而归于失败。

[35]《周书》曰：“毋为虎傅翼，将飞入邑，择人而食之。”

——《韩非子·难势》

【译文】《周书》上说：“不要给老虎添插翅膀，它将飞进城市，任意吃人。”

[36] 不踬于山，而踬于垤。

——《韩非子·六反》

【译文】（人）不会被高山绊倒，却会被小土堆绊倒。

[37] 侈泰则家贫，骄恣则行暴。

——《韩非子·六反》

【译文】挥霍无度，家境就会贫困；骄横放纵，行为就会暴虐。

[38] 不然之物，十人云疑，百人然乎，千人不可解也。

——《韩非子·八经》

【译文】对本来不真实的东西，听十个人说，自己就会产生疑惑；听一百个人说，自己就会倾向于相信；听一千个人说，自己就会确信不疑了。

[39] 长袖善舞，多钱善贾。

——《韩非子·五蠹》

【译文】袖子长了便于跳舞，本钱多了好做买卖。

[40] 冰炭不同器而久，寒暑不兼时而至，杂反之学不两立而治。

——《韩非子·显学》

【译文】冰和炭不能长久放在同一个器皿中，寒冷和暑热不能同时到来，杂乱相反的学说不能同时并存而治理好国家。

图书在版编目（CIP）数据

悦读丛书 . 国学篇 /《悦读丛书》编委会编 . —济南：山东友谊出版社，2015.12

ISBN 978-7-5516-0938-8

Ⅰ . ①悦… Ⅱ . ①悦… Ⅲ . ①丛书—中国—现代②国学—通俗读物 Ⅳ . ① Z121.7 ② Z126-49

中国版本图书馆 CIP 数据核字（2015）第 319104 号

主管单位： 山东出版传媒股份有限公司
出版发行： 山东友谊出版社
地　　址： 济南市英雄山路 189 号　邮政编码：250002
电　　话： 出版管理部（0531）82098756
市场营销部（0531）82098035（传真）
印　　刷： 山东省东营市新华印刷厂
版　　次： 2016 年 1 月第 1 版
印　　次： 2016 年 1 月第 1 次印刷
规　　格： 103mm × 171mm
印　　张： 21.25
字　　数： 280 千字
定　　价： 55.00 元（全五卷）

（如印装质量有问题，请与出版社出版管理部联系调换）

悦读丛书

·国学篇·

智慧

《悦读丛书》编委会　编

本卷主编　王恒展

山东友谊出版社

目录

《论语》

[1] 学而时习之，不亦说乎？

——《论语·学而第一》

【译文】学习，并经常练习，不是很快乐吗？

[2] 君子食无求饱，居无求安，敏于事而慎于言，就有道而正焉，可谓好学也已。

——《论语·学而第一》

【译文】君子饮食不要求饱足，居住不要求舒适，做事勤快，说话谨慎，主动向有道德的人学习，从而改正自己的缺点，这样就可以说是好学的人了。

[3] 知之为知之，不知为不知，是知也。

——《论语·为政第二》

【译文】知道就是知道，不知道就是不知道，这就是真正的智慧啊！

[4] 吾十有五而志于学，三十而立，四十而不惑，五十而知天命，六十而耳顺，七十而从心所欲，不逾矩。

——《论语·为政第二》

【译文】我十五岁时立志求学，三十岁时能运用所学的道理，立身行事；四十岁时能通达事理，没有疑惑，不为邪说所动摇；五十岁时能知道什么是天命；六十岁时凡所听到的都能明白贯通，心里不再有起伏不平；七十岁时能随心所欲，不会逾越规矩法度。

[5] 温故而知新，可以为师矣。

——《论语·为政第二》

【译文】温习旧知识，从而能有新体会，新发现。这样就可以做老师了。

[6] 学而不思则罔，思而不学则殆。

——《论语·为政第二》

【译文】学习却不思考，就会糊涂迷惑；空想却不学习，那就危险了。

[7] 君子不器。

——《论语·为政第二》

【译文】君子不要像器皿那样限制自己，只有一才一艺。

[8]《诗》三百，一言以蔽之，曰："思无邪"。

——《论语·为政第二》

【译文】《诗经》三百篇，用一句话来概括，就是"思想没有邪念"。

[9]吾与回言终日，不违，如愚。退而省其私，亦足以发，回也不愚。

——《论语·为政第二》

【译文】我整天与颜回讲学，他从不提出反对意见和疑问，像个蠢人。讲学后，我私下观察他的言行，发现他对我讲的都能予以发挥，颜回显然并不蠢。

[10]乐其可知也：始作，翕如也；从之，纯如也，皦如也，绎如也，以成。

——《论语·八佾第三》

【译文】音乐是可以理解的：开始演奏时，很热烈；继续下去，清纯和谐，清晰而络绎不绝，然后完成。

[11]《关雎》，乐而不淫，哀而不伤。

——《论语·八佾第三》

【译文】《关雎》这首诗，快乐而不放荡，哀怨而不痛苦。

[12]子谓《韶》，“尽美矣，又尽善也。”谓《武》，“尽美矣，未尽善也。”

——《论语·八佾第三》

【译文】孔子谈论《韶乐》时说：“美极了，而且好极了！”谈到《武乐》时说：“美极了，但是还不够好。”

[13]敏而好学，不耻下问，是以谓之“文”也。

——《论语·公冶长第五》

【译文】（孔文子）做事又勤敏又好学，不以向地位比他低的人请教为羞耻，这就值得称为“文”了。

[14]十室之邑，必有忠信如丘者焉，不如丘之好学也。

——《论语·公冶长第五》

【译文】即使只有十户人家的地方，也一定有像我这样又忠诚又讲信用的人，只是不如我好学罢了。

[15]朽木不可雕也，粪土之墙不可圬也。

——《论语·公冶长第五》

【译文】腐朽的木头雕刻不得，粪土似的墙壁粉刷不得。

[16]始吾于人也，听其言而信其行；今吾于人也，听其言而观其行。

——《论语·公冶长第五》

【译文】起初我对于人，是听了他的话就相信他的行为；现在我对于人，是听了他的话，还要观察他的行为。

[17]吾党之小子狂简，斐然成章，不知所以裁之。

——《论语·公冶长第五》

【译文】我们那里的学生志向高大得很，文采又都斐然可观，但不知道该怎样去节制自己。

[18]力不足者，中道而废。今女画。

——《论语·雍也第六》

【译文】如果真是力量不够，会半途而废。现在你还没开始走呢。

[19]中人以上，可以语上也；中人以下，不可以语上也。

——《论语·雍也第六》

【译文】智力在中等以上的人，可以给他讲述高深的道理；智力在中等以下的人，不可以给他讲述高深的道理。

[20]有颜回者好学，不迁怒，不贰过。不幸短命死矣，今也则亡，未闻好学者也。

——《论语·雍也第六》

【译文】有一个叫颜回的最好学，他偶然生气发怒，但绝不迁怒于别人，并且不会犯同样的过错。他不幸短命死了，现在再没有这样的人了，再也没听说好学的人了。

[21]知之者不如好之者，好之者不如乐之者。

——《论语·雍也第六》

【译文】对于学问，懂得它的人不如喜欢它的人，喜欢它的人不如以它为乐的人。

［22］加我数年，五十以学《易》，可以无大过矣。

——《论语·述而第七》

【译文】如果让我多活几年，到五十岁时学习《周易》，便可以没有大的过错了。

［23］默而识之，学而不厌，诲人不倦，何有于我哉？

——《论语·述而第七》

【译文】把所学的知识默默地记在心里，努力学习而不满足，教导别人从不疲倦，这三件事情我做到了哪些呢？

［24］德之不修，学之不讲，闻义不能从，不善不能改，是吾忧也。

——《论语·述而第七》

【译文】不培养良好的品德，不讲究学问，听到义理不能顺从，有错误不能改正，这是我所忧虑的。

［25］不愤不启，不悱不发。举一隅不

以三隅反，则不复也。

——《论语·述而第七》

【译文】教导学生，不到他想弄明白而又没弄明白的时候，先不去开导他；不到他想说而又说不出来的时候，先不启发他。举出一个角讲给他，而他不能举一反三，便不再教育他了。

[26] 其为人也，发愤忘食，乐以忘忧，不知老之将至云尔。

——《论语·述而第七》

【译文】这个人（指孔子自己）的为人，发愤学习忘记了吃饭，有所领悟便快乐得忘记忧愁，不知道衰老将要到来，如此罢了。

[27] 我非生而知之者，好古，敏以求之者也。

——《论语·述而第七》

【译文】我不是生来就有知识的人，而是爱好古代文化，勤敏追求学问的人。

[28] 三人行，必有我师焉。择其善者而从之，其不善者而改之。

——《论语·述而第七》

【译文】三个人一起走路，其中一定有可以做我老师的人。选择他们的优点向他们学习，看出他们的缺点便改正自己同样的缺点。

[29] 子以四教：文，行，忠，信。

——《论语·述而第七》

【译文】孔子用四种内容教育学生：文献，实践，忠诚，信誉。

[30] 盖有不知而作之者，我无是也。多闻，择其善者而从之；多见而识之；知之次也。

——《论语·述而第七》

【译文】大概有什么也不懂却凭空创作的人，我没有这种本领。多多地听，选择其中好的接受；多多地看，牢牢记在心里。这样的知识是仅次于“生而知之”的。

[31] 若圣与仁，则吾岂敢？抑为之不厌，诲人不倦，则可谓云尔已矣。

——《论语·述而第七》

【译文】讲到圣与仁，我怎么敢当？我不过是追求它总不厌倦，教导别人总不感到疲惫，可以这样讲罢了。

[32] 自行束脩以上，吾未尝无诲焉。

——《论语·述而第七》

【译文】 自愿地亲自送来十条干肉作为薄礼的人，我从来没有不教诲的。

[33] 子在齐闻《韶》，三月不知肉味，曰："不图为乐之至于斯也。"

——《论语·述而第七》

【译文】 孔子在齐国听到《韶乐》的乐章时，好长时间吃肉都感觉没滋味，说："想不到欣赏音乐竟然到了这种境界。"

[34] 文，莫吾犹人也。躬行君子，则吾未之有得。

——《论语·述而第七》

【译文】 书本上的学问，大约我同别人差不多。在生活实践中做一个君子，那我还没有成功。

[35] 述而不作，信而好古，窃比于我老彭。

——《论语·述而第七》

【译文】阐述而不创作，相信而又爱好古代文化，我私下里和我那老彭相比。（注：老彭，商代贤人。）

[36] 兴于《诗》，立于礼，成于乐。

——《论语·泰伯第八》

【译文】《诗经》使我振奋精神，礼使我在社会上站得住脚，音乐使我的道德学问得以完成。

[37] 三年学，不至于谷，不易得也。

——《论语·泰伯第八》

【译文】读书三年而不存在做官的念头，这是不容易做到的。

[38] 学如不及，犹恐失之。

——《论语·泰伯第八》

【译文】求学时，像追赶什么似的，唯恐赶不上；赶上了，又唯恐失掉。

[39] 可与共学，未可与适道；可与适道，未可与立；可与立，未可与权。

——《论语·子罕第九》

【译文】可以和这个人共同研究学问，未必能共同追求正道；可以和这个人共同追求正道，未必能和他坚定地立身在正道上；可以和这个人共同立身在正道上，未必能和他共同权衡轻重，使行为处处合于义理。

[40]譬如为山，未成一篑，止，吾止也。譬如平地，虽覆一篑，进，吾往也。

——《论语·子罕第九》

【译文】比方用土堆山，只要再加一筐土，便可堆成了；但是却停止下来，这是自己停止的。又比方平地，哪怕是刚倒下第一筐土，如果决心继续干，我还是要继续干下去。

[41]后生可畏，焉知来者之不如今也？四十、五十而无闻焉，斯亦不足畏也已。

——《论语·子罕第九》

【译文】年轻人令人敬畏佩服，怎么能断定他们将来不如我们这一辈人呢？如果一个人活到四五十岁仍然默默无闻，那么也就不值得敬畏了。

[42]子绝四：毋意，毋必，毋固，毋我。

——《论语·子罕第九》

【译文】孔子杜绝了四种毛病，做到不凭空臆测，不绝对肯定，不拘泥固执，不自以为是。

[43]吾自卫反鲁，然后乐正，《雅》《颂》各得其所。

——《论语·子罕第九》

【译文】我从卫国回到鲁国，才能把音乐整理出来，使《雅》、《颂》各有适当的位置。

[44]不践迹，亦不入于室。

——《论语·先进第十一》

【译文】不踩着别人的足迹，学问道德也难以修养到家。

[45]求也退，故进之；由也兼人，故退之。

——《论语·先进第十一》

【译文】冉求做事退缩，所以我鼓励他大胆向前；仲由好勇求胜，一人能顶两个人，所以我要抑制他一下。

[46]诵《诗》三百，授之以政，不达；使于四方，不能专对；虽多，亦奚以为？

——《论语·子路第十三》

【译文】熟读《诗经》三百首，交给他国家政务，却干不了；派他出使各国，却不能单独应对；虽然读得多，又有什么用处呢？

[47] 吾尝终日不食，终夜不寝，以思，无益，不如学也。

——《论语·卫灵公第十五》

【译文】我曾经整天不吃饭，整夜不睡觉，进行思考，没有益处，不如去学习。

[48] 君子谋道不谋食。耕也，馁在其中矣；学也，禄在其中矣。君子忧道不忧贫。

——《论语·卫灵公第十五》

【译文】君子谋求仁义道德，不谋求衣食。耕田种地，有时会挨饿；学习，会得到俸禄。君子只为仁义道德操心，不为贫穷忧愁操心。

[49] 有教无类。

——《论语·卫灵公第十五》

【译文】不论哪种人，我都教育他们。

[50] 辞达而已矣！

——《论语·卫灵公第十五》

【译文】言辞，能表达意思就行了。

［51］子曰：“赐也，女以予为多学而识之者与？”对曰：“然，非与？”曰：“非也，予一以贯之。”

——《论语·卫灵公第十五》

【译文】孔子说：“赐啊，你以为我是个多方面学习又能记很多东西的人吗？”子贡回答道：“是的。难道不是这样吗？”孔子说：“不是的。我有一个基本的观念贯穿始终啊！”

［52］不曰“如之何，如之何”者，吾未如之何也已矣。

——《论语·卫灵公第十五》

【译文】一个不去想“怎么办，怎么办”的人，我对他也不知道该怎么办了。

［53］古之学者为己，今之学者为人。

——《论语·宪问第十四》

【译文】古代的人学习是为了提高自己，现在的人学习是为了装饰自己给别人看。

[54]爱之,能勿劳乎?忠焉,能勿诲乎?

——《论语·宪问第十四》

【译文】真要爱护他,能不让他吃苦耐劳吗?真要一心一意为他,能不教诲他吗?

[55]生而知之者上也,学而知之者次也;困而学之,又其次也;困而不学,民斯为下矣。

——《论语·季氏第十六》

【译文】天生有知识的人是上等的人;学习了,然后有知识的,是次一等的人;实践中遇到困难,再去学习的,是再次一等的人;遇见困难还不学习的,这就是最下等的人了。

[56]好仁不好学,其蔽也愚;好知不好学,其蔽也荡;好信不好学,其蔽也贼。

——《论语·阳货第十七》

【译文】爱好仁德而不爱好学习,弊病是容易受人愚弄;爱耍小聪明而不爱好学习,弊病是放荡无根基;喜好诚实而不爱好学习,弊病是容易被人伤害。

[57] 人而不为《周南》、《召南》，其犹正墙面而立也与？

——《论语·阳货第十七》

【译文】一个人不研究《周南》、《召南》，他就好像面墙而立，什么也看不见，一步也不能走。

[58] 好直不好学，其蔽也绞；好勇不好学，其蔽也乱；好刚不好学，其蔽也狂。

——《论语·阳货第十七》

【译文】喜欢直率而不爱好学习，弊病是说话尖刻；喜欢勇力而不爱好学习，弊病是为非作乱；喜欢刚强而不爱好学习，弊病是狂妄急躁。

[59] 性相近也，习相远也。

——《论语·阳货第十七》

【译文】人的性情本来是很接近的，只是因为沾染的习惯不同而相距远了。

[60]《诗》，可以兴，可以观，可以群，可以怨。迩之事父，远之事君；多识于鸟兽草木之名。

——《论语·阳货第十七》

【译文】学习《诗经》，可以启发想象力，可以提高观察力，可以令人团结，可以学习讽喻世道的方法。从近处来说，可以用诗中的道理来侍奉父母；从远处来说，可以用诗中的道理来侍奉君主；还可以从中多认识一些草木鸟兽的名称。

[61]不患无位，患所以立。不患莫己知，求为可知也。

——《论语·里仁第四》

【译文】不愁没有职位，只怕没有任职的本领。不怕别人不了解自己，只求自己有值得别人重视的本领。

[62]不学《诗》，无以言。

——《论语·季氏第十六》

【译文】如果不学《诗经》，在人们面前便不会说话呀。

[63]不学礼，无以立。

——《论语·季氏第十六》

【译文】如果不学礼制，便不能在社会上立身处世做人啊。

[64]饱食终日，无所用心，难矣哉！不

有博弈者乎？为之，犹贤乎已。

——《论语·阳货第十七》

【译文】整天吃饱了饭，什么事情也不做，不行的呀！不是有掷采、下棋的游戏吗？下下棋也比闲着好。

《庄子》

[1] 大巧若拙。

——《庄子·胠箧》

【译文】 最大的智巧就好像是笨拙一样。

[2] 凡外重者内拙。

——《庄子·达生》

【译文】 凡是对外物看得过重的人，其内心一定笨拙。

[3] 故善吾生者，乃所以善吾死也。

——《庄子·大宗师》

【译文】 所以把生命看做好事的，也应该把死亡看做好事。

[4] 今一以天地为大炉，以造化为大冶，恶乎往而不可哉！

——《庄子·大宗师》

【译文】 如今把整个天地当做大熔炉，把造化当做高超的冶炼工匠，用什么方法来安排、冶炼我不可以呢？

[5] 以生为附赘悬疣，死为决疣溃痈，夫若然者，又恶知死生先后之所在！

——《庄子·大宗师》

【译文】圣人把人的生命看做是气的凝结，像身上的赘瘤一样；把人的死亡看做是气的消散，像毒痈化脓后的溃破一样。像这样的人，又怎么会顾及生死先后的分别呢！

[6] 人生天地之间，若白驹之过隙，忽然而已。

——《庄子·知北游》

【译文】人生于天地之间，就像小马在细小的缝隙前一闪而过，只是一瞬间而已。

[7] 此木以不材得终其天年。

——《庄子·山木》

【译文】这棵树就是因为不成材而能够终享天年啊！

[8] 汝不知夫螳螂乎？怒其臂以当车

辙，不知其不胜任也，是其才之美者也。戒之，慎之！

——《庄子·人间世》

【译文】你不知道那螳螂吗？奋力举起它的臂膀去阻挡滚动的车轮，不明白自己的力量不能胜任，这是因为它把自己的才能看得太高的缘故。要警惕，要小心啊！

[9] 忠谏不听，蹲循勿争。

——《庄子·至乐》

【译文】忠诚的劝谏不被君主接纳，那就退让一旁不要再去谏争了。

[10] 鹄不日浴而白，乌不日黔而黑。黑白之朴，不足以为辩。

——《庄子·天运》

【译文】天鹅不是天天洗才白，乌鸦不是日日染才黑。黑白都是天然生成的，不必辩论。

[11] 以瓦注者巧，以钩注者惮，以黄金注者惛。其巧一也，而有所矜，则重外也。

——《庄子·达生》

【译文】用瓦片作为赌注的人便心神自在，用金属带钩作赌注的人便心里恐惧，用黄金作赌注的人便心智昏乱。赌博的技巧本来是一样的，有所顾惜，是因为过于重视外物呀。

[12]美成在久，恶成不及改，可不慎与！

——《庄子·人间世》

【译文】成就一件好事需要很长时间，做出一件坏事就后悔莫及、难以补救了。为人处世能不谨慎吗？

[13]察乎安危，宁于福祸，谨于去就，莫之能害也。

——《庄子·秋水》

【译文】善于观察情况的安危，对于幸福和灾祸都能内心平静，无论舍弃还是获取都很谨慎，所以没有什么能伤害他。

[14]且有大觉而后知此其大梦也，而愚者自以为觉，窃窃然知之。

——《庄子·齐物论》

【译文】只有非常清醒觉悟的人才能知道人生就像一场大梦，可愚笨的人却以为自己是清醒的，以为自己明察一切，什么都知道。

[15] 处势不便，未足以逞其能也。

——《庄子·山木》

【译文】处在不利的情势下，就不能充分施展才能。

[16] 狗不以善吠为良，人不以善言为贤。

——《庄子·徐无鬼》

【译文】狗不因为能叫便是好狗，人不因为会说话便是贤能的人。

[17] 鸟兽不厌高，鱼鳖不厌深。夫全其形生之人，藏其身也，不厌深眇而已矣。

——《庄子·庚桑楚》

【译文】鸟兽不满足高飞，鱼鳖不满足水深。那些保全身体和本性的人要隐藏自己，也是不满足深幽高远罢了。

[18] 不能容人者无亲，无亲者尽人。

——《庄子·庚桑楚》

【译文】不能容人的人没有人亲近，没有人亲近的人也就为人们所弃绝。

[19] 势为天子，未必贵也；穷为匹夫，未必贱也。贵贱之分，在行之美恶。

——《庄子·盗跖》

【译文】权势大如天子，未必尊贵；穷困为贫民，未必卑贱。贵贱的分别在于品行的美恶好坏。

[20] 生有为，死也。劝公，以其死也，有自也；而生阳也，无自也。

——《庄子·寓言》

【译文】活着追逐外物、恣意妄为，便要走向死亡。劝诫人们，人的死亡是有原因的；而好好活着，就要无为，无为当然是没有来由的。

[21] 平为福，有余为害者，物莫不然，而财其甚。

——《庄子·盗跖》

【译文】拥有的东西达到平均水平是福气，有余就是祸害，凡是事物没有不是这样的，而财物尤其突出。

[22] 故君子不得已而临莅天下，莫若无为。无为也而后安其性命之情。

——《庄子·在宥》

【译文】所以，君子不得已而居于统治天下的地位，那就不如无为而治。无为而治才能使人民安居乐业保有自然的天性。

[23] 绝圣弃知而天下大治。

——《庄子·在宥》

【译文】弃绝聪明智巧，天下就会得到治理而太平无事。

[24] 至德之世，不尚贤，不使能；上如标枝，民如野鹿。

——《庄子·天地》

【译文】盛德的时代，不标榜贤能，不崇尚技巧；国君如同居于高位，百姓如同野鹿一样无拘无束，自由自在。

[25] 夫天地者，古之所大也，而黄帝尧舜之所共美也。故古之王天下者，奚为哉？天地而已矣。

——《庄子·天道》

【译文】天和地，自古以来是最为伟大的，黄帝、尧、舜都共同赞美它。所以，古时候统治天下的人，做些什么呢？仿效天地罢了。

[26] 圣人之用兵也，亡国而不失人心。

——《庄子·大宗师》

【译文】 古代的圣人使用武力，灭掉敌国却不失掉敌国的民心。

[27] 夫圣人之治，治外乎？正而后行，确乎能其事者而已。

——《庄子·应帝王》

【译文】 圣人治理天下，是治理外表吗？圣人先端正自己而后感化他人，确实让人们各尽所能就是了。

[28] 故贵以身于为天下，则可以托天下；爱以身于为天下，则可以寄天下。

——《庄子·在宥》

【译文】 以尊重自身生命甚于尊重天下的态度治理天下的人，才可以把天下托付给他；以珍爱自身生命甚于珍爱天下的态度去治理天下的人，才可以把天下托付给他。

[29] 夫民，不难聚也；爱之则亲，利之则至，誉之则劝，致其所恶则散。

——《庄子·徐无鬼》

【译文】人民是不难聚集的，爱护他们他们就会亲近，给他们好处他们就会靠拢，给他们奖励他们就会勤勉，给他们所厌恶的东西他们就会离散。

[30] 庶人有旦暮之业则劝，百工有器械之巧则壮。

——《庄子·徐无鬼》

【译文】百姓只要有短暂的工作就会勤勉，工匠只要有器械的技巧就会气壮。

[31] 简发而栉，数米而炊，窃窃乎又何足以济世哉！

——《庄子·庚桑楚》

【译文】挑拣着头发梳理，数着米粒下锅，在这种小事上斤斤计较的人又怎么能够济世救民呢！

[32] 古之君人者，以得为在民，以失为在己。

——《庄子·则阳》

【译文】古代治理国家的人，把功绩归于百姓，把过失归于自己。

[33] 以贤临人，未有得人者也；以贤下人，未有不得人者也。

——《庄子·徐无鬼》

【译文】以贤人自居而凌驾于他人之上的人，不会获得人们的拥戴；以谦恭待人的人，不会得不到人们的拥戴。

[34] 无以人灭天，无以故灭命，无以得殉名。

——《庄子·秋水》

【译文】不要人为毁灭天性，不要用故意的作为去毁灭自然的禀性，不要为获取虚名而不遗余力。

[35] 君子不为苛察。

——《庄子·天下》

【译文】君子不对他人求全责备，吹毛求疵。

[36] 官施而不失其宜，举拔而不失其能，毕见情事而行其所为，行言自为而天下化。

——《庄子·天地》

【译文】政府设置官职、发号施令恰到好处，提拔人才不遗漏任何有能力的人，明察人情事理而采取恰当的措施，自己的言行就会感化天下。

[37] 五官殊职，君不私，故国治。

——《庄子·则阳》

【译文】各种官员都有自己的职责，国君不自私，不偏爱，国家才能得到治理。

[38]君为政焉，勿卤莽；治民焉，勿灭裂。

——《庄子·则阳》

【译文】君主处理政事不要鲁莽，治理百姓不要轻率。

[39]夫为天下者，亦奚以异乎牧马者哉！亦去其害马者而已矣。

——《庄子·徐无鬼》

【译文】治理天下，也跟牧马没有什么不同！也就是去除害群之马罢了！

[40] 赏罚利害，五刑之辟，教之末也。

——《庄子·天道》

【译文】奖赏处罚，利诱惩戒，施行各种刑法，这是教化最差的表现。

［41］官治其职，人忧其事，乃无所陵。

——《庄子·渔父》

【译文】官吏处理好各自的政事，人民安排好各自的事情，就不会出现混乱的情况。

［42］夫杀人之士民，兼人之土地，以养吾私与吾神者，其战不知孰善？

——《庄子·徐无鬼》

【译文】杀死他国的士卒和百姓，兼并他国的土地，用来满足自己的私欲和精神，这种战争不知有什么好处？

［43］知者之为，故动以百姓，不违其度，是以足而不争，无以为故不求。

——《庄子·盗跖》

【译文】睿智的人，总是顺从百姓的心思行动，不违反民众的意愿。所以，知足就不会争夺，顺应自然所以不贪求。

［44］君之所言而然，所行而善，则世俗谓之不肖臣。

——《庄子·天地》

【译文】凡是君王所说的都满口应承，君王所做的就加以奉迎，那就是世俗人所说的不良之臣。

[45] 明王之治，功盖天下而似不自己，化贷万物而民弗恃；有莫举名，使物自喜；立乎不测，而游于无有者也。

——《庄子·应帝王》

【译文】圣明的君王治理天下，功盖天下却不归功于自己，教化施及万物而百姓却不觉得有所依赖；功德无量没有什么办法称述赞美，使万事万物各得其所；立足于高深莫测的神妙之境，而处在自然无为的境地。

[46] 汝游心于淡，合气于漠，顺物自然而无容私焉，而天下治矣。

——《庄子·应帝王》

【译文】你神游于恬淡的境界，清静无为，顺应事物自然的本性而没有半点儿个人的偏私，天下就治理好了。

[47] 闻在宥天下，不闻治天下也。在之也者，恐天下之淫其性也；宥之也者，

恐天下之迁其德也。

——《庄子·在宥》

【译文】听说过听任天下自由地发展，没听说要治理天下。听任天下自由地发展，是因为担忧人们的本性被扰乱；宽容人们的行为，是因为担忧人们改变了自然的常态。

[48] 故礼义法度者，应时而变者也。

——《庄子·天运》

【译文】所以，礼义法度都是顺应时代而有所变化的东西。

[49] 绝圣弃智，大盗乃止；擿珠毁玉，小盗不起；焚符破玺，而民朴鄙；剖斗折衡，而民不争；殚残天下之圣法，而民始可与论议。

——《庄子·胠箧》

【译文】抛弃聪明智巧，才不会出现窃国大盗；毁掉珠玉，才不会发生小偷小摸的事；烧掉契约，砸烂玉玺，人民就淳朴无欲；毁掉度量的器具，人民就不再争夺；毁掉仁义法则，人们才能参与论议。

[50] 彼民有常性，织而衣，耕而食，是谓同德；一而不党，命曰天放。故至德之世，其行填填，其视颠颠。

——《庄子·马蹄》

【译文】百姓有他们的本性，织布而后穿衣，耕种而后吃饭，这是共有的本能。人们的思想和行为浑然一体没有一点儿偏私，这叫做任其自然。所以人类天性保留最完善的时代，人们的行动天真笨拙，淳朴而没有心机。

[51] 是非已明而赏罚次之。

——《庄子·天道》

【译文】是非已经搞清楚了，奖赏和惩罚也就不重要了。

[52] 夫有土者，有大物也。有大物者，不可以物；物而不物，故能物物。

——《庄子·在宥》

【译文】拥有国家的，就拥有土地人民。拥有土地人民的，不可以受外物支配；支配外物而不为外物所役使，才能够主宰万物。

[53] 君原于德而成于天。故曰：玄古之君天下，无为也，天德而已矣。

——《庄子·天地》

【译文】君主依靠德行来成全自然的本性。所以说：远古的君主治理天下，就是无为而治，顺应自然而已。

[54] 唯无以天下为者，可以托天下也。

——《庄子·让王》

【译文】只有不以天下为自己所用的人，才可以把统治天下的重任托付给他。

[55] 有治在人，忘乎物，忘乎天，其名为忘己。

——《庄子·天地》

【译文】倘若果真存在着什么治理，那也就是人们遵循本性活动，忘掉外物，忘掉自然，它的名字就叫做忘掉自己。

《管子》

[1] 治民有器，为兵有数，胜敌国有理，正天下有分。

——《管子・七法》

【译文】治理百姓有办法，统领军队有策略，战胜敌国有道理，一统天下有名分。

[2] 胜一而服百，则天下畏之矣；立少而观多，则天下怀之矣；罚有罪，赏有功，则天下从之矣。

——《管子・七法》

【译文】战胜一个国家而使更多的国家臣服，天下就会畏惧；扶植少数国家而影响多数国家，天下就会怀念向往；惩罚有罪，赏赐有功，天下就会服从。

[3] 凡攻伐之为道也，计必先定于内，然后兵出乎境。

——《管子・七法》

【译文】凡进攻讨伐的原则，一定要先在国内制定好周密的计划，然后才发兵出境。

[4] 计未定于内，而兵出乎境，是则战之自胜，攻之自毁也。

——《管子·七法》

【译文】没有在国内制定好计划就先发兵出境，这样打仗必然是自取败亡。

[5] 不明于敌人之政，不能加也；不明于敌人之情，不可约也。

——《管子·七法》

【译文】不了解敌人的政治情况，不能进行战争；不了解敌人的军情，不能对敌人宣战。

[6] 不明于敌人之将，不先军也；不明于敌人之士，不先陈也。

——《管子·七法》

【译文】不了解敌人的将领，不先采取军事行动；不了解敌人的士兵，不先排列阵势。

[7] 以众击寡，以治击乱，以富击贫，

以能击不能，以教卒练士击殴众白徒，故十战十胜，百战百胜。

——《管子 · 七法》

【译文】只有以多数进攻少数，以治国进攻乱国，以富国进攻穷国，以贤能的将帅进攻无能的将帅，以训练有素的士兵进攻乌合之众，才能做到十战十胜，百战百胜。

[8] 兵虽非备道至德也，然而所以辅王成霸。今代之用兵者不然，不知兵权者也。

——《管子 · 兵法》

【译文】战争虽然不是完备高尚的道德，却可以辅佐王业、成就霸业。现在用兵的人却不是这样，不懂得用兵必须权衡得失。

[9] 举兵之日而境内贫，战不必胜，胜则多死，得地而国败。此四者，用兵之祸者也。

——《管子 · 兵法》

【译文】发动战争而造成国内的贫困，与敌人作战却没有必胜的把握，打了胜仗却死伤过多，夺得土地却使国家元气大伤。这四种情况，是用兵的祸害。

[10] 蚤知敌，则独行；有蓄积，则久而不匮；器械巧，则伐而不费；赏罚明，则勇士劝也。

——《管子·兵法》

【译文】预先掌握敌情，就会所向无敌；拥有充足的物资储备，就能长久作战而不匮乏；武器制作精良，就能连续进攻而不易损坏；赏罚严明，勇士就会互相勉励，奋勇向前。

[11] 器成教施，追亡逐遁若飘风，击刺若雷电。绝地不守，恃固不拔。

——《管子·兵法》

【译文】军队兵器完备、训练有素，追逐逃敌就会像飘风一样迅速，歼击敌兵就会像雷电一样猛烈。敌人虽有绝地也不能防守，虽恃险固守也不能抵抗。

[12] 畜之以道，则民和；养之以德，则民合。和合故能谐，谐故能辑，谐辑以悉，莫之能伤。

——《管子·兵法》

【译文】养兵的法则合于道，百姓就能和睦；合于德，百姓就能团结。和睦团结就能协调一致，协调一致就能聚结力量。百姓的力量能聚结协调，谁也不能伤害。

［13］数战则士罢，数胜则君骄。夫以骄君使罢民，则国安得无危？故至善不战。

——《管子·兵法》

【译文】频繁作战则士兵疲惫，多次得胜则君主骄傲。以骄傲的君主驱使疲惫的士兵去作战，国家怎么能不危险？所以最完美的战争是不战而胜。

［14］善者之为兵也，使敌若据虚，若搏景。

——《管子·兵法》

【译文】善于用兵的人指挥作战，总是使敌人像在高空一样，提心吊胆；像是同影子搏斗一样，找不到对手。

［15］无设无形焉，无不可以成也；无形无为焉，无不可以化也，此之谓道矣。

——《管子·兵法》

【译文】好像没有预先的设计、没有形迹可寻，因而没有不可发生的；没有行迹可寻、又好像无所作为，因而没有不可以变化的，这就叫做用兵之道。

[16] 先王之伐也，伐逆不伐顺，伐险不伐易，伐过不伐及。

——《管子·霸言》

【译文】先代圣王进行征伐，总是讨伐叛逆而不讨伐顺从，讨伐险要而不讨伐平易，讨伐过分而不讨伐不足。

[17] 四封之内，以正使之；诸侯之会，以权致之；近而不服者，以地患之；远而不听者，以刑危之。

——《管子·霸言》

【译文】本国之内，用政令来驾驭；诸侯的盟会，用权威来召集；对就近而不服从的国家，用侵削土地来使它担忧；对远离而不听命的国家，用杀伐威逼使它危亡。

[18] 争强之国，必先争谋争刑争权。

——《管子·霸言》

【译文】凡是争强的国家，必先竞争谋略、竞争形势、竞争权力。

[19] 令人主一喜一怒者，谋也；令国一轻一重者，刑也；令兵一进一退者，权也。

——《管子·霸言》

【译文】使人君的表情或喜或怒的，是谋略；使国家的地位或轻或重的，是形势；使军队的行动或进或退的，是权力。

[20] 人之众寡，士之精粗，器之功苦尽知之，此乃知形者也。

——《管子·地图》

【译文】军队人数的多少，士兵素质的优劣，武器质量的高低，全部了解清楚，这就了解了军队的形势。

[21] 知形不如知能，知能不如知意，故主兵必参具者也。

——《管子·地图》

【译文】了解军队的形势，不如了解作战的能力，了解作战的能力，不如了解作战的意图，所以用兵必须具备这三个条件。

[22] 君之所以卑尊，国之所以安危者，莫要于兵。

——《管子·参患》

【译文】决定君主尊卑，国家安危的，没有比军队更重要的了。

[23] 诛暴国必以兵，禁辟民必以刑，然则兵者外以诛暴，内以禁邪，故兵者尊主安国之经也。

——《管子·参患》

【译文】征伐暴国，必用军队，镇压坏人，必用刑罚，所以军队对外征伐暴国，对内镇压邪恶，是尊奉君主、安定国家的根本。

[24] 凡用兵之计，三惊当一至，三至当一军，三军当一战。

——《管子·参患》

【译文】凡是用兵费用的计划，三次戒备等于一次出征，三次出征等于一次围敌，三次围敌等于一次交战。

[25] 一期之师，十年之蓄积殚；一战

之费，累代之功尽。

——《管子·参患》

【译文】一年的军费，要耗尽十年的积蓄；一战的费用，要用光数代的积累。

[26] 圣人小征而大匡，不失天时，不空地利，用日维梦，其数不出于计。

——《管子·参患》

【译文】圣人对于小的战争总是给予大的警惕，做到不失天时地利，白天作战夜里就要预先计划，其作战方法都出于战前的计划。

[27] 凡兵有大论，必先论其器，论其士，论其将，论其主。

——《管子·参患》

【译文】凡是用兵都要有一些重要的考评，必须首先考评兵器，考评士兵，考评将领，考评君主。

[28] 士不可用者，以其将予人也；将不知兵者，以其主予人也；主不积务于兵者，以其国予人也。

——《管子·参患》

【译文】士兵涣散指挥不动，就等于把将领送给敌人；将领不懂得用兵之道，就等于把君主送给敌人；君主不积极积聚军力，就等于把国家送给敌人。

[29] 一器成，往夫具，而天下无战心；二器成，惊夫具，而天下无守城；三器成，游夫具，而天下无聚众。

——《管子·参患》

【译文】一师的兵器精良，又有敢于出征的战士，天下就不会产生抗拒之心；一军的兵器精良，又有智勇惊众的士兵，天下就无可守之城；一国的兵器精良，又有能言善辩的人才，天下就不敢聚兵迎战。

[30] 凡兵之所以先争，圣人贤士，不为爱尊爵；道术知能，不为爱官职；巧伎勇力，不为爱重禄。

——《管子·制分》

【译文】凡用兵应当首先具备的条件：圣贤之士不是为了贪图尊贵的爵位，有道术的智者能人不是为了显赫的高官，武艺高超的勇士不是为了贪图优厚的俸禄。

[31] 兵不呼儆，不苟聚，不妄行，不强进。

——《管子·制分》

【译文】用兵不能高声呼警，不能草率集合，不能徒劳行军，不能勉强进军。

［32］呼儆则敌人戒，苟聚则众不用，妄行则群卒困，强进则锐士挫。

——《管子·制分》

【译文】军队高声呼警会使敌人戒备，草率集合则兵众不肯效力，徒劳行军会使士兵困乏，勉强进军会使精兵受挫。

［33］凡用兵者，攻坚则轫，乘瑕则神；攻坚则瑕者坚，乘瑕则坚者瑕。故坚其坚者，瑕其瑕者。

——《管子·制分》

【译文】凡是用兵，攻坚则容易受挫，乘弱则有如神助。坚持攻坚，薄弱的环节也会变得坚固；坚持乘弱，坚固的部分也会变得薄弱。所以要稳住其坚固的环节，削弱其薄弱的环节。

［34］军争者不行于完城池，有道者不行于无君。

——《管子·制分》

【译文】军事相争不攻打坚固的城池，有道的君主不攻打丧君的国家。

[35] 莫知其将至也，至而不可圉；莫知其将去也，去而不可止。敌人虽众，不能止待。

——《管子·制分》

【译文】使敌军不知道我军将要到来，到了就无法抵御；使敌军不知道我军将要离去，离去也无法阻止。这样敌军虽多，也不能阻挡和防御我军。

[36] 战而惧水，此谓澹灭，小事不从，大事不吉。

——《管子·势》

【译文】战争中害怕渡水，叫做丧失胆量。做小事不顺利，做大事不吉利。

[37] 战而惧险，此谓迷中，分其师众，人既迷芒，必其将亡之道。

——《管子·势》

【译文】作战而怕险，这叫做心中迷惑。这种人会使他的军队混乱，全军陷入迷茫，注定要走向灭亡。

[38] 天时不作，勿为客；人事不起，勿为始。慕和其众，以修天地之从。

——《管子·势》

【译文】敌方没有天灾，不可以轻易进攻；没有人祸，不可以开始宣战。团结自己的民众，以等待天时地利的到来。

[39] 选天下之豪杰，致天下之精材，来天下之良工，则有战胜之器矣。

——《管子·小问》

【译文】选取天下的豪杰，收取天下的精材，召集天下的能工巧匠，就有胜敌的武器了。

[40] 守战远见有患。夫民不必死，则不可与出乎守战之难；不必信，则不可恃而外知。

——《管子·小问》

【译文】防守、进攻和情报，都有可忧的地方。百姓没有必死的决心，就不能同他们共赴进攻或防守的危难；不坚守信用，就不能依靠他们获得外界的情报。

[41] 恃不死之民，而求以守战；恃不

信之人，而求以外知，此兵之三暗也。

——《管子·小问》

【译文】依靠不肯捐躯的百姓，而希望用他们来防守或攻城；依靠不肯守信的人民，而希望用他们从事谍报工作，这是兵家三种愚昧不明的表现。

[42] 市者，货之准也。是故百货贱，则百利不得。百利不得，则百事治。百事治，则百用节矣。

——《管子·乘马》

【译文】市场是货物供求关系的标志。因而各种货物的价格低廉，商人就得不到高额的利润。商人得利少，各项事业就能搞好。各项事业都搞好了，各种需求就能调节平衡。

[43] 市者可以知治乱，可以知多寡，而不能为多寡，为之有道。

——《管子·乘马》

【译文】通过市场可以了解国家的治乱，可以了解物资的多寡，但市场并不能生产物资，生产物资自有生产物资的规律。

[44] 非诚贾不得食于贾，非诚工不得

食于工，非诚农不得食于农，非信士不得立于朝。

——《管子·乘马》

【译文】不是诚实的商人，不得依靠经商为生；不是诚实的工匠，不得依靠做工为生；不是诚实的农夫，不得依靠务农为生；不是诚信的士人，不得在朝廷做官。

[45]山林虽广，草木虽美，禁发必有时；国虽充盈，金玉虽多，宫室必有度。

——《管子·八观》

【译文】山林虽然广阔，草木虽然茂密，封禁和开发一定要按时节；国家虽然充实富有，金玉虽然多，宫室的兴建必须要有限度。

[46]市者天地之财具也，而万人之所和而利也。

——《管子·问》

【译文】市场是天地间求取财物的场所，百姓因为进入市场相互交易而得利。

[47]修概水上，以待乎天堇；反五藏，

以视不亲；治祀之下，以观地位。

——《管子·五行》

【译文】修平水土，以防备凶年的饥馑；平价出售库粮，来救济穷困的百姓；祭祀土地的时候，来观察物产的丰歉。

[48] 时有春秋，故谷有贵贱。而上不调淫，故游商得以什伯其本也。

——《管子·七臣七主》

【译文】时令有春秋，所以谷价就会有贵贱。如果国家不调节粮价的过分悬殊，游商就会乘机得到十倍、百倍的利益。

[49] 乘马之准，与天下齐准。彼物轻则见泄，重则见射。此斗国相泄，轻重之家相夺也。

——《管子·乘马数》

【译文】筹划物价标准，要与其他诸侯国的物价保持一致。各类商品的价格偏低就会造成货物流失到其他各国，偏高则别国会倾销取利。这便是敌对国家互相倾销商品，商人互相争利的原因。

[50] 以上壤之满，补下壤之众，章四时，

守诸开阖，民之不移也，如废方于地。

——《管子·乘马数》

【译文】国家用上等土地的盈余，弥补下等土地的百姓；控制四时的物价变化，掌握市场的收放大权。百姓便不愿迁移，就像将方形的物体放置在平地上那样安定。

[51] 彼善为国者，壤辟举，则民留处，仓廪实，则知礼节，且无委致围，城脆致冲。

——《管子·事语》

【译文】那些善于治国的人，总是使国内的土地得到开发，百姓就会留下来安居；仓库里粮食充足，百姓就懂得礼节。而且国无积蓄就会受到敌国的围困，城防不坚固就会遭到敌军的进攻。

[52] 五谷食米，民之司命也；黄金刀币，民之通施也。

——《管子·国蓄》

【译文】五谷粮食是百姓生命的主宰，黄金货币是百姓交易的工具。

[53] 善者执其通施，以御其司命，故

民力可得而尽也。

——《管子·国蓄》

【译文】善于治国的君主，掌握百姓交易的流通手段来控制主宰他们生命的粮食，因而能够最大限度地使用民力。

[54]岁有凶穰，故谷有贵贱。令有缓急，故物有轻重。

——《管子·国蓄》

【译文】年景有丰有歉，因而谷价有贵有贱；政令有缓有急，所以物价有高有低。

[55]善者委施于民之所不足，操事于民之所有余。

——《管子·国蓄》

【译文】善于治国的君主总是用贮存的货物来弥补民用的不足，用收购储存的方法来掌握民用的富余。

[56]彼币重而万物轻，币轻而万物重。彼谷重而谷轻。人君操谷币金衡而天下可定也。

——《管子·山至数》

【译文】币值上升则物价下降，币值下降则物价上升；粮价上涨则金价下跌，粮价下跌则金价上涨。国君掌握好粮食、货币、黄金三者之间的平衡，天下就可以安定了。

[57] 善用本者，若以身济于大海，观风之所起。天下高则高，天下下则下。

——《管子·地数》

【译文】善于治国的君主，就像在大海中行船一样，时时观察风向的变化。天下的粮价涨我也涨，天下的粮价跌我也跌。

[58] 天下高我下，则财利税于天下矣。

——《管子·地数》

【译文】天下的粮价高而本国独低，那么本国的财利就会被天下享用。

[59] 物重则至，轻则去。有以重至而轻处者，我动而错之，天下即已于我矣。

——《管子·揆度》

【译文】货物价格高就聚集，价格低就散离。如果有因高价聚集而跌价后又没有散出去的货物，我们应该立即购进掌握起来，这样天下的财利就属于自己了。

[60] 物臧则重，发则轻，散则多。币重则民死，利币轻则决而不用，故轻重调于数而止。

——《管子·揆度》

【译文】万物囤积就涨价，抛售就跌价，发散出去就数量充足。货币增值百姓就拼命追逐，贬值百姓就弃而不用。因此，必须调剂货币的数量，到合适的时候为止。

[61] 善为国者，天下下，我高；天下轻，我重；天下多，我寡，然后可以朝天下。

——《管子·轻重乙》

【译文】善于治国的君主，天下的物价下跌的时候使本国的物价高；天下各种货物便宜的时候使本国的价格贵于别国；市场供过于求的时候，使本国供不应求。这样才能统率天下。

《韩非子》

[1]不知而言，不智；知而不言，不忠。

——《韩非子·初见秦》

【译文】不知道就说，是不明智；知道却不说，是不忠诚。

[2]削迹无遗根，无与祸邻，祸乃不存。

——《韩非子·初见秦》

【译文】砍树不要留下一点根，不和祸患接近，祸患就不会存在。

[3]战战栗栗，日慎一日，苟慎其道，天下可有。

——《韩非子·初见秦》

【译文】小心戒备，一天比一天谨慎，如果能谨慎地遵循正确的原则，就可以得到天下。

[4]计者，所以定事也，不可不察也。

——《韩非子·存韩》

【译文】计谋是决定事情成败的，不能不郑重考虑。

[5] 去甚去泰，身乃无害。

——《韩非子·扬权》

【译文】去掉过分的和过度的，身体就不会受到损害。

[6] 凡说之务，在知饰所说之所矜而灭其所耻。

——《韩非子·说难》

【译文】大凡游说的要领，在于懂得粉饰进说对象自以为得意的事情，掩盖他认为耻辱的事情。

[7] 众人之所以欲成功而反为败者，生于不知道理，而不肯问知而听能。

——《韩非子·解老》

【译文】一般人希望成功却反而失败的原因，是由于不懂得道理又不肯去向懂得的人请教，不肯听从能干之人的意见。

[8] 知之难，不在见人，在自见。

——《韩非子·喻老》

【译文】了解事物的困难，不在于看清别人，而在于看清自己。

[9] 知者不以言谈教，而慧者不以藏书箧。

——《韩非子·喻老》

【译文】有智慧的人不用空言说教，聪明的人用不着把书藏在小箱子中。

[10] 古之人目短于自见，故以镜观面；智短于自知，故以道正己。

——《韩非子·观行》

【译文】古代的人眼睛看不到自己的面孔，所以用镜子来照出面容；智慧看不到自己的行为，所以用客观准则来端正自己。

[11] 目失镜则无以正须眉，身失道则无以知迷惑。

——《韩非子·观行》

【译文】眼睛离开镜子就无法端正自己的面容，自己失去客观准则就无法分清是非。

[12] 君子不蔽人之美，不言人之恶。

——《韩非子·内储说上七术》

【译文】君子不掩盖别人的优点，不张扬别人的坏处。

[13] 树柤梨橘柚者，食之则甘，嗅之则香；树枳棘者，成而刺人。故君子慎所树。

——《韩非子·外储说左下》

【译文】种植山楂、梨子、柑橘、柚子，吃起来是甜的，闻起来是香的；种植枳棘，长大后反而刺人。所以君子栽培人时要慎重。

[14] 明君之蓄其臣也，尽之以法，质之以备。

——《韩非子·爱臣》

【译文】明君役使臣下的方法，就是一概依法办事，采用各种措施使他们规规矩矩。

[15] 诚有功，则虽疏贱必赏；诚有过，则虽近爱必诛。

——《韩非子·主道》

【译文】确实有功劳，那么即使疏远卑贱的人也一定给予赏赐；确实有罪过，那么即使亲近喜爱的人也一定加以惩罚。

[16] 明君之行赏也，暧乎如时雨，百

姓利其泽；其行罚也，畏乎如雷霆，神圣不能解也。

——《韩非子·主道》

【译文】明君行赏，像及时雨那么温润，百姓都能受到他的恩惠；明君行罚，像雷霆那么可怕，就是神圣也不能解脱。

[17] 能去私曲就公法者，民安而国治；能去私行行公法者，则兵强而敌弱。

——《韩非子·有度》

【译文】能除私欲、趋国法的，就会民安而国治；能除私行、行国法的，就会兵强而敌弱。

[18] 明主使法择人，不自举也；使法量功，不自度也。

——《韩非子·有度》

【译文】英明的君主用法制来选拔人才，不凭自己的好恶选拔；用法制衡量功劳大小，不凭主观揣度。

[19] 巧匠目意中绳，然必先以规矩为度；上智捷举中事，必以先王之法为比。

——《韩非子·有度》

【译文】巧匠虽用眼睛测量能和墨线一样直，但是必定先用规矩作为标准；智慧极高的人虽能把事情做得又快又好，但是一定要用先王的法度作为准绳。

[20] 绳直而枉木斲，准夷而高科削，权衡县而重益轻，斗石设而多益少。

——《韩非子·有度》

【译文】用墨线来度量，弯曲的木头就要砍削；用水平仪来测平，凸出的部分就要削去；用秤来称轻重，就要减重补轻；用量具来量多少，就要减多补少。

[21] 法不阿贵，绳不挠曲。

——《韩非子·有度》

【译文】法令不偏袒权贵，墨绳不迁就弯曲。

[22] 刑过不避大臣，赏善不遗匹夫。

——《韩非子·有度》

【译文】惩罚罪过不回避大臣，奖赏功劳不遗漏平民。

[23] 矫上之失，诘下之邪，治乱决缪，绌羡齐非，一民之轨，莫如法。

——《韩非子·有度》

【译文】矫正上面的过失，追究下面的奸邪，平定纷乱，判断谬误，削减多余，纠正错误，统一民众的规范，没有比得上法的。

[24] 官贤者量其能，赋禄者称其功。

——《韩非子·八奸》

【译文】任命贤者要根据他的能力，授予俸禄要衡量他的功劳。

[25] 无捶策之威，衔橛之备，虽造父不能以服马；无规矩之法，绳墨之端，虽王尔不能以成方圆。

——《韩非子·奸劫弑臣》

【译文】没有马鞭的威力、马嚼的配置，即使是造父也不能驯服马匹；没有规矩作为准则，墨线用来校正，即使是王尔也不能画好方圆。

[26] 圣人之治国也，赏不加于无功，而诛必行于有罪者也。

——《韩非子·奸劫弑臣》

【译文】圣人治理国家，赏赐不给予没有功劳的人，刑罚一定要施加给犯了罪的人。

[27] 圣人为法国者，必逆于世，而顺于道德。

——《韩非子·奸劫弑臣》

【译文】圣人为国家制订法令，必定违反社会上的偏见而顺应于道德。

[28] 家有常业，虽饥不饿；国有常法，虽危不亡。

——《韩非子·饰邪》

【译文】家里有固定的产业，即使是荒年也不会挨饿；国家有固定的法制，即使处于危险的境地也不会衰亡。

[29] 道法万全，智能多失。夫悬衡而知平，设规而知圆，万全之道也。

——《韩非子·饰邪》

【译文】依靠道和法是万全的，依靠智能则多有偏失。悬挂衡器才知道平不平，设置圆规才知道圆不圆，这才是万全之道。

[30] 公私不可不明，法禁不可不审，先王知之矣。

——《韩非子·饰邪》

【译文】公私界限不可不分明，法律禁令不可不清楚，先王是懂得这个道理的。

[31] 安国之法，若饥而食，寒而衣，不令而自然也。

——《韩非子·安危》

【译文】安定国家的法制，像人们饿了要吃饭、天寒要穿衣一样，是不用命令而自然需要的。

[32] 古之善守者，以其所重禁其所轻，以其所难止其所易。故君子与小人俱正。

——《韩非子·守道》

【译文】古代善于守国的君主，用重刑禁止轻罪，用人们不敢违抗的法令制止人们容易犯的罪行。所以君子和小人都安分守法。

[33] 罪生甲，祸归乙，伏怨乃生。

——《韩非子·用人》

【译文】甲犯了罪，而祸归于乙，那么怨恨就产生了。

[34] 至安之世，法如朝露，纯朴不散，

心无结怨，口无烦言。

——《韩非子·大体》

【译文】治理得最好的社会，法好像早晨的露珠那样纯洁朴质而不纷乱，人们心里没有积聚的怨恨，嘴里没有愤愤不平的言论。

[35] 赏誉薄而谩者下不用，赏誉厚而信者下轻死。

——《韩非子·内储说上七术》

【译文】赏赐荣誉轻而又不兑现，臣民就不为君主所用；赏赐荣誉重而又守信用，臣民就拼死为君主效力。

[36] 小过不生，大罪不至，是人无罪而乱不生也。

——《韩非子·内储说上七术》

【译文】不孳生小过失，重罪就不会产生。这样人们就不会犯罪，暴乱也就不会发生了。

[37] 赏罚者，利器也。君操之以制臣，臣得之以拥主。

——《韩非子·内储说下六微》

【译文】奖赏与惩罚是锐利的武器。君主掌握了它就能控制臣下，臣子得到了它就会蒙蔽君主。

[38] 以罪受诛，人不怨上；以功受赏，臣不德君。

——《韩非子·外储说左下》

【译文】由于犯罪而受到惩罚，被惩罚的人不会怨恨君主；由于建立功劳而受到赏赐，臣下也用不着感激君主。

[39] 有术之主，信赏以尽能，必罚以禁邪，虽有驳行，必得所利。

——《韩非子·外储说左下》

【译文】懂得法术的君主，有功必赏，以使人们竭尽才能；有罪必罚，以禁止奸邪；即使臣下有乱七八糟的行为，也一定有可以利用的地方。

[40] 利所禁，禁所利，虽神不行；誉所罪，毁所赏，虽尧不治。

——《韩非子·外储说左下》

【译文】应当禁止的，反而让其得利；对于有利的，反而加以禁止，即使是神圣也不能办好事情。该惩罚的，反而加以称赞；该奖赏的，反而加以诋毁，即使是尧也不能治理好国家。

[41] 赏所以劝之，而毁存焉；罚所以

禁之，而誉加焉。民中立而不知所由，此亦圣人之所为泣也。

——《韩非子·外储说右下》

【译文】赏赐是用来勉励立功的，但毁谤也夹杂在里面；刑罚是用来禁止犯罪的，但赞美却也给予了他。人们彷徨而不知所措，这也是圣人之所以为之哭泣的原因。

[42] 治强生于法，弱乱生于阿。

——《韩非子·外储说右下》

【译文】国家的安定和强大源于法制，国家的衰弱和动乱来自阿谀逢迎。

[43]明主赏不加于无功，罚不加于无罪。

——《韩非子·难一》

【译文】英明的君主赏赐不授给无功的人，惩罚不施于无罪的人。

[44] 赏无功则民偷幸而望于上，不诛过则民不惩而易为非，此乱之本也。

——《韩非子·难二》

【译文】赏赐无功的人，民众就会存在侥幸的心理而希望从君主那里获得意外的赏赐；不惩罚有罪的人，民众犯了罪不受惩罚就容易为非作歹。这是国家混乱的根源。

[45] 弩弱而矢高者，激于风也；身不肖而令行者，得助于众也。

——《韩非子·难势》

【译文】弩虽然不强劲，而箭却射得很高，那是因为风力推动的缘故；自己品德不好，而命令却能推行，那是得力于众人帮助的缘故。

[46] 弃隐栝之法，去度量之数，使奚仲为车，不能成一轮。

——《韩非子·难势》

【译文】如果放弃矫正木材的工具，丢掉度量尺寸的技术，即使让奚仲造车，也不能完成一个轮子。

[47] 令者，言最贵者也；法者，事最适者也。

——《韩非子·问辩》

【译文】命令是最尊贵的言辞，法律是处理政事的唯一准绳。

[48] 道私者乱，道法者治。

——《韩非子·诡使》

【译文】倾向于个人行为的，社会必然混乱；倾向于法制的，社会一定大治。

[49] 名赏在乎私恶当罪之民，而毁害在乎公善宜赏之士，索国之富强，不可得也。

——《韩非子·六反》

【译文】美名和奖赏给了那些私下干坏事、应当受惩罚的人，而诋毁和损害却给了那些为国家做好事、应当受奖赏的人，这样想求得国家的富强，是不可能的。

[50] 陈轻货于幽隐，虽曾、史可疑也；悬百金于市，虽大盗不取也。

——《韩非子·六反》

【译文】把廉价的东西放在偏僻之处，即使是曾参、史鳍也有偷窃的嫌疑；把百两黄金放置在闹市上，即使出名的盗贼也不敢取走。

[51] 法之为道，前苦而长利；仁之为道，

偷乐而后穷。

——《韩非子·六反》

【译文】按照法制的原则，开始时艰苦，但有长远的利益；按照仁义的原则，虽有一时的快乐，但后来必定困苦。

[52] 赏莫如厚而信，使民利之；罚莫如重而必，使民畏之；法莫如一而固，使民知之。

——《韩非子·五蠹》

【译文】奖赏最好是丰厚而且兑现，使人们有所贪图；刑罚最好是严厉而且肯定，使人们有所畏惧；法令最好是一贯而且固定，使人们都能明白。

[53] 饬令则法不迁，法平则吏无奸。

——《韩非子·饬令》

【译文】整顿、贯彻法令，法就不会随意改变；法令公正，官吏就无从做坏事。

[54] 任功则民少言，任善则民多言。

——《韩非子·饬令》

【译文】按功劳来任用，民众就会少说空话；按“仁义”之言来任用，民众就崇尚空谈。

[55] 凡畸功之循约者难知，过刑之于言者难见也，是以刑赏惑乎贰。

——《韩非子·制分》

【译文】凡是和论功受赏的条例表面上相符的虚功，难于识破；那些刑律中被辞令掩饰着的错误，难于发现。因此刑赏就被表里不一致的情况所混乱了。

[56] 虎之所以能服狗者，爪牙也；使虎释其爪牙而使狗用之，则虎反服于狗矣。

——《韩非子·二柄》

【译文】老虎之所以能制服狗，靠的是爪牙。如果老虎失去它的爪牙而让狗使用，那么老虎反而会被狗所制服。

[57] 用一之道，以名为首，名正物定，名倚物徙。

——《韩非子·扬权》

【译文】运用道的方法，是把确定客观事物的名称摆在首位。名称正确地反映客观事物，事物的性质就明确了；名称不正确地反映客观事物，事物的性质也就捉摸不定了。

[58] 天有大命，人有大命。

——《韩非子·扬权》

【译文】自然界存在着普遍法则，人类也存在着普遍法则。

[59] 规矩既设，三隅乃列。

——《韩非子·扬权》

【译文】规矩既然已经设置，其他方面就可以端正了。

[60] 一家二贵，事乃无功。夫妻持政，子无适从。

——《韩非子·扬权》

【译文】一个家庭中有两个人尊贵相等，事情必然难以成功。夫妻双双执掌家政，孩子将会无所适从。

[61] 毋弛而弓，一栖两雄。一栖两雄，其斗㘚㘚。

——《韩非子·扬权》

【译文】不要放松你的弓箭，防止一个鸟窝里有两只雄鸟。如果一个鸟窝里有两只雄鸟，它们就会激烈地争斗。

[62] 木之折也必通蠹，墙之坏也必通隙。然木虽蠹，无疾风不折；墙虽隙，无大雨不坏。

——《韩非子·亡征》

【译文】木头的折断一定通过蛀蚀，土墙的崩塌一定是因为有了缝隙。然而木头虽然蛀蚀了，没有疾风是不会折断的；土墙虽然有了缝隙，没有大雨是不会倒塌的。

[63] 舆人成舆，则欲人之富贵；匠人成棺，则欲人之夭死也。非舆人仁而匠人贼也，人不贵则舆不售，人不死则棺不买。

——《韩非子·备内》

【译文】车匠造好车，就希望别人富贵；棺材匠做好棺材，就希望别人早死。并不是车匠仁慈而棺材匠狠毒，而是别人不富贵，车子就卖不掉；别人不死，棺材就没人买。

[64] 水之胜火亦明矣，然而釜鬵间之，水煎沸竭尽其上，而火得炽盛焚其下，水失其所以胜者矣。

——《韩非子·备内》

【译文】水能灭火的道理已经很明显了，然而用锅把水和火隔开，水在上面沸腾以致烧干，而火在下面却烧得非常旺盛，这是因为水失去了所以灭火的条件。

[65] 镜执清而无事，美恶从而比焉；衡执正而无事，轻重从而载焉。

——《韩非子·饰邪》

【译文】镜子保持明亮而不受干扰，美丑就会因此显示出来；衡器保持平正而不受干扰，轻重就会因此衡量出来。

[66] 人也者，乘于天明以视，寄于天聪以听，托于天智以思虑。

——《韩非子·解老》

【译文】人类要依靠自然生成的视力去看，依靠自然生成的听力去听，依靠自然生成的智力去思考。

[67] 慈于子者不敢绝衣食，慈于身者不敢离法度，慈于方圆者不敢舍规矩。

——《韩非子·解老》

【译文】对孩子慈爱的人，不敢断绝他们的衣食；爱惜身体的人，不敢背离法令制度；珍视方圆的人，不敢丢掉规矩。

[68] 道譬诸若水：溺者多饮之即死，渴者适饮之即生。

——《韩非子·解老》

【译文】道，像水一样：溺水者喝多了就会死亡，渴的人适量饮用就会生存。

[69] (道) 譬之若剑戟：愚人以行忿则祸生，圣人以诛暴则福成。

——《韩非子·解老》

【译文】道，像剑戟一样：愚人拿来行凶泄愤就会惹祸，圣人拿来诛杀暴徒就会造福。

[70] 常者，无攸易，无定理。无定理，非在于常所，是以不可道也。

——《韩非子·解老》

【译文】所谓"常"（永恒），是说没有变化，没有定理。没有定理，不处在固定的某一点上，因此无法说明。

[71] 和氏之璧不饰以五采，隋侯之珠不饰以银黄，其质至美，物不足以饰之。

夫物之待饰而后行者，其质不美也。

——《韩非子·解老》

【译文】和氏璧，不用五彩修饰；隋侯珠，不用金银修饰。它们的本质极美，别的东西不足以修饰它们。事物等待修饰然后才流行的，说明它们的本质并不美。

[72] 民独知兕虎之有爪角也，而莫知万物之尽有爪角也，不免于万物之害。

——《韩非子·解老》

【译文】民众只知道野牛和猛虎有尖爪利角，却不知道万物都有尖爪利角，所以不免遭受万物的伤害。

[73] 虽无飞，飞必冲天；虽无鸣，鸣必惊人。

——《韩非子·喻老》

【译文】要不然就不飞，只要飞就一定冲上云霄；要不然就不叫，只要叫就一定出口惊人。

[74] 失火而取水于海，海水虽多，火必不灭矣，远水不救近火也。

——《韩非子·说林上》

【译文】发生火灾而从海里取水来救，海水虽然很多，但火一定扑灭不了，因为远水救不了近火。

[75] 狂者东走，逐者亦东走，其东走则同，其所以东走之为则异。

——《韩非子·说林上》

【译文】疯子向东边跑，追赶的人也向东边跑。他们向东跑的方向是相同的，但他们向东边跑的目的却是不同的。

[76] 以管仲之圣而隰朋之智，至其所不知，不难师于老马与蚁。

——《韩非子·说林上》

【译文】凭管仲的智慧和隰朋的聪明，碰到他们不知道的，也不得不向老马和山蚁学习。

[77] 鳣似蛇，蚕似蠋。人见蛇则惊骇，见蠋则毛起。渔者持鳣，妇人拾蚕，利之所在，皆为贲、诸。

——《韩非子·说林下》

【译文】黄鳝像蛇，蚕像毛虫。人们看见蛇就会惊恐害怕，看见毛虫就会汗毛直竖。渔夫捕捉黄鳝，妇女拾蚕缫丝，因为利益所在，都能像孟贲、专诸一样勇敢。

[78] 水之以涯，其无水者也。富之以涯，其富已足者也。人不能自止于足，而亡其富之涯乎。

——《韩非子·说林下》

【译文】水的边际，就是没有水的地方；富的边际，就是富到已经满足的地步了。人到了满足还不知足，那就没有富的边际了吧。

[79] 巫咸虽善祝，不能自祓也。秦医虽善除，不能自弹也。

——《韩非子·说林下》

【译文】巫咸虽然善于祷告，但不能为自己祓除灾祸。秦国的名医虽然善于治病，但不能用石针为自己除病。

[80] 立尺材于高山之上，下临千仞之溪，材非长也，位高也。

——《韩非子·功名》

【译文】在高山上树立一尺高的木材，下临千仞深涧，这并不是木材高，而是因为位置高。

[81]夫日兼烛天下，一物不能当也。

——《韩非子·内储说上七术》

【译文】太阳普照天下，一件东西遮挡不了它。

[82]夫灶，一人炀焉，则后人无从见矣。

——《韩非子·内储说上七术》

【译文】至于灶，一个人对着灶门烤火，后面的人就看不见火光了。

[83]若辩其辞，则恐人怀其文，忘其直，以文害用也。

——《韩非子·外储说左上》

【译文】如果修饰它的文辞，那就怕人们流连于它的文采而忘了它的内在价值——为了文辞而损害了实用。

[84]弓之折，必于其尽也，不于其始也。

——《韩非子·外储说左上》

【译文】弓的折断，一定是在开弓的最后阶段，而不是在开始阶段。

[85]婴儿非有知也，待父母而学者也，听父母之教。今子欺之，是教子欺也。

——《韩非子·外储说左上》

【译文】婴儿没有智慧，要向自己的父母学习，听从父母的教诲。现在你欺骗他，是教他以后欺骗别人啊。

[86]夫猎者托车舆之安，用六马之足，使王良佐辔，则身不劳而易及轻兽矣。

——《韩非子·外储说右上》

【译文】打猎的人凭借车厢的安稳，依靠六匹马的脚力，用王良帮助驾车，那么自身毫不费力就可以轻易地追上轻捷的野兽了。

[87]今有马于此，形容似骥也，然驱之不往，引之不前，虽臧获不托足以旋其轸也。

——《韩非子·外储说右上》

【译文】现在有匹马在这里，样子很像良马，然而赶它它不走动，拉它它不前进，即使是奴仆也不会把脚力寄托在它拉的车子。

[88]夫马似鹿者，而题之千金。然而有百金之马而无千金之鹿者，何也？马为人用而鹿不为人用也。

——《韩非子·外储说右上》

【译文】一匹像鹿一样的马可以标价千金，然而有价值百金的马却没有价值千金的鹿，为什么呢？这是因为马能为人所用而鹿不能为人所用。

［89］驯乌者断其下翎，则必恃人而食，焉得不驯乎？

——《韩非子·外储说右上》

【译文】驯养乌鸦的人剪断它的翅膀和尾巴下边的羽毛，乌鸦就必须靠人给它东西吃，怎能不驯服呢？

［90］虽有千金之玉卮，至贵而无当，漏不可盛水，则人孰注浆哉？

——《韩非子·外储说右上》

【译文】即使有价值千金的玉杯，非常贵重而没有底，倒进水就会漏，不能盛水，那么还会有谁往里面倒饮料呢？

［91］摇木者一一摄其叶，则劳而不遍；左右拊其本，而叶遍摇矣。

——《韩非子·外储说右下》

【译文】摇树的人如果逐一掀动树叶，即使很劳累，也不能把叶子全部掀遍；如果左右拍打树干，那么所有的树叶就都会晃动了。

[92] 夫仁义者，忧天下之害，趋一国之患，不避卑辱，谓之仁义。

——《韩非子·难一》

【译文】所谓仁义，就是忧虑天下的祸害，奔赴国家的患难，不顾及卑贱的地位和屈辱的待遇，这就叫做仁义。

[93] 宋人语曰："一雀过羿，羿必得之，则羿诬矣。以天下为之罗，则雀不失矣。"

——《韩非子·难三》

【译文】宋人说："任何一只麻雀飞过羿的身边，羿都一定把它射下来，那么肯定是骗人。把天下作为罗网，那么麻雀就一只也逃不了。"

[94] 广廷严居，众人之所肃也；晏室独处，曾、史之所侵也。

——《韩非子·难三》

【译文】大庭广众的严肃场合，大家都会表现得很严肃；独自处在私室中，就连曾参、史鱼那样的人也会轻慢随便。

[95] 千金之家，其子不仁，人之急利甚也。

——《韩非子·难四》

【译文】家有千金的富户，他的孩子们往往不能和睦亲善，这是因为人们追求利益的心情十分迫切。

[96] 斩首者令为医、匠，则屋不成而病不已。

——《韩非子·定法》

【译文】如果让斩首立功的人来做医生和工匠，那么就会房子盖不成而且病也治不好。

[97] 弹痤者痛，饮药者苦，为苦惫之故不弹痤饮药，则身不活，病不已矣。

——《韩非子·六反》

【译文】用石针治病很痛，喝药很苦，如果因为疼痛、味苦而不用石针治病、不喝药，那么病就不会痊愈，命就保不住。

[98] 母厚爱处，子多败，推爱也。父薄爱教笞，子多善，用严也。

——《韩非子·六反》

【译文】母亲对子女厚爱，子女多数不好，是因为宠爱的缘故。父亲对子女不溺爱，常用体罚，子女多数很好，是因为严厉的原因。

[99] 人皆寐则盲者不知，皆嘿则喑者不知；觉而使之视，问而使之对，则喑盲者穷矣。

——《韩非子·六反》

【译文】人都睡着了，就分不清谁是瞎子；人都不说话，就分不清谁是哑巴。睡醒了让他们看东西，提问题要他们回答，那么哑巴、瞎子就原形毕露了。

[100] 虎豹必不用其爪牙而与鼷鼠同威；万金之家必不用其富厚而与监门同资。

——《韩非子·八说》

【译文】如果虎豹不用它的爪牙，那就和小家鼠的威风一样；有万金家财的人不运用他们的富有，那就和看门人的资财一样。

[101] 十仞之城，楼季弗能逾者，峭也；千仞之山，跛牂易牧者，夷也。

——《韩非子·五蠹》

【译文】八丈高的城墙，就连楼季也不能越过，是因为太陡；千丈高的大山，就是瘸腿的母羊也容易被赶上去放牧，是因为坡度平缓。

[102] 糟糠不饱者不务粱肉，短褐不完者不待文绣。

——《韩非子·五蠹》

【译文】连糟糠都吃不饱的人不会去奢求精美的饭食，连粗布短衣都穿不完整的人不会去奢求有刺绣的华丽服装。

[103] 必恃自直之箭，百世无矢；恃自圜之木，千世无轮矣。

——《韩非子·显学》

【译文】一定要用本身非常直的竹子来造箭，百世也造不出一支箭来；要靠自身非常圆的树木来造车轮，千世也造不出一个车轮来。

[104] 严家无悍虏，而慈母有败子。

——《韩非子·显学》

【译文】严厉的家庭中没有凶暴的奴仆，慈母的溺爱却会出败家子。

《三十六计》

[第一计] 瞒天过海

备周则意殆，常见则不疑。阴在阳之内，不在阳之对。太阳，太阴。

【译文】在防备周密时，防备者就可能自恃无懈可击而产生懈怠情绪；人们对看惯了的现象，往往就不再对它产生怀疑。所以，隐秘的事情常常以公开的形式为掩护，而不与公开的形式决然对立。这就是《易》中讲的太阳与太阴虽为两个极端却相反相成的道理。

[第二计] 围魏救赵

共敌不如分敌，敌阳不如敌阴。

【译文】让敌人集中兵力，不如设法将他们分散开，然后各个歼灭；与强大的敌人正面交锋，不如乘虚取胜。

[第三计] 借刀杀人

敌已明，友未定，引友杀敌，不自出力。

以《损》推演。

【译文】敌人已经明确，但盟友的态度还没有确定。在这种情况下，可设法使之成为友军，并引导他去消灭敌人。这样，可不必使用自己的力量就能达到目的。这个道理可以用《易·损》卦“损上益下”的道理来推演。

[第四计] 以逸待劳

困敌之势，不以战，损刚益柔。

【译文】要陷敌于被动的局势，不一定采用直接交战的方式，可以利用刚柔转化的原理，不断减损它的实力，增益我虚弱之处。

[第五计] 趁火打劫

敌之害大，就势取利。刚决柔也。

【译文】敌人有很大的灾难和危机，就可乘机取利。这就是《易·夬》卦中所讲的以刚决柔的方法。

[第六计] 声东击西

敌志乱萃，不虞，坤下兑上之象。利其不自主而取之。

【译文】敌方主帅心志混乱，缺乏应付突发事件的准备，这就是《易·萃》卦中讲的混乱危殆的征象。遇到这样的情况，就要利用敌人的犹豫不决攻取它。

［第七计］ 无中生有

诳也，非诳也，实其所诳也。少阴，太阴，太阳。

【译文】欺骗敌人，但并非完全是弄虚作假，在适当时候就要弄假成真，由虚变实，以出其不意地打击敌人。此计的原理是《易》理中少阴、太阴、太阳三象互相转化、相互为用的道理。

［第八计］ 暗度陈仓

示之以动，利其静而有主。益动而巽。

【译文】先向敌人显示一种虚假的行动，再利用敌人固守不动的机会偷袭。如《易·益》卦中所讲的表面卑顺而在暗中行动，就能成功。

［第九计］ 隔岸观火

阳乖序乱，阴以待逆。暴戾恣睢，其势自毙。顺以动豫，豫顺以动。

【译文】敌人内部斗争公开化，秩序混乱，我就可以暗中等待它发生变乱。如果敌人残暴，肆无忌惮，则势必自行灭亡。这就是《易·豫》卦中讲的，顺应事物自然之性而行动，就会取得成功；要取得成功，就应顺应事物的自然之性去行动。

［第十计］ 笑里藏刀

信而安之，阴以图之，备而后动，勿使有变。刚中柔外也。

【译文】使敌人相信我传出的虚假情报因而麻痹松懈，安然不动，我则暗中图谋袭击它；在做好充分准备后就采取行动，不要使敌人中途变卦。这就是《易·兑》中讲的“刚中柔外”的道理。

［第十一计］ 李代桃僵

势必有损，损阴以益阳。

【译文】如果形势决定必须有所损失的话，那就损失次要的部分，以增强主要的部分，夺取全局的胜利。

［第十二计］ 顺手牵羊

微隙在所必乘，微利在所必得。少阴，少阳。

【译文】对于敌方的微小漏洞也必须加以利用；对于能够从敌方得到的微小利益也必须争取，以夺得大的胜利。这就是《易》理中讲的少阴与少阳相辅相成的道理。

[第十三计] 打草惊蛇

疑以叩实，察而后动。复者，阴之媒也。

【译文】遇到可疑的情况，就要侦察核实清楚，准确掌握了情况之后再行动。《易·复》里说：反复验证，就可借以揭露隐藏在现象背后的事物本来面目。

[第十四计] 借尸还魂

有用者，不可借；不能用者，求借。借不能用者而用之。匪我求童蒙，童蒙求我。

【译文】有用的东西，人家往往不借给你；没用的，他又往往会来求你借。那么，我就借那些在别人看来没有用的而用之，以达到我的目的。这就是《易·蒙》卦中讲的道理：不是我去求那些蒙昧无知的幼童，而是他们来求我。

[第十五计] 调虎离山

待天以困之，用人以诱之。往蹇来反。

【译文】利用自然条件使敌人陷入困难境地，再用人事方面的计谋诱骗他。这就是《易·蹇》卦中讲的，我前进会有危险；让对方来，于我有利。

[第十六计] 欲擒故纵

逼则反兵，走则减势；紧随勿迫，累其气力，消其斗志，散而后擒，兵不血刃。需，有孚，光。

【译文】逼迫敌人过甚，会使他猖狂反扑；让他逃走，就会削弱他的气势。对于逃跑的敌人要紧紧跟踪，但不要过分追逼他，而要消耗他的体力，瓦解他的斗志，在他体力和斗志耗尽之后，再擒住他。这样就会不用流血而取得胜利。这就是《易·需》卦中讲的，我因前面有险阻而必须等待，使对方相信我，归顺我，这样，前途就会变得光明。

[第十七计] 抛砖引玉

类以诱之。击蒙也。

【译文】要用极其类似的事物造成假象，以引诱敌人。如同《易·蒙》卦中讲的，使对方变得蒙昧无知。

[第十八计] 擒贼擒王

摧其坚，夺其魁，以解其体。龙战于野，

其道穷也。

【译文】摧毁敌人坚固的防守，擒获他们的首领，用以瓦解敌人的全军。这就是《易·坤》卦中讲的，龙战于郊野，说明它已陷入道穷智困的绝境。

[第十九计] 釜底抽薪

不敌其力，而消其势。兑下乾上之象。

【译文】两军对垒，不要直接与对手进行实力较量，而要设法削弱敌人的有利态势。这就是《易·履》卦所说的以柔克刚。

[第二十计] 浑水摸鱼

乘其阴乱，利其弱而无主。随，以向晦入宴息。

【译文】要趁敌人内部发生混乱、力量虚弱而又无人主事之机打击它。这就是《易·随》卦所说的，随时而动，就像到了黄昏，人就要入室休息一样。

[第二十一计] 金蝉脱壳

存其形，完其势，友不疑，敌不动。

巽而止蛊。

【译文】保持原来的形态，进一步完善自己的力量，使友军不对我产生怀疑，敌人也不敢对我采取行动。这就是《易·蛊》卦所说的：隐蔽自己的行动，以免遭祸害。

[第二十二计] 关门捉贼

小敌困之。剥，不利有攸往。

【译文】对小股敌人，要包围起来歼灭它。《易·剥》卦说，剥离，对我不利，因为它会向别的方向发展。

[第二十三计] 远交近攻

形禁势格，利从近取，害以远隔。上火下泽。

【译文】世界充满矛盾，它们互相联系，又互相制约。人要善于利用这些矛盾，从近处获取利益，以远距离隔断对自己的危害。这就是《易·睽》卦所指出的，火焰向上，水流向下，因其相反，故能相成。

[第二十四计] 假途伐虢

两大之间，敌胁以从，我假以势。困，

有言不信。

【译文】 对处于敌我两大国之间的小国，如果敌方胁迫它屈服，我就以实力支持它。《易·困》卦说，对处于困境者，只凭嘴说，是不会取得它的信任的。

［第二十五计］ 偷梁换柱

频更其阵，抽其劲旅，待其自败，而后乘之。曳其轮也。

【译文】 频繁地变更敌人的阵势，抽换它的骨干力量，在它自成败势后，趁机消灭它。这就是《易·未济》卦说的拖住它的车轮子的计谋。

［第二十六计］ 指桑骂槐

大凌小者，警以诱之。刚中而应，行险而顺。

【译文】 势力大的驾驭控制势力小的，可以用警示的办法对它们进行诱导。这就是《易·师》卦中说的，统治属下，手段强硬而合乎情理，行为险狠而顺应时势。

［第二十七计］ 假痴不癫

宁伪作不知不为，不伪作假知妄为。

静不露机，云雷屯也。

【译文】宁装作不知道而不去做，也不假装知道而轻举妄动。沉着冷静，不露玄机，这就如同《易·屯》卦中所说的：雷电在冬季积聚不动。

［第二十八计］ 上屋抽梯

假之以便，唆之使前，断其援应，陷之死地。遇毒，位不当也。

【译文】用便利诱导士兵怂恿他们前往，尔后断绝对他们的救援和策应，使之陷入死地。这就是《易·噬嗑》卦说的，吃苦恶之物，是因为处境不当而不得不然。

［第二十九计］ 树上开花

借局布势，力小势大。鸿渐于陆，其羽可用为仪也。

【译文】借助已有的局面，部署自己的势力，这样，虽然自己兵力弱小，但仍可形成强大的威势。这就是《易·渐》卦里所说的：鸿雁离地高飞，是因为它借助了羽毛的力量。

［第三十计］ 反客为主

乘隙插足，扼其主机。渐之进也。

【译文】看准机会插足进去，掌握机关要害，争得主动。这就是《易·渐》卦所说的循序渐进，就可成功。

［第三十一计］ 美人计

兵强者，攻其将；将智者，伐其情。将弱兵颓，其势自萎。利用御寇，顺相保也。

【译文】对士兵素质高的军队，就从其将帅身上寻找突破口；对有智谋的敌将，就设法从精神上腐蚀他。敌人的将帅受到了削弱，军队士气消沉，其战斗力自然也就萎靡不振了。这正如《易·渐》卦所说：利用“顺从”的策略，驾驭寇仇，就可保全自己。

［第三十二计］ 空城计

虚者虚之，疑中生疑。刚柔之际，奇而复奇。

【译文】本来兵力空虚，却故意显示自己的空虚，让敌人在狐疑中更生狐疑。这就是《易·解》卦所说的，刚柔可以互相转化，奇中还可再奇。

［第三十三计］ 反间计

疑中之疑。比之自内，不自失也。

【译文】使用反间计的原理就是在疑惑中制造疑惑。《易·比》卦说，对外人亲密得像自己人一样，就不会失掉他。

［第三十四计］ 苦肉计

人不自害，受害必真；假真真假，间以得行。童蒙之吉，顺以巽也。

【译文】按照常情，一个人不会自己伤害自己，人既然受到了伤害，别人就会相信他是真的受到了别人的伤害。我如能把假的做得像真的一样，敌人就会相信是真的，而不会认为是假的，这样，离间就得以实行了。《易·蒙》卦中说，无知的儿童之所以得到人们的喜爱，是由于他嫩弱、顺从。

［第三十五计］ 连环计

将多兵众，不可以敌，使其自累，以杀其势。在师中吉，承天宠也。

【译文】敌方兵多将广，不能和他硬拼，要设法使敌人自己束缚自己的手脚，以减弱他的战斗力。这就是《易·师》卦所说的：军队要想取胜，就必须善于顺应时势，巧妙地利用客观条件。

[第三十六计] 走为上

全师避敌。左次无咎，未失常也。

【译文】在不利的情势下，应为保全军队而避开敌人。正如《易 · 师》卦所说的，有计划有秩序的退却，是没有错误和凶险的，因为它没有丢失应有的东西。

图书在版编目（CIP）数据

悦读丛书．国学篇 /《悦读丛书》编委会编．—济南：山东友谊出版社，2015.12

ISBN 978-7-5516-0938-8

Ⅰ．①悦… Ⅱ．①悦… Ⅲ．①丛书—中国—现代②国学—通俗读物 Ⅳ．① Z121.7 ② Z126-49

中国版本图书馆 CIP 数据核字（2015）第 319104 号

主管单位： 山东出版传媒股份有限公司
出版发行： 山东友谊出版社
地　　址： 济南市英雄山路 189 号　邮政编码：250002
电　　话： 出版管理部（0531）82098756
市场营销部（0531）82098035（传真）
印　　刷： 山东省东营市新华印刷厂
版　　次： 2016 年 1 月第 1 版
印　　次： 2016 年 1 月第 1 次印刷
规　　格： 103mm × 171mm
印　　张： 21.25
字　　数： 280 千字
定　　价： 55.00 元（全五卷）
